発酵食の歴史

NI CRU, NI CUIT
Histoire et civilisation de l'aliment fermenté

マリー＝クレール・フレデリック
Marie-Claire Frédéric
吉田春美――［訳］

原書房

発酵食の歴史

人間が発酵を発明したのではない。
発酵が人間をつくったのだ。
——サンダー・エリックス・キャッツ

発酵食の歴史［目次］

第二部 人間のいるところに発酵食あり　115

第三部　衰退と復活

［凡例］

・原注は本文中に▼000で示した。巻末の注の番号と対応している。
・訳注は本文中に［　］で示した。

序章

「ここ」で好まれ「よそ」で嫌われ

発酵食品は日ごろ口にするものであって、とくにそれと意識することはない。だが、人間が食べているもののなかでもっとも普遍的でありながら、もっとも特異な食べものでもある。それは人を夢中にさせるとともに、嫌悪感をかきたてる。一部の食品について、この上ないごちそうだと考える者もいれば、胸の悪くなるような代物だとみなす者もいる。ふたつの評価の境目は、集団や家族、国や大陸によって変化する。フランス人が好むにおいの強いチーズは、アジア人やアメリカ人にはひどく汚らわしいものに思える。一年間天日干ししたアザラシの肉はカナダのイヌイットにとって美味この上ないが、欧米人なら、腐っていてとても食べられたものではないと思うだろう。もうひとつ、コーヒーを例にとろう。コーヒーは世界中で飲まれているが、フランス、イタリア、ドイツ、アメリカでコーヒーの淹れ方は異なる。どこかの共同体に属している者なら、その淹れ方がいちばんだと思うに違いない。自国の発酵食品は美食のきわみだが、外国の発酵食品は口に合わないばかりか、野蛮でさえある。

これは最近始まったことではない。古代ギリシア・ローマにおいて、ガルム（魚醤）の小瓶は黄金に匹敵する価値があった。ガルムなど「腐った魚の汁」としか思えない現代人には、とうてい理解しがたいことである（それとは反対に私たちは、高級ワインに天文学的値段がついても不思議に思わないが、アメリカ先住民なら奇妙に思うに違いない）。プリニウスはガルムのにおいを不快に感じていたようで、「ガルムのように臭い」と述べているが、ガルムそのものは高く評価していた。喜劇作家のプラウトゥスはそれほど好きでなかったようで、アレック・ウィリ（安価な魚汁）という語を「腐った人間」を意味する侮蔑の言葉として用いている。一六世紀のスイスの博物学者コンラート・ゲスナーによれば、北国の海岸に暮らす人々は何種類かの発酵魚を熱心に求めるが、ヨーロッパの内陸に暮らす人々は顔をしかめてそれを投げ捨てる。[001] 北アメリカの女性たちが咀嚼して吐き出したトウモロコシでつくる発酵粥や、水をはった甕で何週間も発酵させたトウモロコシの若い穂に、入植者たちは顔をしかめたが、先住民にとってはなによりのごちそうだった。トナカイの胃になまあたたかい血を詰めて縛り、発酵させたものを、先住民は「ジャム」のようにして食べたが、ヨーロッパ人にはぞっとする代物だった。[002] 発酵食品はある者にはこの上ないごちそうだが、別の者には腐ったものであり、嫌悪の対象になる。二〇一二年にシンガポールのジャーナリストで作家のクリストファー・タンはメールでこう述べている。

大学時代、ヨーロッパ人が発酵した乳製品を好むのにたいし、アジア人が発酵した海産物を好むことについて、フランスや日本の友人と熱く語り合ったことを思い出す。ふたりともカマンベールチーズが大好物だったが、私はまだあのにおいが好きになれなかった。彼らがチーズを食べているあいだ、私は離れたところに座っていなければならなかった。

つまり、発酵したものと腐ったものの境は、食べる者の出身地や文化圏によって異なるのである。この違いは別の境界を思い起こさせる。ギリシア人やシュメール人が野蛮人と文明人のあいだにもうけていた境界である。発酵食品を食べるか否かで、人間はふたつのカテゴリーに分けられた。その境界はしばしば重大なものとみなされた。たとえば聖書では、ワインを飲もうとしない者は悪魔にとりつかれているのではないかと疑われている。中世においては——そして何世紀ものあいだ——、ワインのつくり方がユダヤ人とキリスト教徒を区別するしるしとされていた。一四四四年五月二五日にカルパントラで以下のような布告が出されている。「キリスト教徒がユダヤ人の居酒屋へ飲みにいくこと、ワインを買いにいくことを禁ずる。なぜならば、ユダヤ人はキリスト教徒のワインを飲まず、キリスト教徒はユダヤ人のワインを飲んではならないからである[003]」両者の隔離は、パンやその副産物にまでおよんだ。スペインでは、「聖週間に揚げ菓子《ベニエ》をつくらない者はユダヤ人だ[004]」と言われた。

誕生したばかりの教会がユダヤ教と一線を画す必要のあったことは、理解しなければならない。そのために割礼やシャバト［訳注❖ユダヤ教の安息日］を廃止し、豚肉を食べることを認め、典礼用のパンとしてユダヤ人の無酵母パンではなく発酵させたパンを採用した。七世紀以前に、ミサで使用するパンは信者たちから提供されていた。しかし、典礼用のパンと日常のパンをはっきり区別するため、ミサ専用のパンが徐々につくられるようになった。無酵母パンのほうが日もちがするという実用的な理由から、またユダヤ教との区別が明確になったことから、二枚の焼き型にはさんで焼き上げる平たい「聖体パン《ホスチア》」が唯一の聖体拝領のパンとなった。この変化は長い時間をかけて少しずつ進行したのであり、それが定着したのは一一世紀、東西教会の分裂《シスマ》によるものだった。コンスタンティノープル総大主教が自らペンを執り、ローマ教会とその無酵母パンの使用を非難したのである。無酵母パンを用いるのは

「ユダヤのやり方」であって、酵母こそがキリストのシンボルなのである。[005] 東方正教会は依然として聖体拝領に発酵パンを用いており、生きた酵母は典礼に欠かせないとみなされている。

まるで偶然であるかのように、一二世紀以降、ユダヤ人が聖体パンを盗んで穴を開けたり焼いたりしたとして死刑を宣告されている。伝承によると、そのような扱いを受けた聖体パンに奇跡が起こり、血を流すようになったという。こうした冒瀆の話は念入りにつくられ、演出がほどこされて、教会の前で奇跡劇として上演された。[006] 同じ時期に反ユダヤの法律が発布され、一三〇八年にフィリップ四世がフランスからユダヤ人を追放する。聖体の秘蹟のパンが発酵していないパンに変わったのちにこうした出来事が起きたのは、決して偶然ではない。キリストの引き立て役として辱められる「ユダヤ人」は、まさしく聖体パンを冒瀆することで、悪を体現しているのである。そうした伝承によって、ユダヤ人の無酵母パンとキリスト教徒の無酵母パンとの違いが再確認される。酵母がなくても、その白くて平たい聖体パンがまさしくキリストの体であることを、示さなければならないのである。食べものが発酵しているか否かは、「善」と「悪」、「純粋」と「けがれ」の違いとなり、最初はキリスト教徒とユダヤ人、やがて正教徒とカトリック教徒を分けるものとなる。

ゲルマン諸国がキリスト教化されると、同じ考え方にしたがい、ビールを飲む人々は低く見られるようになった。多くの文献や格言で、ビールは貧者と百姓の飲みもの、さらに、魔女集会《サバト》で魔女が悪魔といっしょに飲むものとされている。[007] ベルトラン・エルは、古代の異教徒の飲みものであったビールと新しい宗教の高貴な飲みものであるワインの対立を分析している。[008] ビールは北の宗教の飲みものであり、ワインは南からきた新しい宗教の飲みものであった。ビールの価値の下落は数世紀つづき、宗教改革でようやく名誉を回復する。もちろん、宗教改革によってカトリックのワインのように神聖な飲みものになったわけではないが、ビールは復権し、うさんくさい、悪魔的な側面はとり除かれた。こんにち、「ビールの国」はプロテスタントの多い地域、「ワインの国」はカトリックの多い地域とほぼ一致している。

腐敗か発酵か、純粋かけがれているか、野蛮か文明化しているか。発酵食品をめぐってふたつのカテゴリーが存在することを知れば、一九四四年のノルマンディー上陸後に米兵が示した反応も説明がつく。彼らはチーズのにおいをかいで、カマンベールの熟成庫に死体があると思い込んだのである。

通過儀礼

発酵食品の味が好きか嫌いかは人それぞれ、年齢によっても変化する。それは後天的な知識や経験とともに、生得的な嫌悪の感情とも関係がある。たとえば、赤ん坊は甘いものを好み、苦いものを口にすると顔をしかめることが知られている。

実際、嫌悪感を克服して発酵の味を心から楽しめるようになるには、手ほどきを受ける必要がある。小さい子どもがコーヒーやにおいのきついチーズ、発酵した魚、キャビアのような味を好んだり、ニョクマムの味がわかったりすることはまれである。ヨーグルトやフレッシュチーズでさえ、食生活に組み込まれるには時間がかかる。発酵食品の味は大人の味であり、成長するにつれて好きになる。その意味で、発酵食品を好んで食べるのは大人になったしるし、仲間が属する共同体の一員になったしるしである。それはまた、ある意味で、生存の問題でもある。モンゴルの子どもたちはごく幼いうちに、「アイラグ(馬乳酒)」を飲むことを教えられる。スープを少し飲めるようになった生後八か月か九か月で、大人たちは発酵させたウマのミルクを飲ませる。この種の食品をとらなければ、ステップでは生きていけないからである。[009]

世界のあらゆる料理において、発酵との関係がこのような学習をつうじてはぐくまれる。それはまさに通過儀礼である。そこには、同じ共同体の大人から子どもへという垂直の伝達経路と、異なる共同体に属するふたりの大人のあいだで生じる水平の伝達経路とがある。いずれのケースにおいても、それはひとつの状態から別の状態へ、ひとつの世界から別の世界へ移行することであり、大人たちや別の国、別の集団という新しい共同体に加わることである。すべての通過儀礼と同様に、そこには不快感を克服する、とりわけ先入観を克服するという試練がある。納豆は、特別な菌類でダイズを発酵させたものである。見た目はねばねば、どろどろした粘液質のかたまりで、日本人にはおおいに好まれるが、ヨーロッパ人はなかなか手が出ない。このように自ら進んで食べることが少ないだけに、人の話や説明、いっしょに食べる仲間が必要なのである。

発酵食品は、旅行者や新たに移住してきた者に食べさせたい食品のひとつである。たとえばフランスでは、カマンベールやロックフォールを好んで食べる外国人は一目置かれる。彼らは見事に試練を乗り越えたのである。アイスランドでは新来の人がいると、笑いをこらえながら、サメ肉を浜辺の砂に数か月埋めて熟成させたハカールを食べさせる。メキシコのタバスコ州には、トウモロコシとカカオからつくられる先コロンブス時代起源の発酵飲料ポソルがある。タバスコを訪れた者がポソルを飲んで好きになれば、その地に住むようになるということわざがある。通過儀礼がすめば、だれでも同じ共同体の一員になれるのである。

弟子が奥義を会得するには、段階をふんで教えを受けなければならず、それには長い時間を要することもある。アジア人はおびただしい数の魚のソース（魚醬）の香りを区別できる。シンガポールのクリストファー・タンは、ヨーロッパ人には理解しがたい経験について語っている。

ベトナム、タイ、ミャンマー、中国、韓国、フィリピンの魚のソースを味わっているうちに、すべてまったく違うものだということがわかるようになった。韓国のソースには熟成したシシャモの卵の風味があるし、ビルマのソースはマッシュルームの香りを思わせるが、ベトナムのニョクマムはもっとも複雑な味がする。

同様にして、ワイン、茶、コーヒー、チョコレートの香りは非常に多彩である。それらの食品をじっくり味わうには、しきたりや決まりごとを知り、体験したさまざまな感覚を表現するための語彙を身につけなければならない。

実のところ、発酵食品を食べたときに感じる喜びは「熟成の味」に由来するのであり、それによって味覚が成熟するとともに、成熟した味を求めるようになる。たとえば、塩で味つけした米料理は、魚のソースで塩味をつけた米料理とまったくニュアンスが異なる。後者は香りがまったく違うのである。それは食材だけでなく、熟成から生じる補足的な香りである。同様にして、年代の異なる二本のワイン、フレッシュなチーズと熟成したチーズを比較することもできる。その違いは学習や味になじむことによって区別できるようになるのであり、その結果、飲み食いされるものに意味が与えられる。同じ共同体の人間を結びつけ、よそから来る者を同化させるという文化的な意味である。

アイデンティティーから愛国心へ

野蛮人と文明人の区別は大昔の考えであるとしても、発酵食品はこんにちなお、同じ国に生まれた者のあいだで暗黙の了解のしるしとして機能している。世界中どこでも、人は発酵食品をとおしてアイデンティティーを認識している。衛生問題にうるさい工業国では、一部の発酵食品(つねに外国の食品である!)が排斥されている。アメリカ合衆国におけるロックフォールチーズやミモレットチーズがそうであり、エール・フランスや英国航空の機内にスウェーデンの発酵ニシン、シュールストレミングをもち込むことはできない。そんな工業国でも、なじみの発酵食品にたいする感情は変わらない。発酵食品は母国の味を伝え、出身を同じくする人々を結びつける。

私は蛮族の人間だ。筋骨隆々というわけでもなく、憂鬱症だし、目は緑色、長身である。だが、激しい気性、頑固さ、短気なところももち合わせている。われわれノルマン人すべての血管には、シードル[リンゴ酒]が少々流れている。それは酸味のある発酵飲料で、ときどき勢いよく栓をとばす。

ギュスターヴ・フローベールは著書『パンセ』にこう書いている。

カマンベールはおそらく、数あるチーズのなかで、フランスのアイデンティティーをもっともよく表すチーズであろう。言い伝えによると——発酵食品の名に恥じない製品すべてと同じく、カマンベールにも起源の伝説がある——カマンベールはフランス革命のさなかに「発明」された。それはちょうど、フランス国民のアイデンティティーがつくられる時代だった。マリー・アレルという若い農婦が、農場にかくまっていたブリー出身の名もない宣誓拒否司祭からチーズのつくり方を教わり、カマンベールをつくり上げたというのである。この秘密めいた神秘的な起源、神々しい奇跡のような起源は、新しいチーズに市民的神聖さのオーラをもたらした。実際のところは、ヴィムーティエとリヴァロを中心とする地域では一八世紀初頭にチーズの需要が増加し、しだいに遠くから牛乳を集めなければならなかった。

何時間も馬車で運ばれるあいだに、夏の暑さによって乳酸の活動が活発になり、牛乳は「ヨーグルト」になった。リヴァロチーズをつくるために凝乳酵素を加えたところ、それとは別のチーズができた。こうして、アンモニアに富んだ塩基性の環境を好むバクテリアにおおわれたアルカリ性の凝乳酵素チーズから、酸素を必要とする真菌叢をもつ酸性のチーズへと、徐々に移行した。▼010

要するに、マリー・アレルはなにも発明しなかったようなのである。カマンベールはフランス各地でつくられるあまたのチーズのひとつとしてローカルなチーズにとどまったかもしれないが、一八六三年、パリ・カーン間の鉄道路線の開通により、伝説は新たな展開をとげる。その頃、マリー・アレルの孫が皇帝ナポレオン三世にカマンベールを食べさせたようなのである。皇帝はそれをたいそう気に入り、自ら宣伝を買って出て、パリでカマンベールを売らせた。物語の終幕は第一次世界大戦に訪れる。カマンベール製造業者の組合が軍の市場を獲得し、すべてのフランス兵にカマンベールが支給されたのである。物語のエピローグとして一九二六年、フランス各地で戦没者の記念碑がつくられたとき、ヴィムーティエの小さな村にマリー・アレルの記念碑が建てられた。カマンベールの「母」のモニュメントは、ある種の平和のモニュメントであった。国民が心の安らぎを求めていたまさにそのとき、その記念碑は農民と伝統を称え、フランスの典型的な価値が永遠に変わらないことを示したからである。

近年でも二〇〇七年、何人かの生産者が生乳チーズの製造を維持し、乳業メーカーの思惑に抵抗するために立ち上がったが、そこには経済のグローバル化と、外部から押しつけられるばかげた規則にたいして現代フランス人が抱いている強い危機感があらわれていた。古くからの農業国としてのフランスのアイデンティティーと、グローバル化、画一化、工業化といったやや抽象的な脅威にたいするフランスの団結を、カマンベールは象徴的に体現していたのである。さらにこんにち、チーズ（とくに、ますます正当性を必要としている工場製チーズ）の宣伝広告は、もはや過去のものとなった農民の黄金時代をさかんに演出するようになっている。緑豊かな農村、「われわれの」土地の豊かさ、田舎の生活、家族、子ども時代、文化の継承、土地に根づいた暮らし、先祖伝来の料理や料理法へのこだわり、文化遺産などである。これと同じ論法は、一六世紀から第二次世界大戦まで、シャプツィガーチーズを呼び売りしていたスイスの行商人たちにも使われていた。伝統や先祖から受け継いだもの、生まれた土地に忠実であるというイメージは、発酵食品と不可分のものである。

韓国では、香辛料で味をつけた発酵野菜のキムチが国民的料理になっている。ニョクマムはベトナムのシンボルである。トルコにはアイランという、ヨーグルトでつくる国民的飲料がある。バイエルンではビールが地域文化の一部になっており、わき水のある村はどこも、独自のビール醸造所をもっていることを誇りにしている。タイでは一九三〇年にブーンロード社が初の国産ビール「シンハー」を発売すると、それはたちまち愛国的な色彩を帯びるようになり、ラベルに「タイ・ビール」と銘打たれた。タイのナショナリズムが高揚した時代に、ビールの宣伝広告は、国民的・愛国的飲みもののイメージを広めるのに一役買った。[011] フィリピンのサン゠ミゲル・ビールも国民的、そして国家主義的な飲みものである。近代主義を体現するメーカーは、徐々に地酒に取って代わろうとしており、農村の電化プロジェクト・キャンペーンとその資金を支援している。だが、伝統産業も負けてはいない。ビールの空き瓶は回収され、伝統的な魚醤パティスや地酒ランバノグの容器として再利用されている。[012]

スカンジナビアでは発酵魚が、アイデンティティーを確認する食べものの役割を果たしている。とりわけシュールストレミングは共同体に実践の場を提供している。これは缶詰のニシンを加熱殺菌せずに発酵させたものである。スウェーデン北部の人々は、たとえ別の地方から来ていても、夏、八月の第三木曜日にシュールストレミング・パーティーを開く。[013]缶詰を開けたときに強烈なにおいを発するため、パーティーはかならず屋外で行われる。それでも、缶詰内の圧力が高まっているので、中身を噴出させないよう、かなり注意を払わなければならない。これも一種のセレモニーである。どうやったらうまくいくか、通のあいだで白熱した議論になる。二〇〇六年以降、スウェーデン人にとって迷惑なことに、いくつかの航空会社がシュールストレミングの機内へのもち込みを禁止した。缶詰が破裂する恐れがあるので、武器とみなされたのである。いっぽう、魚肉に含まれるダイオキシン濃度が上昇したことから、欧州委員会はバルト海のニシンの流通を禁止したが、スウェーデンはフィンランドとともに、ニシンにかんする例外的措置を認められた。スウェーデンの農業大臣自ら発酵魚の弁護に乗り出し、「スウェーデンの文化遺産としてのシュールストレミングの重要性」[014]を主張したのである。

数年前からノルウェーでは、アイデンティティーをめぐる感情が発酵したマス、ラクフィスクと結びつけられている。そのつくり方は家庭や地方によって異なり、それがときに熱い議論を巻き起こす。ラクフィスクはクリスマスや聖金曜日、復活祭に出されるお祝い料理で、ビールや蒸留酒アクアヴィットとともに食される。[015]こんにちのイヌイットは冷凍設備があるにもかかわらず、いまでもアザラシの肉やサーモンの頭をプラスチック容器で発酵させている。そうした料理は共同体の祝いや客を迎えたときに食べられる。グリーンランドの一部の地方では、現地のコミュニティーの文化的アイデンティティーの一部になっている。[016]

欧米の植民地にされたり併合されたりした国では、自国の発酵食品はとくに高い価値を与えられている。たとえば一八八三年に南アフリカのズールー族の王は、キビのビールはズールー族の飲みものであり、イギリス人のコーヒーのように飲まれていると述べている。▼017 南米のインディオにとってプルケやチチャを飲むことは、自らの文明へのこだわりを示すことである。

スコットランドでは独立を守る戦いが終息してかなりたつが、毎年一月二五日になるとスコットランド人は、スコットランドの民間伝承や伝統に想を得た作品で知られる詩人、ロバート・バーンズの誕生日を祝っている。祝いの式典のディナーでは、様式化されたしきたりに則って、ヒツジの胃に内臓とオートミールを詰めた料理ハギスが供される。こんにちのハギスは発酵させていないが、本来は何世紀ものあいだ発酵させて作る食べものだった。ハギスはスコットランドの「国民的料理」とみなされており、グラス一杯のウイスキーと、ラーナクシャーブルーやカボックといったスコットランド産のチーズが添えられる。詩人の誕生日を祝っておおいに飲み食いすることにより、苦難に満ちた郷土の勝利を祝い、耐え抜く力のあるところを態度で示すのである。

似たような祝いはアイスランドでも一二月二三日に行われている。それがアイスランドの守護聖人の祝日、ソルラウクスメサで、発酵したエイとヴァイキングから受け継いだ神聖な料理であるハカールが供される。とりわけ冬のさなかに行われるソーラブロート（「トール神への供犠」）では、参加者が伝統料理のソーラマトゥルを分かち合う。食卓に並ぶのは郷土

スコットランドの伝統料理ハギスとスコッチ。

料理ばかりで、ハカール、発酵乳でマリネしたヒツジの睾丸、干し魚、ヒツジの肝臓とくず肉を詰めたソーセージ、塩漬けして燻製にしたヒツジの股肉など、大半が発酵食である。それにライ麦パンがつき、ブレンニヴィンという酒が飲まれる。この祭りのルーツは一二世紀に書かれた散文物語サガにさかのぼるが、初めて実施されたのは一九世紀、スコットランドでロバート・バーンズの誕生日を祝うようになったのと同じ時期である。ヨーロッパで国民のアイデンティティーがつくられた、「ロマン主義的ナショナリズム」の時代であった。当時のアイスランドはデンマークの植民地になっており、ソーラブロートは一八七三年にコペンハーゲンで、アイスランド出身の学生たちによって開催された。それは、アイスランド人を見下して土着の食べものに嫌悪を示していたデンマーク人入植者にたいする反発から生まれたのである。アイスランドは一九四四年にようやく独立したが、ソーラブロートはいまでも、とりわけ北米の移民社会で祝われている。

コンビーフ(コーンドビーフ)は、肉を寄せ集めて缶詰にした工場製品になる以前、塩水につけて保存した牛肉であり、中欧のユダヤ人がピッケルフライシュと呼ぶものに相当した。この長期保存のきく肉はイギリスの船乗りや兵士のためにつくられ、大西洋を横断する船に樽ごと積まれていた。アイルランドのコークの町は、一七世紀から一九世紀にかけてコンビーフで有名だった。▼018 アイルランドでもどこでも、牛肉や豚肉は冬の初めに塩漬けにされた。春になると、新物のキャベツとともに、ポトフのようなものに調理された。春の訪れを告げるこの料理は聖パトリック祭のシンボルとなり、アイルランド人が大勢移民したアメリカでは、いまでも三月一七日になるとかならず、長い時間をかけて念入りに調理される。同様にして、ノルウェー出身のアメリカ人のあいだでは、ルートフィスクという郷土料理がノルウェーの国民の祝日に食されている。▼019

こうした話はべつに驚くにはあたらない。発酵食品はアイデンティティーと強く結びついているので、永遠に母国を去る移民たちは、自分たちの種菌とともに旅をするのである。種菌は自分と出身地、生まれた国、先祖たちを結びつける。一九七〇年代にフランスに移民したラオスの家族は、ラオス料理に欠かせない発酵調味料パーデークと発酵野菜をつくりつづけた。アメリカ合衆国でこんにち食されている発酵食品は、移民たちによってもち込まれ、ときに先住民の料理と混じり合ったものである。サンダー・エリックス・キャッツは、二〇世紀初頭に移民したフィンランド人家族の一三人兄弟の末っ子だった九五歳の老人のきわめて感動的な話を伝えている。ある日、彼は義理の娘に、「種」の世話ができるかどうかたずねた。糸のようにのびる非常に変わった発酵乳、ヴィリをつくるための菌を、フィンランド人はこう呼んだのである。この菌は世代から世代へ、フィンランドの家族に伝えられていた。移民たちは母国を去る前に、清潔なハンカチを発酵乳に浸してから乾かし、それを旅行鞄にしのばせて、新たな生活への長い旅路についたのである。義理の娘は世話できるといって老人を安心させた。老人は翌日の夜に死んだ。菌は移民たちにとって、新しい国でずっと暮らしていくための保証であった。新しい国での新しい生活。だがそれは、先祖の根っこを維持していなければ成り立たないのだった。フィンランドの地にルーツをもちながらアメリカの地で生まれた老人にとって、フィンランドの家族がもたらし自分とともに育った菌株がいつまでも生きつづけると知ることが、自分の命が終わっても家族の生活がつづくことを確信させたのである。▼[020]

アメリカは、食をとおして移民の歴史を象徴的にたどることのできる特異な国である。発酵食品はアメリカにおいて、その文化的特徴とともにまさしく存在している。アメリカ人は親しい人といっしょにビールを飲み、通りすがりの人にもビールを勧める。ビールはドイツとイギリスの移民によってアメリカにもたらされた。ケチャップは工場製品になる以前、もともとアジアから影響を受けた乳酸発酵食品だった。トウガラシソースのタバスコは、南部の特産品だが、そのつくり方はアメリカ先住民にさかのぼる。アメリカを象徴する料理、ハンバーガーは、ドイツ系の国々から直接もたらされたものだが、発酵パン、ケチャップ、やはり発酵食品である酢漬けのピクルスがなければつくれない。シュークルート（ザウアークラウト）とパンパーニッケルにもアメリカ版がある。中欧のユダヤ人はベーグルとパストラミをもたらした。環の形をした小型のパン、ベーグルはいまやニューヨーカーのシンボルになっているし、中欧のピッケルフライシュを受け継いだ、塩漬けして発酵させた肉、パストラミはサンドウィッチの具に欠かせない。イタリア人はといえば、ピッツァを新しい土地に根づかせた。しかし、生地はより厚くなり、チーズの種類も異なる。つまり、発酵した部分によって、アメリカのピッツァかイタリアのピッツァかがわかるのである。また、スペイン出身の移民たちは、カリフォルニアにブドウ栽培とワインづくりをもたらした。なにもましてアメリカの食のシンボルであるコカコーラでさえ、コルシカの医者がつくった薬効のあるワインの製法にもとづいている。アトランタの会社が秘密主義だったため、製法にかんしてさまざまなうわさが流れたが[021]、こんにち企業秘密となっているのは製造方法のみである。質量分析器のおかげで原料の謎が解けたからだが、少なくとも製造工程に発酵が存在しているようだ。実際に二〇〇七年の論争によって、コカコーラ社は飲みものに最大一・二パーセントのアルコール分が含まれる可能性のあることを認めざるを得なくなり、ムスリムの国は大騒ぎになった。[022]それが発酵によるものでないとしたら、アルコールはいったいどこからきたのだろう？

一八八五年にジョン・ペンバートンがアトランタでつくったコカコーラの最初のレシピは、ワイン、コカノキの葉、コーラノキの種子、メキシコ人が催淫性のあるリキュールをつくるために用いたとされる植物「ダミアナ」を原料としたアルコール飲料であったと言うことができる。ワインと薬草でつくられた「先史時代のカクテル」、先史時代の最古のアルコール飲料のレシピとそう変わらない。禁酒法のあと、その飲みものはアルコールを含まないソーダとなった。北東部でも一九世紀に、ショウガ、砂糖水、ケフィア・タイプのバクテリア共生体「スコビー」を原料にして、ジンジャーエールがつくられた。この飲みものは一八世紀にイギリスで生まれ、一八五一年以降にアメリカで製造されるようになった。二〇世紀に入ると、非発酵の炭酸飲料、カナダドライがそれに取って代わり、コカコーラと同様に、禁酒法の施行に合わせて急速に売り上げをのばした。

以上すべての事例が示しているのは、移民や植民地の被支配者の共同体では、アイデンティティーが不安定になると、文化的ルーツや伝統を示すことが重要になることである。料理文化はそこから発する。その場合に食の実践でもっとも強調されるのは、つねに、外国からの入植者や移民した国の慣習や味覚とまったく異なるものであり、それは非常に変わったもの、ときにきわめてショッキングなものだということである。もちろん発酵食品がそうであり、発酵食品の多くがそうした自己確認で大きな意味をもつ。民間伝承にされることもしばしばで、そうした食品は出身地より移民先の国でさらに重要となる。アメリカのようなおもに移民からなる国では、それは国の伝説となっている。

たとえばサンフランシスコには、金鉱掘りの文化から生まれた伝統的な酵母パンがあり、もっぱら工場製のパンを食べているこの国で民族文化にまでなっている特異な例である。「サンフランシスコ・サワードウ・フレンチブレッド(サンフランシスコのサワー種でつくるフランスパン)」は町の文化遺産になっており、このパンのための博物館まである。サンフランシスコのパンの専門学校は、パン屋の大半が工場的なものであるアメリカにおいて唯一のパン職人養成学校である。それでもやはり、アメリカでは、「職人の」パン屋という言葉を相対的にとらえる必要がある。というのも、サンフランシスコでもっとも歴史のある三軒の「職人の」パン屋は、千人以上の従業員を使って年間一六〇〇万個ものパンを焼いているからだ。

この酵母パンには多くの伝説がある。その酵母は、一八四九年にブルゴーニュとジュラの境から来たプロのパン職人イジドール・ブーダンによってフランスからもたらされた酵母に由来するという。彼は「フォーティーナイナーズ」、つまりゴールドラッシュ時代に金鉱を探しにきた人々のひとりだった。パンを売ってひと財産築いたが、一グラムの金も発見できなかった。別の伝説によると、若いパン屋は数か月の旅のあいだパンを焼くことができず、酵母を更新しつづけたので、その酵母は独特の味がするという。サンフランシスコで現在培養されている酵母はすべて、フランスからきた最初の母生地に由来するというのだ。実際にはそんなことはあり得ないが、これは象徴的な話であり、前記のフィンランド移民とその乳酸菌の話につうじるものがある。酵母がフランス由来であれば、そのパンは実際にフランス原産となるが、逆説的に、よそから到来したからこそ、本当にアメリカのパンとなる。なぜならアメリカ人はほとんどが移民だからだ。

もうひとつ、より信頼に足る話は、イジドール・ブーダンはフランスのパンづくりのノウハウを伝えただけで、金鉱掘りたちがすでに育てていたような地元の酵母が使われたというものだ。実際、ブーダンが到着する以前に、酵母によるパンづくりが行われていた。ふくらし粉でつくるソーダブレッドは発酵させる手間がかからないので、早くできる。だが、重曹のふくらし粉は湿気に弱く、彼らは屋外の砂金のとれる川のほとりや鉱山のなかで暮らしていたので金鉱掘りたちは新しい重曹のふくらし粉を使えなかった(使おうとしなかった)。当時、金鉱掘りたちはサワードウ、「サワー種」というあだ名で呼ばれていた。それはやや酸味のある独特なパン種で、実際には土着の菌であった。数種類の乳酸菌が含まれていることがわかっており、その一部は、世界中で霧の多い気候のこの場所でしか見つかっておらず、ラクトバチルス・サンフランシスケンシス(*Lactobacillus sanfranciscensis*)と名づけられている。このバクテリアが同じく土着の酵母菌と結びつき、特殊な形で共生していたために、最終的なパン生地にサワー種の酸味がついた。したがってイジドール・ブーダンがつくったパンは、その種のものではまったく新しい、独自のもの。フランスの製法にしたがっているが、純粋なアメリカのバクテリアで発酵したパンである。こんにちもはや金鉱掘りはいないが、「ブーランジェリー・ブーディン」は天然酵母パンをつくるパン屋のひとつとして、サンフランシスコにまだ存在している。使用する酵母は一八四九年の独自の菌株に由来するものであると、当店は抜け目なく売り込んでいる。その酵母は一九〇六年の大地震からも救い出されたようだ。イジドールの未亡人ルイーズ・ブーダンが炎に包まれる店から従業員とともに逃げる直前、機転をきかせて木桶のパン種をもち出したのである。パン種は大切なものとみなされていたので、そのような状況になれば、なによりもまず救わなければならないと考えたに違いない。こうして伝説は生まれた。

　まだ話は終わらない。一八九七年に第二次ゴールドラッシュが起きると、酵母パンはカリフォルニアから北極圏へ、クロンダイク、ユーコン、カナダ北西自治領へと広まっていった。詩人のロバート・サーヴィスは、クロンダイクのゴールドラッシュをうたった詩集のひとつ、『サワードウの歌』において、「新参者のバラード」に金鉱掘りの生活を描いている。「彼はトマトの缶詰、香気をつけた牛肉、酵母パン、赤錆色のインゲンマメ、カビだらけのベーコンで暮らしていた[024]」

　ついでに言うと、上記の食べもののなかで発酵していないのはインゲンマメとトマトだけである。狩りをしたり魚を釣ったりする時間のない金鉱掘りたちは、首やベルトに下げた革袋にパン生地を保存していた。北極圏の厳しい寒さから生地を守り、温度を保つように、一日中シャツの下に入れておくこともあった。夜、野営地でパンを焼くときは、生地の一部をとっておいて、つぎのパン種にするのだった。カリフォルニアでは、パン種は夜、たき火の残り火の近くや、山小屋の梁の上に置かれたが、アラスカでは寝台のなかに保管された。このように身近な存在だったので、パン種へのこだわりは非常に強かった。パン種はいずれも大切に世話をされ、所有者にとって大きな価値をもち、銃でそれを守ろうとする者もあらわれた。けれども、ごく簡単に焼いただけのパンはそれほどおいしくなかったに違いない。鋳物の窯で焼けば上出来であった。パンはただ、たき火で熱した平たい石の上で焼かれ、あるいは生地を棒に巻いて、残り火で直接焼くこともあった。熱いうちに食べられればいいほうで、イジドール・ブーダンがサンフランシスコに到着してすぐ、その店が繁盛したのも、うなずける話である。「サワードウ」は、北極圏で冬をすごした人々のニックネームになった。それはまた、自然の知恵を身につけた年配者にたいする呼び名、サンフランシスコのサッカーチームのマスコット「サワードウ・サム」の名前になった。金鉱掘りの記憶は、この文化的に特別なパンにしっかり刻まれており、アラスカ州の歌に「昔のサワードウが夢見た金」というリフレインがある。ふところでパン生地をあたためていた金鉱掘りたちは、いまやアメリカ西部の神話となり、発酵したパン生地はそのシンボルである。若い国アメリカでは、食物を殺菌することが規格となり、外国の発酵食品の輸入が禁じられるほどだが、その建国時代の伝説には発酵食品への深い思いがあるのだ。

サンフランシスコの酵母パンは、カマンベールと同じく、発酵食と結びついた象徴的・文化的な特徴をすべてそなえた食品の典型的な事例である。そのような食品には四つの特徴がある。生きるために必要なもので、ときに人の命を救うこともあり、体によく味もよい食べものとみなされていること。たんなる栄養的・美食的な質を超えた、象徴的な広がりをもつこと。純粋にその土地のもの、その土地でつくられたものであり、さもなければその特質が失われること。最後に、国の歴史と密接に結びついていると、その国の人々にみなされていることである。それは共同体の象徴であり、文化の一部である。人々はそれと一体化している。発酵食はアイデンティティーのしるしとして、人間を分断することがあるかもしれない。だが実際には、人間を結びつけ、ひとつにすることもある。なぜなら、料理と同じく、発酵は私たちを人間たらしめているものだからである。

第一部

発酵と人間の文明

第一章

野蛮人と文明人

すべてはどのようにして始まったのだろう。なぜ人間は、動物のように生のものを、なにも変えることなくそのまま食べるのをやめたのだろうか。火を使用した最古の痕跡は、およそ五〇万年前にさかのぼるのだから、その頃には食べものに火を通していたことは明らかだが、それは食べものにたいする最初の文化的行為だったのか。それとも、発酵のほうが先だったのか。発酵が普遍的に存在していることは異論の余地がないので、かなり古くから行われ、少なくとも加熱と同じくらい重要であったことは間違いないが……確かなことはなにもわからない。それでも太古の闇にわずかでも光を当て、私たちの先祖が食事をしているところを観察すれば、いくつか重要な手がかりが得られるだろう。

初めに発酵ありき

古人類学者は、初期ヒト科動物の化石の歯のすり減り方を観察することで、どんな食べものを食べていたかを明らかにした。強力な臼歯には、皮のように硬い食べもの、つまり完全な生ものを食べたときにできる、特徴的な線がついていた。先史時代後期の狩猟採集者たちは、狩りや死肉をあさって手に入れた動物とともに、採集したさまざまな植物を食べていた。当時はほとんど手を加えることもなかったので、長く噛まなければならなかった。初期のヒトは多くの時間を食べることに費やしていた。二〇一一年八月に発表されたハーヴァード大学の研究によれば、それは一日のおよそ四八パーセントにのぼるという（現代人は四・七パーセント▼025）。ところで、およそ一九〇万年前、チンパンジーの系統と分かれたのちの人類につながる系統において、食事にかける時間がなぜか大幅に減少した。この系統が進化し、ホモ・エレクトスになると、臼歯のサイズが一貫して小さくなっていくことがわかるのである。臼歯の縮小はホモ・サピエンスにおいてもつづいたが、それは不規則なものとなった。より古い時代、ホモ・ハビリスやホモ・ルドルフェンシスにおける臼歯の縮小が形態の違いで説明できることを、研究者たちは明らかにしている。それは、顎が小さくなったことの論理的な結果である。それにたいして、奇妙なことに、より新しい時代のホモ・エレクトス、ホモ・ネアンデルターレンシス、ホモ・サピエンスの臼歯の大きさの変化は、頭蓋骨や顎の大きさの変化では説明がつかない。歯のサイズは、顎のサイズより速いスピードで小さくなっている。大型ザルがこんにちまで大きな臼歯を保持しているのにたいし、人類の進化は小さな臼歯をもつほうに有利にはたらいた。それどころか、この進化は現在もつづいており、私たちは親知らずを「失い」つつある。

　以上の研究からふたつの結論が導き出される。臼歯の変化は、食べものがそれほど硬くなくなり、咀嚼時間が減少したことによって生じたということ。そして、この変化はホモ属に進化したのち、しかしホモ・エレクトスに進化する前に――ないしは同時に――生じたということである。それは一九〇万年前のことだが、人類学者たちは現在まで、この変化を五〇万年前とすることで意見が一致している。五〇万年前というのは、火の使用、すなわち調理が始まったと考えられる時期に相当する。多くの技術と同様に、火を通すことはおそらく、火をあつかえるようになる（七〇万年前から四〇万年前までの開きがある）はるか以前に偶然発見されたと思われる。落雷や乾燥で自然に山火事になり、その火に焼かれた動物を発見した。あるいは、泥炭が自然発火して何年も燃えつづけている場所や、火山地帯で、そのような動物を見つけたのかもしれない。火山周辺の熱くなった石は、現代の焼き肉の鉄板《プランチャ》より優れた調理面を提供したことだろう。もちろん、火の使用は一気に進んだわけではない。発見され、そして忘れられ、さらに再発見されるといったことが、何千年も繰り返されたはずである。火を使って調理する集団とそうでない集団が共存しているうちに、技術が少しずつ普遍的なものとなっていったに違いない。

臼歯の縮小の発見にかんして、論理的にはふたつの仮説が立てられる。ひとつは、火の発見の年代が誤っており、百万年さかのぼらなければならないということだが、これは相当な違いである。もうひとつは、人類はそれ以前に、食べものを柔らかくして消化しやすくする方法を見つけていたという仮説である。

ひとつ目の仮説を検証してみよう。このとおりであれば、猿人から分かれた時点から、人類は肉を焼いていたことになる。旧石器時代に料理はすでに行われていた。人間は屋外のグリルの火だけでなく、ある種の自然のかまども利用していた。穴のなかで火を焚き、白熱した炭火までおこしていた。その上に枝肉を置き、土と熱した石で穴に蓋をする。数時間、あるいは一日待つと、蒸し煮ができ上がる。石に水をまけば蒸し焼きになる。この方法はいまでも世界中、とりわけオセアニアや南アメリカで用いられている。フランスのシャラント地方には、ムール貝を松葉でおおって火をつける「エクラード」と呼ばれる名物料理がある。ムール貝が焼けると、煙のよい香りがつく。アゾレス諸島では、火山に穴を掘って容器を埋め、「コジード」という一種のポトフをつくる。地熱を利用し、地中で鍋を加熱するのである。こうした伝統的な加熱技術は、旧石器時代から直接受け継いだものであり、いまも残っていることから、同じ方法が長期にわたって使われていた可能性がある。

何千年も偶然にまかせていたのちに、加熱はついに制御されるようになる。燻製づくりも発見され、食べものに香りをつけるだけでなく、長く保存できるようになった。加熱用の穴、かまど、バーベキュー、煙突、オーブン、グリル、電気プレート、そして電子レンジがつくられた。

最初の野牛ステーキを炭火の上に置いて以来、人間は生の食べものとは違う味を追い求めてきた。つまり、旧石器時代から「美食の」探求が存在したのであり、それは無視できない結果をもたらした。食べたり噛んだりする時間が減ったことから、先史時代の人間はより多くの時間を狩りや道具づくり、社会生活といった別の活動にふりむけるようになり、そうすることで自らの生活条件を改善していった。一日に飲み食いする食物のカロリーも増加したことだろう。加熱した肉はより食欲をそそり、穀物のように炭水化物を多く含む食べものは、エネルギーがより豊富だからだ。▼026 身体の変化がそのことを示している。先に述べたように臼歯が小さくなっただけでなく、腸が短くなり、脳の容積が増加したのである。

そこから重要な社会的変化も生じた。かまどを中心に生活が営まれるようになった。採集と食事の支度はしだいに女性の仕事とされるようになり、そのことは、こんにちまで社会に多大な影響をおよぼしている。

けれどももし、人類が火を自在にあつかえるようになる前に、食べものを柔らかくする別の方法を見つけていたとしたら？　発酵は加熱と同じくらい食べものを柔らかくし、食欲をそそり、細菌の繁殖を防ぐ効果をもたらしたことになる。それも、火やその他の複雑な技術なしに、である。硬い肉を焼いたりあぶったりしても、肉は硬いままである。型どおりに煮込み料理をつくったことのある人ならだれでも知っているように、肉を柔らかくするには何時間も鍋で煮なければならない。だが、とろ火で加熱できる鍋やかまど、あるいは加熱用の穴が必要だし、さもなければ火山の近くに暮らさなければならない。そういったものがなくても、発酵は加熱せずに肉や野菜を柔らかくする。発酵は味を変化させ、食品の腐敗や汚染を防ぐ。実用的な陶器の発明によって食品の長期保存が可能になり、前六〇〇〇年紀［訳注❖前六〇〇〇年〜五〇〇一年］から食品の保存が広まって、気候のよくない季節にも飢えに備えることができるようになった。

　発酵は食べものの栄養の質も変える。加熱はビタミンを破壊するので、発酵は加熱よりはるかに有益である。人間は旧石器時代から発酵を発見していたのだろうか。

　加熱より発酵が先だったと考えられる手がかりが実際に存在する。パプアニューギニア北西部では基本的食料をサゴヤシ(*Metroxylon sagu*)に頼っており、髄の部分に何度も手を加えて粒状にし、さらに、発酵したペーストにして保存する。発酵のおもな技術といえば、ペーストをヤシの葉に包み、水を満たした穴に浸して土で覆うだけである。すると、嫌気性の乳酸発酵がすすみ、数か月保存できるようになる。この地方に住むラトムル族の言語では、発酵のことをkwatというが、これは分解と豊穣の意を同時に含んだ概念全体も意味する。水のなかで加熱することはkwalaという。▼027「水のなかで加熱する」のに、どうして「発酵」に由来する言葉が使われるのだろうか。おそらくメラネシアとポリネシアでは、水のなかでの加熱は伝統的に熱した石を投げ込んだ穴のなかで行われるからだろう。ところで発酵も穴のなか、すなわち地中で行われ、発酵の過程で水が沸騰するように、ぷつぷつと気泡が生じる。それで、水のなかの加熱にも、発酵で目にする物理現象にもとづく名称がつけられたのだろう。

　ふたつ目の手がかりもオセアニアにある。オセアニアの人々は東南アジアから渡来したが、東南アジアは伝統的に発酵食が好まれる地域である。発酵への好みとその技術は、出身地であるアジアからオセアニアにもたらされ、太平洋の島々にすみついた人々はそれを地域の条件や産物に適用したと考えられる。オセアニアの神話によれば、最初の人間は生のものしか食べず、マウイ神が火山を溶かして火を与えたという。ところでオセアニア人の主食はイモの塊茎であり、その大半は生の状態では有毒である。たとえばキャッサバ(マニオク)がそうである。毒を除くには、海水に長時間つけておけばよい。そうすることでキャッサバは発酵し、完全に食べられるようになる。したがってオセアニアの神話によれば、発酵なしに食べものの「生」の状態は存在しないのだから、発酵は加熱より先だったことになる。

新石器時代の狩猟採集者が行き当たりばったりに肉を熟成させたのは、偶然と発見、そして必要性の問題であった。発酵食品の始まりも偶発的なものであった可能性は十分にある。人間は自然のプロセスを観察し、やがて、ある程度再現できるようになった。だが、それはやはり、偶然に左右される形においてであった。一部の動物が獲物を地面に埋めておいてあとで食べるのを見たことが、発酵の発見で大きな役割を果たしたのだろう。それもまた、偶然の状況、事故、不手際、忘却の繰り返しであった可能性がある。

言い伝えによると、チーズは凝固したミルクからできたという。革袋に入れたまま「忘れて」いたら、少し酸味のある塊に変化していた。空腹だったので食べてみると、おいしい味がした。消えかかったかまどの火のそばに置かれていた鉢の穀物粥が、不思議なことに二倍の大きさにふくらみ、強い香りを放っていた。この生地を焼いたところ、より軽く、香ばしいガレット(平焼き)ができた。こんなに膨張した生地をどうして焼いたのだろう。好奇心にかられたのか。食べものが不足していたので無駄にしたくなかったのか。それとも別の理由があったのか。この粥で焼いたガレットはそれまでと違って、ふっくらして気泡がたくさんあり、柔らかく、特別な香りがした。パンが誕生した。雨にぬれたあと太陽にあたためられた蜂蜜の混合液は、ぶつぶつと泡立つようになり、さわやかで栄養のある不思議な飲みもの、蜂蜜酒(ミード)になった。さらに、甕のブドウ果汁は素晴らしい飲みものに変わり、それを飲んだ者に別世界にいるような感覚をもたらした。酢の壺に落ちた野菜が数か月たってもまったく腐っていなかった……。

私たちにより身近なところでは、ロックフォールもさまざまな偶然が重なって生まれた。羊飼いが通気のよい洞窟のなかに置き忘れたひとかけらのパンが、ヤギのチーズのそばでかびたのである。たったひとつ条件——洞窟、通気、パン、カビ、チーズ、ヤギ——が変わっても、ロックフォールはできなかった。醬油、ニョクマム、シュークルートなどあらゆる発酵食品が同じような状況で誕生したと、容易に想像できる。それが魔法であれ化学であれ、発酵のプロセスはすべて、実際には何千年もかけて発見され、忘れられ、再発見され、ふたたび忘れられ、ついに再現されて、大半は旧石器時代末に完成されたのである。それらの発酵食品は革命をもたらしただろうか。そそれとも、あまりに奇妙で先駆的な新技術を集団にもたらそうとした人たちは、殺されてしまっただろうか。いまとなってはなにもわからない。

土器をもち、定住生活を営む狩猟採集民の社会が農業の始まるはるか以前に存在し、穴や土器の容器に、厳しい季節に備えて大量の食べものを保存していた可能性は十分にある。[028] 冷蔵設備や加熱殺菌のない時代、保存といえば発酵ということになる。技術の進歩によって少しずつ、大規模な定住や農業の始まりへと移行したのである。

「新石器革命」は中東において、定住と大麦(*Hordeum spontaneum*)の栽培化とともに始まった。前九〇〇〇年紀頃に氷期が終わると、ザグロス山脈の山麓からトロス山脈とトルコの肥沃な土地まで、大麦を栽培できるようになった。同じ頃(前一万年紀から七〇〇〇年紀にかけて)、実用的な土器の制作と利用が広まり、発酵飲料の飛躍的な発展が可能になった。社会はその始まりから、麦や米、さまざまな果物、カカオや蜂蜜などを原料にした発酵飲料づくりに多くの時間とエネルギーを費やしていた。狩猟採集民はまず、野生の穀物からつくったビールやパンを食べるようになり、やがて穀物を栽培して、大量のビールとパンをつくるようになったと思われる。したがって、それら発酵食品こそ、新石器革命の真の原動力だったのである。パンやビールはどこで最初につくられたのかという問題は、科学者たちのあいだで議論になっている。▼029 だが、パンやビールなどの発酵食品が現代の食用植物の栽培化を促したという点では、すべての学者の意見は一致している。つまりそれら発酵食品が農業の誕生を促したのである。

この仮説により、ひとつの謎が解ける。もっと大きな果実をつける植物や食用になる大きな葉をつける植物など、穀物より効率のよい植物がいろいろあるのに、人間はなぜ、穀物を最初に栽培化したのだろうか。実のところ穀物は、多くの難点をもつ植物である。それらイネ科植物はふたつの部分からなる。茎と葉、そして種子である。茎と葉は家畜のエサに用いられ、種子は人間の食べものになる。最初からそうであったと考えられている。▼030 旧石器時代の野生の穀物は収穫するのが難しかった。穀物が成熟すると、その種子は茎から自然にはずれ、風にのって別の土地にばらまかれる。その穂は小さく、種子はさらに小さい。おまけに種子は、取り除くのが困難な外皮に包まれている。しかしながら穀物は、栽培化され改良される以前に、何千年も人間の食べものに利用されていた。こんにち、種子は茎にしっかりついており、果皮は容易に種子からはずれるようになった。しかしながら、すべての文明がとくに穀物を好み、多くの場合、穀物は基本的食料に、そして発酵飲料の原料になっている。

栄養にかんしても、大麦、トウモロコシ、小麦といった穀物には難点がある。穀物はタンパク質、アミノ酸、いくつかのビタミンに乏しく、代謝におけるカルシウムの吸収を妨げるフィチン酸が多く含まれている。発酵はそうした難点を解消する。発酵によって穀物の栄養価が高まることが、多くの難点はあっても穀物がとくに好まれた大きな理由であったと考えられる。粥や発酵飲料をとる人は、そうでない人より病気になりにくい。「生地を膨張させるのが酸味のある物質であることは明らかである。ふくらんだパンを食べる人がより強健であることも明らかである」と、大プリニウスは書いている。▼031

アメリカでは遅くとも六〇〇〇年前には、小さな穂に十粒足らずの種子しかつけない野生のイネ科植物、テオシントから、トウモロコシが栽培化された。トウモロコシは当時、固形の料理ではなく、甘みのある若い茎からとれる汁を原料にして、ビールやワインのような発酵飲料をつくるためだけに利用された。メソアメリカの複数の時代の墓地で見つかった人骨――もっとも古いものでこの大陸に人類が到達した初期の痕跡にまでさかのぼる――の同位体を分析したところ、前一五〇〇年以前に固形のトウモロコシが食されていなかったことが判明した。発酵飲料をつくるために咀嚼されたテオシントの茎、穂、葉の痕跡が、テオシントが栽培された場所からほど近いテワカン谷の周辺にある複数の洞窟で見つかっている。テオシントの痕跡は前五〇〇〇年から前一五〇〇年のあいだに減少し、その間、テオシントは徐々に栽培化され、栄養分をより吸収しやすくする「ニシュタマリゼーション」という方法が発見された。

したがって、およそ三〇〇〇年をかけて探求と創造、農業の試みがつづけられた結果、この小さな植物が、食べものにも飲みものにもなる、多数の種子をつける大きな穂をもつ現在のトウモロコシになったのである。こんにち、栽培化されたトウモロコシには何千という品種があり、それらは六〇〇〇年前にメキシコに生えていた元のイネ科植物テオシントとはまったく別のものである。

要するに、人間が野生の植物から発酵食品をつくることが、それらの植物を栽培化する動機として大きな役割を果たしたのであり、その反対ではないのである。野生のブドウからワインをつくったのも、ブドウの栽培より先だった。人間は野生のブドウを栽培化し、私たちが知っている甘みの強い大きな実をつけるブドウをつくった。自然のなかで摘んだ小さなブドウからつくるワインを、彼らは好んだのである。ブドウやトウモロコシ、大麦、スペルト小麦、小麦のような穀物にかんしてはそれが真実であり、チーズについても同様のことが言える。野生の哺乳類の乳製品がまずつくられ、そのあと動物が家畜化されたのである。

信じがたいと思われるかもしれないが、パンやビールが欲しくて農業を始めたのであり、その反対ではないようである。[032] さらに驚くべきことに、人間が最初に飼い慣らしたのは微生物であって、それはイヌやウマや乳を出すウシの家畜化よりはるかに早かったのである。

社会の種

社会が複雑になり、エリートが出現し、発酵食品の飲食が広まったことのあいだには、場所と時代にかんして一致する点が存在する。旧石器時代末の前一万年紀頃、狩猟採集民の定住がすすむと、[033] 王と呼べる者に率いられた国家と階層化された社会が、世界のあちこちに花開いた。人間は厳しい自然のリスクを克服しなければならなかったが、技術の進歩により、主要なリスクから守られるようになった。定住したおかげで、無輪鋤の使用や灌漑がすすみ、農業はますます進歩した。それはまた、文明の拡大と、近隣の文明との交流の時代だった。ヤギやヒツジのような動物が家畜化され、ブドウの木や大麦のような植物が栽培されるようになり、[034] 新しい知識が共有されていった。

都市化、すなわち同じ場所に多くの人々が暮らすようになると、新たな問題が生じた。社会の団結力を維持し、「公の秩序」を乱すトラブルを防ぐために、食べものと飲みものの供給につねに気を配らなければならなかったのである。そのためには貯蔵と生産施設の管理、組織化された労働力、輸送と交易が必要であり、いずれもきわめて現代的な問題である。「首長」は、発酵食品と発酵飲料の生産と分配を一元的に管理することで、その地域にたいする自らの法的権威を正当化した。実際、人口密度の高い場所に飲料水を供給するのは非常に困難で——いまでも多くの国でそうである——、水の不足を補うには、ビールのような発酵飲料がもっとも簡単で経済的、とりわけもっとも安全な解決策であった。ビールは水と異なり、喉の渇きを癒す健康的な飲みものというだけでなく、栄養とカロリーの供給源であり、興奮剤でもあった。

アルコールが精神に作用する特性をもつことから、一日の労働の疲れを癒してくれる食べものと飲みものを確実に供給してくれるなら、人はその階層的な組織にたいして容易に忠誠心を抱くだろう。[035] しかしアルコールを含む発酵飲料は、酔いをもたらすとともに……自制心を失わせる可能性がある。すべての社会でアルコール飲料を飲むことが規制されているのは、そのためである。メソポタミアの神話では、最高神エンキが娘のイナンナ——アッカド語ではイシュタル——を酒宴に招き、そこで自ら酔いつぶれる。イナンナは父が酔ったのを利用して権力を奪い、自ら王となる。聖書では、ノアが酔っ払って息子たちに裸体を見られてしまう。このエピソードは、発酵飲料を飲み過ぎると風紀を乱しかねないことを思い起こさせる。メキシコにも同様の神話があり、ケツァルコアトル神がライバルのテスカトリポカの策略で酒に酔い、妹と性的関係をもつ。[036] 初期の「法典」はこうした時代につくられたもので、社会生活の規則が事細かに定められている。

自然のリスクに対処するには、超自然の力の恵みを受ける必要がある。国家の第一人者である王は、単独で、あるいは神官たちの仲介により、神の恵みが得られるようだれよりも巧みに交渉できる者である。それは政治組織にも重大な結果をもたらした。国民は、気まぐれな自然の定めから自分たちを守り、豊かさをもたらしてくれる王にしたがおうとするからだ。いっぽう王はそのために、確実な成果を上げなければならない。神の不興をこうむる王など、だれも望まないのである。シュメールでもローマでも、また古代のペルーでも、王は国民にパンやワイン、トウモロコシの発酵粥やチチャをもたらさなければならなかった。儀式にも使われる栄養豊富なトウモロコシのビール、チチャがなければ、インカはその神権を維持できない。そのために王は、農地をしっかり管理しなければならなかった。メキシコのリュウゼツランからつくられるプルケは、ワインやチチャと同じく権力の確かなしるしであった。アステカ人は祭祀用の飲みものプルケをつくることで、トルテカ人より優位に立つことができた。のちにスペインの征服者《コンキスタドール》たちも、プルケによってインディオにたいする権力を維持した。その飲みものがもはや神聖なものでなくなるように、国民に広く行き渡らせたのである。発酵飲料はスペイン人の統治の道具のひとつであった。

　ワインも非常に早くから権力のシンボルになった。エジプト、さらにシュメールでも、ビールは庶民から権力者まで、あらゆる社会階層に飲まれた。ビールは労働者に欠かすことができず、しばしば大量のビールで報酬が支払われた。ワインを飲むことができたのは上流階級だけだった。ワインはエキゾチックで贅沢な飲みものであり、ビールより遅れて、ブドウの木が生育していた現在のイランの山地から輸入されるようになった。

　その図式はスペイン征服以前のアメリカでも変わらない。マヤやアステカにおいて、庶民は特別な機会にチチャやプルケ、その他の混合飲料で酔うことができたが、カカオは王と神々が飲むアルコール飲料をつくるために使われた。アステカの都テノチティトランでカカオ飲料を飲むことができたのは、王とその側近、位の高い戦士たち、そしてカカオを輸送する資格を与えられた商人階級の「ポチテカ」だけだった。彼らはカカオだけでなく、リュウゼンコウやヒョウの毛皮、ケツァルという鳥の羽のような贅沢品を、太平洋から都まで、敵対する部族が住む土地を越えて運んでくるのだった。▼037 しかし、無条件でカカオを飲めるのは王だけで、それ以外の人々は宴会や儀式が終わるまで飲むことができなかった。現在のチョコレートはもはやアルコール飲料ではないが、やはりカカオ豆を発酵させてつくられており、一九世紀に一般に普及する以前は長いあいだ貴族やブルジョワの飲みものだった。

　このようにワインはその始まりから、エリートの飲みものであった。古代メソポタミアの円筒印章に繰り返し描かれるモチーフに、人々が集まって酒を飲んでいる場面がある。イランのカフタリで発見された最古の印章のひとつ（前三〇〇〇年紀）では、着飾った男女、すなわち王と王妃、高官たちあるいは神々が、ブドウがたわわに実った木の下で、ワインの杯と見られるものをかかげている。二〇〇〇年後にも同じ場面が、大英博物館所蔵のアッシリアのレリーフに描かれている。これはニネヴェのアッシュルバニパルの宮殿にあったもので、前七世紀に制作された。美しいブドウの房がぶら下がった木の影で、王は長いすに横たわり、王妃は向かいの玉座に座っている。王と王妃はワインの杯をかかげ、その背後では竪琴が演奏されている。

ブドウの木に囲まれ杯をかかげる王のモチーフは、数千年にわたり途切れることなく描かれた。中国の河南省にある、後一世紀のソグド人の埋葬用寝台の浅浮き彫りにも、そのようなモチーフが見られる。族長とその妻は杯をかかげ、背景では楽士たちが演奏している。杯をかかげる王の表現は、神の恵みを受けて統治がうまくいっていることを象徴している。王の権力の確かなしるしは、豊富な発酵飲料なのである。王たちは豊かさと力を誇示するために、盛大な饗宴をもよおし、その豪華さと豊富さで招待客の度肝を抜こうとした。アッシュルバニパルは前八七〇年頃、軍の勝利を祝って饗宴をもよおした。招待客は六万人以上。饗宴は十日間つづき、革袋一万個のワインと同数の甕のビールが飲まれたという。

ビールやワイン、蜂蜜酒の杯は、王の即位式にたびたび登場する。ヴェーダ時代のインドでは、王が即位するとき、神々の「王」インドラに穀物の発酵飲料スラーを奉納して飲む儀式が行われた。ラ・テーヌ期〔訳注❖鉄器時代後半期〕のケルト人において、アイルランドの王権は、蜂蜜酒の杯を手に、ときに騎乗した女神、フレイス・エレンの姿で表される。たとえばアイルランドの古文書『幻影の予言』▼038では、コン・ケードハタハ、「百戦の王コン」が異世界に導かれ、そこで、黄金の冠をつけた若い娘から蜂蜜酒の杯を受ける。そのとき、娘のとなりに立つルグ神が、コン王の将来の治世と、彼のあとに君臨するすべての王について語る。蜂蜜酒の杯をもつ女性は、発酵飲料を与えて王を即位させる女性である。マイケル・エンライトはこれを、ライン地方でメルクリウス（しばしばケルトのルグ神に代わるローマの神として示される）のとなりに描かれるケルトの女神ロスメルタと比較している。彼女はメルクリウスと杯を交わす姿で表される。発酵飲料を分配する女神の役割を果たしているのであり、ガリアの碑文では「女王」とされることがある。▼039

このモチーフは、キリスト公現の祝日にガレット・デ・ロワ（王様のガレット）を切り分けるときに唱える文句、「王様がお飲みだ」を連想させる。キリスト教以前の多神教の伝統に由来するフェーヴ［訳注❖ガレットに入れるソラマメまたは陶製の小さな人形、当たった者が王になる］の王は、キリストの降誕に居合わせた「マギの王（東方の三博士）」と同一視された。ガレットを切るときがこの祭りのクライマックスである。こんにち南フランスでは伝統的にブリオッシュが使われるが、それと同じく、このガレットもかつては発酵していた。フェーヴが隠されたガレットを切り分けるのは、祭りの王のくじ引きにもなる。これは一日かぎりの道化王で、起源は古代ローマのサトゥルナリア祭「冬至前の収穫祭」にさかのぼる。サトゥルナリア祭では四人が道化王をつとめることがあり、祭りの翌日に処刑された。フェーヴが見つかると飲みもの――発酵飲料――が渡され、口々に「王様がお飲みだ！」と叫ぶ。ワインを捧げながら唱えるこの呪文は、繁栄と……多産を約束している。王はだれかのグラスにフェーヴを入れて女王を指名する。これがなにを象徴しているかは明らかだろう。

運をくじで決めるという考えは、かつてギリシア人、いや他の民族においても、くじで王位が決められたことを思い起こさせる。偶然王に指名されるということは、彼が王になる運命にあり、豊かさをもたらす証拠である。そうでなければ、彼は退位させられ、殺されることさえある。

もうひとつナイジェリアの例を挙げよう。イグボ(イボ)族の国では、オゾの称号(思慮深い男性のみに与えられる称号で、この社会では垂涎の的である)を授ける儀式で、権威のシンボルである棒をヤシ酒で清める。つぎに称号を授かった者が酒を飲んで舌を清め、聖なる言葉を返す。▼040

飲む王はまた君臨する王、決定する王でもある。前五世紀にヘロドトスは、ペルシアの将軍たちが酔っているときに重要な事柄を討議すると語っている。翌朝、しらふに返ると、宿泊した家の主人に、昨夜決定したことを詳しく伝えるよう頼む。そして、それを承認するかどうか決めるために、ふたたび議論するという。もっともヘロドトスは、それとは反対のやり方も伝えている。まず彼らはしらふの状態で討議し、やがて、話し合いをつづけながら酒を飲む。最後に、しらふのときの決定と飲んでいるときの決定のいずれがよいか、議論するというのである。タキトゥスによれば、後一世紀のゲルマン人も同じようなことをしていたという。アルコールを飲むことで抑制から解放され、警戒心が和らぎ、いい気分になる。権力をもつ人々はそのようにして、問題にたいする革新的な解決策を見出す。だが、ときに度が過ぎることがあるので、翌日、より意識がはっきりした状態で、その解決策を検証しなければならないのである。

アンゼルム・フォイエルバッハ『饗宴(シュンポシオン)』(1873年)。

文学や聖書では、戦争や平和にかんする多くの政治的決定が、ワインやビールがふんだんに出される宴会の最中に下されている。古代ギリシアの政治結社「ヘタイリア」は、ポリスの生活や戦略について決めなければならないことがあると、「シュンポシオン（酒宴）」を開いた。ワインと水を混ぜるための大型の壺、クラテルを囲んで、すべての参加者が酒を酌み交わしながら議論をつづけた。

文化の種

発酵食品、とりわけ発酵飲料は、芸術や宗教と切り離すことができない。ワインを称える詩人は、何千年も前から中国やペルシアに存在した。前六〇〇〇年紀にさかのぼる素晴らしい発酵飲料の壺が出土した賈湖《ジアフー》の墳墓は、音楽を演奏する者、おそらくシャーマンの墓である。遺骸の近くに、ツルの骨でつくった笛や、マラカスの先祖である小さい玉がいっぱい入ったカメの甲羅が置かれていた。新石器時代のすべての社会——北ヨーロッパ、中東、中国、中央アメリカ——に最古のアルコールが見つかるのは偶然ではない。そこには同時に、芸術や宗教など、人類の文明を決定づけるものが見られる。▼041発酵飲料の考古学的痕跡はすべて、文化の痕跡をともなっている。

ギリシア神話では、発明されたものすべてに「発明者」がいると考えられた。たとえばプロメテウスは火、ディオニュソスはワインの「発明者」である。当然ながら、自然のものと考えられた水に発明者はいない。人間が存在するようになったとき、水はすでにそこにあり、飲めるようになっていたからだ。

発酵したものであるワインは、すぐれて文化的な飲みものである。ディオニュソス信仰においては、ディオニュシア祭で秘儀や神の事蹟が演じられ、そこから演劇が誕生した。ディオニュソスは喜劇と悲劇（ギリシア語のtragos

「ヤギ」に由来し、悲劇はディオニュソスを象徴する動物「ヤギの歌」である）の父とみなされている。フェニキア人によってワイン文化がもたらされる以前、すなわち前三〇〇〇年紀から前二〇〇〇年紀にかけて、ギリシアとクレタ、およびその地域の島々では、もうひとつの発酵飲料であるビールが飲まれていた。ビールの神はサバジオスとされ、ディオニュソスと混同されることもあった。ビールはスペルト小麦——ギリシア語でtragos——を発酵させてつくられた。ディオニュソスがサバジオスを引き継いだように、同形異義語である「ヤギの歌」が「スペルト小麦の歌」と入れかわったのかもしれない。[042] いずれにせよ、発酵飲料の文化的・文明的な性質がよくあらわれている。演劇と悲劇は発酵飲料の神聖化から生じたのである。

ギリシア人のあいだでは、水とワインを混ぜることが、礼儀にかなった文明的なワインの飲み方であった。水で割っていないワインは彼らにとって、狂気、節度のなさ、野蛮のしるしであった。ワインと水を混ぜるための厳格な規則まであった。ワインと水の割合だけでなく、混ぜ方も決まっていたのである。ワインに水を混ぜるのと、水にワインを混ぜるのとは、まったく別であった。この問題はこんにち滑稽に思えるが、象徴として考えた場合はそうとも言えない。実際、ワインが水に溶けて成分が薄まるとしても、ワインに加えられた水がその性質や本質を破壊することはない。混ぜられたものもワインとみなされた。アリストテレスによれば、水は分量の低下をもたらすが、形は変わらない。いわば文化は自然の状態に勝るのである。[043]

ローマのディオニュソス像（2世紀）。

現在知られている最古の（おそらく旧石器時代からある）発酵飲料のひとつも、混ぜられたものでできている。それは蜂蜜酒である。不思議なことに、蜂蜜酒のふたつの原料、水と蜂蜜は、純粋な状態では発酵しない。したがって蜂蜜酒は、本質的に文化的な飲みものであり、特別なもの、純粋に創造されたものである。そのことをはっきり示すため、神話では、蜂蜜酒は神の不死を保証する、最高に価値あるものとされている。蜂蜜酒の考古学的痕跡は、中国、スカンジナビア、中央アジア、カフカス（コーカサス）、ギリシア、メソポタミア、ケルト人やゲルマン人が住んでいた地域に見られ、死者のかたわらにはたいてい酒壺が置かれている。それはどこであろうと、遺物が見つかっている、最古の発酵飲料の痕跡である。

伝播の種

どの共同体、正確にはどの場所で発酵が始められたのかは不明である。わかっているのは、歴史時代が始まるはるか以前に、世界中にそれが広まっていたことだ。

ワインを例にとるが、ビールや魚醤、チーズのような他の食品にも広げて考えることができるだろう。シュメール文明の『ギルガメシュ叙事詩』にワインについての言及はない。ワインという飲みものはまだチグリス川とユーフラテス川にはさまれた地域に存在しなかったからである。ごく単純に言えば、極度に乾燥した気候で、ブドウの木が育たなかったのである。ワインは前三〇〇〇年紀以降に、北のイランとシリア・アルメニア地方の山地から到来した。それは王と神々のための、エキゾチックで贅沢な飲みもので、おもに河川をつうじて輸入された。外来のブドウの木は、北部のアッシリアのみに根づいた。評判の高い銘酒もいくつか存在しており、現在のシリア周辺でつくられたと見られている。ワインの人気はしだいに高まったが、二本の大河にはさまれた地域では、非常に高く評価されていた伝統的な地酒、ビールに取って代わることはなかった。

ブドウ栽培とワインづくりの発祥地は、イラン北部とアナトリアにはさまれた地域であったと見られている。その最古の遺物もそこで見つかっている。ワイン文化を広めたのはフェニキア人で、それを発展させるとともに、エジプト、クレタ、ギリシアへ、そこから地中海西岸の西ヨーロッパ、さらにライン川とモーゼル川の流域まで、ワインを伝えた。ここでワイン「文化」と言うとき、「文化」という語をあらゆる意味でとらえる必要がある。ブドウ栽培にかんする農業技術だけでなく、ワインの製造と飲酒に関連したあらゆる事柄がそれに含まれる。

エジプトのファラオたちがナイル川のデルタに最初のワイン醸造所をつくったとき、ブドウはおそらく海を経由して、フェニキアの沿岸から輸入された。当時の「蔵頭《くらがしら》」や醸造人もフェニキア人であったと思われる。その後、ブドウの木がデルタに植えられると、そこでも、フェニキア人の専門家の指導で灌漑設備がつくられ、ブドウ栽培が本格的にスタートし(ブドウが実をつけるまで数年かかる)、ワインづくりに必要な建物がたてられたようである。ブドウ栽培が伝えられるとともに、ブドウの圧搾や発酵、保存にかんするノウハウ、しきたりや儀式、その多くに装飾のほどこされた、非常に美しくエレガントな青銅や陶器の器具、飲酒にかんする習慣やならわし、詩や歌、ワインの混ぜ方や飲み方にかんする規則や儀礼も伝わった。それらはすべて科学や芸術と深くかかわり、きわめて洗練されていた。

フェニキア人はワイン文明に加え、現在のアルファベットのもとになったセム語のアルファベットを伝えた。このように、彼らが伝えたのは新しい植物や飲みものだけでなく。文化全体なのであり、私たちもこんにちなお、それを受け継いでいる。こんにちの醸造学、銘醸酒、コンクール、料理とワインの相性、そしてアルファベットやテーブルマナー、宗教まで、すべて彼らに負っているのである。

近隣の地域や遠方への発酵の伝播は、知識や技術が広まることによって、すでに何千年も前から始まっていた。ビールはサハラ以南のアフリカから、ナイルの谷を経由してエジプトに伝わり、やがてメソポタミアと小アジアまで北上し、少なくとも六〇〇〇年前にはそこに定着したことがわかっている。それとは別に中央アジアから、チーズ、穀物のビール、果実のワインの製法が、こんにちシルクロードと呼ばれる通商路をとおって伝わった。このルートは旧石器時代からたびたび利用されていたが、▼044 青銅器時代以降、飛躍的に発展した。▼045

先史時代の非常に早い時期から、遠く隔たったアジアと西ヨーロッパのあいだ、たとえば現在のトルコと中国のあいだで交流があったことが知られている。この通商路をとおって、古代ギリシア・ローマで珍重された絹だけでなく、金属、琥珀や翡翠のような貴石、象牙、布、陶器、火薬、香辛料が運ばれた。モモ、ナシ、オレンジといった、それまで知られていなかった食べものが、西ヨーロッパまで伝わった。積荷のなかには、ワインやガルムのアンフォラ［訳注❖液体や穀物を入れる両手壺］、発酵肉や発酵魚、チーズもあった。発酵食は長旅に耐えられる唯一の食品であった。シルクロードは商品や知識、アイデア、科学、技術の交流を担ったと言われるが、それと同時に

中世のワイン造り。ぶどうを足で踏んで圧搾していた(1390年頃)。

同じルートをとおって、パンやチーズ、魚醤や発酵した穀物のつくり方にかんする情報も広まり、いまもユーラシア大陸の端から端まで、そうした食品が存在している——ないしは歴史のある時点まで存在した。

こちらで発見された方法と同じものが何千キロも離れたところで見つかるのは、そのためだが、どちらからどちらへ伝わったのかはよくわからない。シュメールの「シック」は地中海のガルムや東南アジアのニョクマムと似ているが、どちらがどちらに影響を与えたのだろうか。アルコール飲料を示す中国語「酒《チュウ》」は壺と水を表すさんずいでできている。この漢字は前一六〇〇年の商王朝にさかのぼる。ところが奇妙なことに、それはビールを示すシュメール語「カシュ」の楔形文字を連想させる。前四〇〇〇年紀末のこの文字は、これまでに見つかった最古の文字のひとつだが、水と穀粒を入れてねかせる容器を表している。これは偶然の一致だろうか。さらに、古代中国人はシュメール人と同じように、長いストローを使って米のビールを飲んでいたが、これも偶然だろうか。

ローマ帝国は前一世紀から後二世紀にかけて中国と接触をもっていた。後九七年には中国の使節、甘英がメソポタミアに到達している。ローマまで行くつもりだったが、危険な旅をさらに何年もつづけなければならないと考え、先へ進むのを断念した。▼046 彼がその地で、塩漬けされた発酵魚を食べなかったはずがない。パンの発酵はフランスや北アフリカと同様、中央アジアでも伝統になっている。そして、ブドウのワインはすでに前六〇〇〇年紀の中国に存在したが、野生のブドウは中国ではまったく栽培化されなかった。

シルクロードは「死の砂漠」と呼ばれる恐ろしいタクラマカン砂漠を迂回して、その北と南をとおっていた。タクラマカンの名称の語源は議論の的になっている。一説によると、「もどって来られない」を意味するチュルク語に由来するというが、takliは「ブドウ畑」を意味するウイグル語からきているという説もある。▼047 タクラマカン砂漠のすぐ西に、肥沃なフェルガナ盆地が広がっている。前一〇〇〇年紀にフェルガナ盆地は文字どおりブドウ畑におおわれ、「ワイン産業」と呼べるものもあり、活況を呈していた。それが可能だったのは、「ヴィティス・ヴィニフェラ（*Vitis vinifera*）」種のブドウを栽培化したイラン山地の影響を受けるとともに、中国や中央アジアのステップから伝わった発酵にかんする知識を利用できたからである。さまざまな地域から情報がもたらされたおかげで、フェルガナ盆地は古代世界において比類ないレベルのブドウ栽培と醸造技術を発展させることができたのである。▼048

ストラボンは『地理書』において、この辺鄙な地方では膨大な量のワインがつくられ、それは非常に質がよいので、樹脂を加えなくても保存できると語っている。こんにち、タクラマカン砂漠に隣接するこの地方では、素晴らしい食用ブドウが生産されている。

中国の伝承によると、前二世紀に中国皇帝の特使として西域に赴いた張騫は、その地で捕虜になった。そこに長く暮らしたので、妻子もいた。ワイン文明の素晴らしさを堪能した彼は、ついに、ブドウの苗を一本もって帰国し、皇帝に献上する。彼のおかげで皇帝はワインを発見し、そこから中国のワインづくりが始まったという。

とりわけ賈湖での考古学的発見により、実際には中国において、野生のブドウの発酵がかなり以前から行われていたことが明らかになっている。だが、伝承ではよそから伝わったことになっているのは興味深い。なぜなら、この種の知識や技術がかなりの距離を隔てて同時に生まれるはずがないと思わせるからだ。たとえば、発酵ダイズのペーストとソース（味噌と醤油）が日本に伝わったのは七世紀か八世紀頃、仏教の伝来と同じ時期だった。発酵にかんする知識と技術はそれが生まれた地域の外へ急速に広まるという、これはなによりの証拠である。

人間らしさの種

大陸を変えて、アマゾンのワヤナ族の村を訪れてみよう。ワヤナ族は文字を知らない部族である。苦いキャッサバからつくるビールを飲むが、長い時間をかける複雑なビールづくりは、料理として洗練の極みにある。カシリというビールは共同体の儀式のときだけ飲まれる。この儀式は最低でも三日間つづき、そのあいだひっきりなしに酒が飲まれ、イニシエーションの歌カラウが朗唱される。ビールは、文字で記録されない古い歌を思い出し、もつれた記憶のなかから歌の文句を見つけるのを助けると考えられている。日がな一日浴びるように酒を飲んでいれば、生理的な渇きも味覚の快楽もたちまち満たされる。それでも、大量のビールを酌み交わしつづける。つまり、そこには別の渇きがある。ともに暮らし、人と出会い、よそから来る者を受け入れることへの渇望。社会的つながりと文化的な知識にたいする渇望。こうした渇きは抑えがたいようだ。

ワヤナ族は、さらに飲みつづけられるよう、口に入れたビールを吐き出す(嘔吐とは異なる)という身体的テクニックを開発した。つまり、この発酵飲料を飲むことは、食べものや水分にたいする身体的欲求によるものではない。それは純粋に「文化的な」欲求である。吐き出すという自然に反する行為によって、飲む者は物事の自然な秩序から自由になる。彼らは先祖伝来の歌の記憶をよびさますために飲む。[049] 発酵飲料は彼らにとって、周囲の自然にたいし、自らが人間であることをはっきり示すためのものなのである。

現在アマゾンに暮らしている部族の文化と同じく、古い文化においては、文明に属しているかどうかを決めるのは火を通すことではなく、発酵である。食べものの発酵は「文化的な」状態と「自然な」状態を分ける。青銅器時代のメソポタミアでは、この世界は同心円状に広がっていると考えられた。中心にもっとも高度な文明があり、その周囲に位置づけられる地域は、中心から遠ざかるにつれて、しだいに野蛮、未開、動物的になる。いちばん外側の辺鄙な地方に、動物的な身体をもつ未開人が暮らし、理解できないうなり声で意志を伝えている。彼らは砂漠に近いステップや深いやぶ、山岳地帯で暮らし、レイヨウといっしょに草を食べ、喉が渇けば川からじかに水を飲む。完全に遅れた人間である彼らは、もちろん町や村を知らず、死者のために墓をつくらず、神々にも敬意を払わず、農業を行わず、食事の作法を知らず、とりわけ発酵食品を知らない。

シュメール人やアッカド人ならブリヤ＝サヴァランの警句に深くうなずくだろう。「動物は飢えを満たし、人間は食べる。精神をもつ人間だけが食べることができる」この言葉をシュメール語でどのように訳すか知らないが、シュメール語で「パンを食べる」と「ビールを飲む」は同義である。「食べる」と「飲む」のふたつの動詞には、知識や文化で変えられたもの、つまり発酵したものの飲食の意が含まれている。発酵は、最初は食べられなかったものを食べられるようにする。アッカド語で食べると飲むは、akalu u mû ないしは akalu u sikaru で、これは「パンと水」ないしは「パンとビール」を意味する。後者は前者と同様に日常的な表現である。akalu という語はパンにした穀物や火を通した穀物全体を指す。シュメール語で「食べる」は gu といい、同じものを意味した。sikaru ことビールは simti mâtim「国の定め」とも呼ばれている。▼050 この表現にも共同体、規則、文明の考えが見られる。

前三〇〇〇年頃に文字があらわれたときから、食物を表す楔形文字は、口のなかにパンの図柄が入った形をしていた。akalu「食べる」は「パンを食べる」ということであった。この形は楔形文字が消滅するまで変わらない。「宴会」という言葉は「パンとビールの場所」と訳すことができる。▼051 このように発酵食品は、毎日の食事とともに、祭りや文化的なイベントとも結びつけられた。

『ギルガメシュ叙事詩』では、「遊女」と呼ばれる美しい娼婦に、野人エンキドゥをウルクの都市文明に連れもどす使命が与えられる。ウルクではギルガメシュ王が、洗練された素晴らしい宮殿で彼を待っていた。原始的な人間エンキドゥは、都市から遠く離れた奥地に野生状態で暮らしていた。野生動物の乳を吸い、川の水を飲むといった具合に、生のものばかり口にしていた。それは変えられていない、完全に「自然な」食べもの、動物のエサのようなものである。「遊女」はまず、愛を注いで彼を魅了する。それは動物の原始的・獣的な性愛ではなく、経験豊富な女性の繊細で官能的な愛である。エンキドゥは餌につられ、彼女についていくことを承知する。ウルクへの途上、ふたりは羊飼いの家で一泊する。そこはまだ、都市の高度に文明化された地域ではなく、山の「野生」と都市文明との中間の段階である。羊飼いたちはまだ多少粗野な生活を送っていたが、すでに文明人の習慣を身につけていた。エンキドゥにパンとビールを出そうとしたのである。エンキドゥは警戒する。野生の果実や小川の水になじんでいたから、そのような食べものを見たことがなかったのだ。

彼らがパンを差し出すと、
彼は用心深く調べた。
エンキドゥは知らなかった
パンが食べものであると
そしてビールが飲みものであると。
彼にはなじみがなかった。

女は、穀物からつくられたふたつの食べものを味わうよう勧める。それは文明化され、洗練された人間の集団に属しているしるしである。

パンを食べなさい、エンキドゥ
それは生きるのに欠かせないものです。
ビールを飲みなさい、
ここでは、それが定めです。

エンキドゥは彼女の言うとおりにし、それは自分の口に合うと思った。

彼はパンを食べた、
腹がいっぱいになるまで。
そしてビールを飲み、
七つの壺をからにした。
すると彼の魂はやすらぎ、満足した。
体は恍惚となり、
顔がほてった。▼052

文書にはつづいて、彼が歌い出す場面が描かれる。歌というのは音楽と芸術への第一歩、秩序をそなえた言葉、つまり文化的な言葉である。エンキドゥはつぎに体を洗い、ふたたび服を着る。するとそれだけで、彼は人間のようになったとある。パンを食べ、ビールを飲むことは通過儀礼、イニシエーションであり、そうすることで野人エンキドゥは、人間社会の作法を身につける。かくして彼は都市と文明にもどり、王に謁見できたのである。ビールを飲みパンを食べることは、文明化された食べものを食べられるようになることを表す。焼いた肉やスープ、煮込み料理——いずれも当時のシュメール料理に存在していた——を与えることもできただろうが、人間らしさを学ばせるために選ばれたのはパンとビールであった。

聖書では、エデンの園で罪のない状態のアダムとイヴが食べていたのは果実だけである。果実は自然のなかで見つかる食べもの、形を変えなくても食べられるものである。アダムとイヴは料理をしないし、蓄えることもせず、狩りにも行かず、空腹になると果実を摘む。原罪を犯したアダムは「額に汗をしてパンを稼ぐ」罰を科せられる。アダムとイヴが楽園を追われたときから、すなわち本当に人間となったときから、食べるために土地を耕さなければならなくなった。アダムに科せられるのは、肉を稼ぐ、あるいは収穫物である麦や粉を稼ぐ罰としてもよかっただろうが、考えられるすべての食物のなかから選ばれたのはパン、発酵食品のパンであった。つまり、人間らしさを決定づけるのは、発酵食品をつくって食べることなのである。

同様にしてノアの洪水ののち、箱船がアララト山に漂着したとき、新しいアダムとみなされるノアが最初にしたことは、ブドウの木を植えてワインをつくることである。こんなとき、それは人々を食べさせるのに必要不可欠なものではないと言えるかもしれない。麦やキャベツやポロネギを植えてもよかっただろうが、彼が最初に栽培したのはブドウであった。ブドウの栽培は定住を意味する。洪水後の新しい時代は、先史時代の狩猟採集の放浪生活が終わったことの象徴である。それは文明の始まりである。

ギリシア・ローマ世界で文明化された人間の明確なしるしは、パンとワインを食することであった。その農業を中心とした文明は、北ヨーロッパの森に住むケルトやゲルマンの「蛮族」と一線を画そうとした。彼らは狩りで暮らし、肉を食べていた。ホメロスの文書では、「パンを食べる者」という表現で人間を示している。肉を食べ乳を飲む者は未開人である。人間は文明のもとで、自らの食べものをつくる。動物を飼い慣らし、植物を栽培し……発酵させることで、自らの食料をつくり出す。マッシモ・モンタナーリが『食の歴史』で強調しているように[053]、それは純粋にイデオロギー的なものであった。なぜなら、古典時代の民衆はギリシア人であれローマ人であれ、実際にはパンよりも穀物粥を食べていたからだ。ローマ人はギリシア人を「大麦食らい」という言葉で表し、ギリシア人はローマ人を「粥食らい」と呼んでいた[054]。だがそれはたんなるイデオロギーではない。当時、そして二〇世紀初めまで、ほとんどの粥が発酵したものであったことを忘れてはならない。

アジアとアフリカ大陸で、人間が動物の状態を脱して人間になるための食べものと考えられ

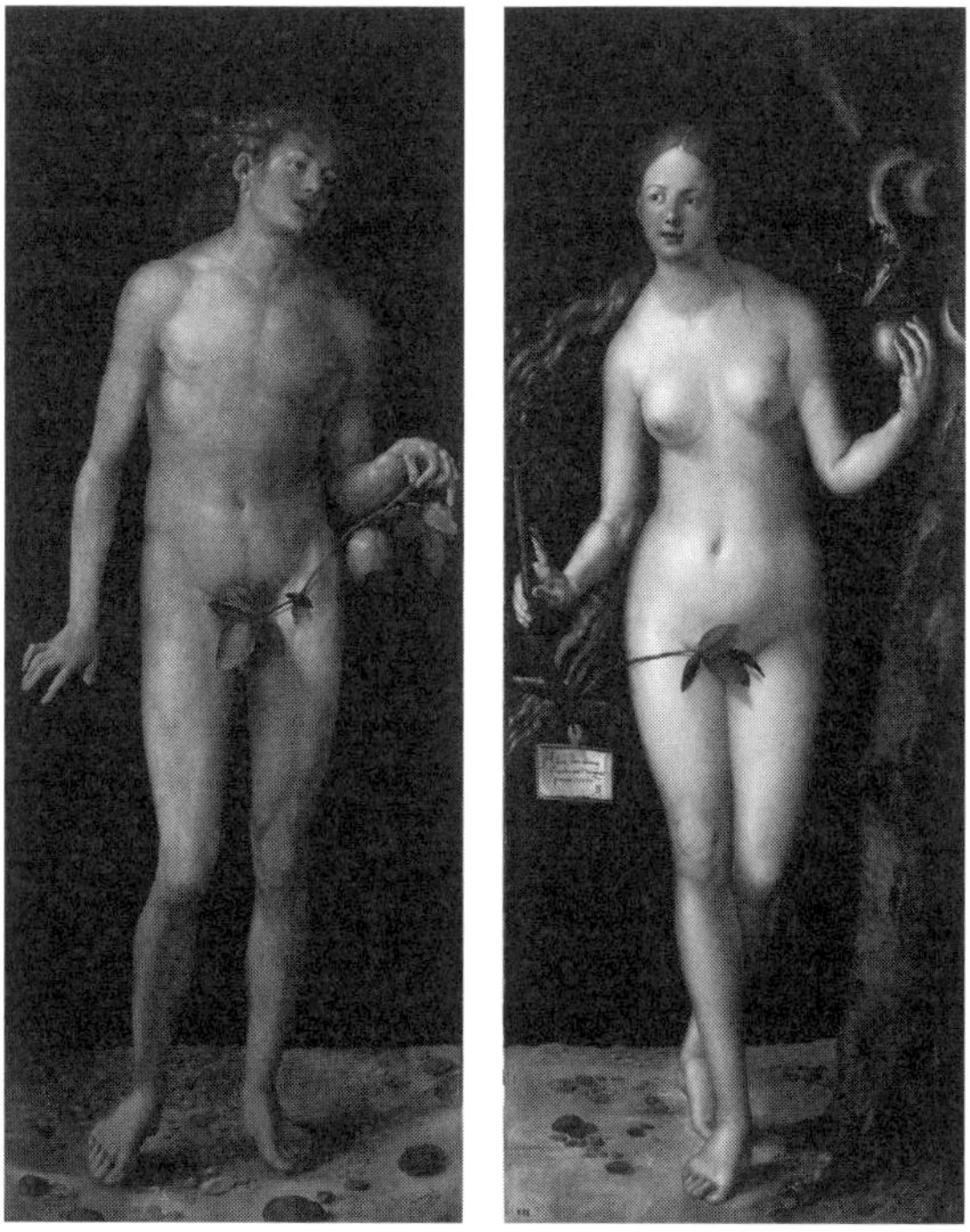

アルブレヒト・デューラーによるアダムとエバ（1507年）。

ていたのは、ビールであった。たとえば、現在のブルキナファソを中心とした西アフリカの伝統社会の神話では、創造神が女性に、ソルガム（モロコシ）のビールを醸造して粥をつくることを教える。人間がその基本的な食べものを食べると、尾と毛皮を失い、完全に人間となった。[055] カメルーンのファリ族においては、人間はビールを得るために不死を失う。[056] この神話をとおしてわかるのは、人間が死ぬようになったのはビールを飲んだからだということである。

すべての大陸、すべての伝統的な文明において、発酵食品を食べるのは人間であるしるしである。初期の人類は一〇〇万年前にアフリカを出たと推定される。発酵はそれ以前から行われていたと考えられ、それを人間であるしるしとするのはたんなる隠喩ではない。

発酵のおかげでこんにち、牛乳から年代もののスティルトン［訳注❖イギリスのブルーチーズ］が、ブドウ果汁からシャトー・ディケムが、一二年熟成させたブドウ搾汁からバルサミコ酢が、甕のなかで何年も発酵させたダイズから醤油が、小魚からフーコック島［訳注❖ベトナム］の木の樽に漬かったアンチョビのニョクマムがつくられている。これらはそれぞれの文化を代表する食品とみなされている。発酵食は昔も今も、美食と文明の極みなのである。

第二章 神、英雄、祖先

宗教の誕生と発酵飲料とのあいだには因果関係があると見てよいだろう。実際、この種の飲料がもつ精神状態に作用する特性は、世界の見方を変え、飲む者を「身体的に」別世界へと運んでいく。パトリック・E・マクガヴァンの仮説によれば、人間は精神作用のある食べものを摂取して酔っ払ったりトランス状態になったりすると、あるとき直感を得て、あの世や、物質的な世界とは別の世界に行けるようになるという。[057] いずれにしても、世界の宗教と発酵食品とは密接なつながりがある。

キリスト教において神とのコミュニケーションは、きわめて精緻につくられた象徴体系にしたがい、司祭と信者がミサでワインを飲むことにより隠喩という形で行われる。別の宗教では、隠喩という形ではなく、神官と信者が実際に酒に酔うことで興奮状態となり、神とつながる。サハラやラスコー、あるいはピレネーのレ・トロワ・フレール洞窟に見られる、一万三〇〇〇年前にさかのぼる先史時代の絵画に、魔術的な儀式で意識状態を変えようとしているような人物が描かれている。一九一一年にドルドーニュの谷で発見された、二万五〇〇〇年前の岩壁に掘られた「ローセルのヴィーナス」は、右手に捧げもつ角のほうへ横顔を向け、その中身を飲もうとしているかのようだ。彼女はなにを飲んでいたのか？ そしてなんのために？ 蜂蜜酒やワインやビールのようなアルコールを含む発酵飲料とともに、植物やキノコを煎じたものも飲まれたかもしれない。

　マヤ文明では、鳥の仮面をかぶった人々が飲みものを飲んでいる場面が描かれた壺が多数見つかっている。世界各地で、発酵飲料の入った容器の近くに、鳥の骨でつくった笛が発見されている。▼058 それらはおそらく葬祭の儀式で使われたか、あるいは、楽士でありシャーマンでもあったと思われる死者が所有していたものなのだろう。確かなのは、世界の多くの場所で、埋葬の儀式やシャーマニズムにアルコール飲料が重要な役割を果たしていたということだ。

　アフリカのコファ族の伝説では、冠を頂いたツルに助けられた英雄が、先祖伝来の岩山のなかでビールの甕を見つけ、そのビールを飲んだところ、魔法の力によって宝物でいっぱいの洞穴にたどり着く。▼059 鳥と発酵飲料がいっしょに登場するのは深い意味がある。飲みものの役割は鳥の役割と比較できる。空と関係があることから、鳥は別世界への「旅」と結びつけられる。魂のシンボルであるハトや、空から赤ん坊を運んでくるコウノトリを思い浮かべていただきたい。来世へ飛び立つという考えは、ホモロジーにより発酵飲料や鳥と結びつけられる。

　花畑から巣へ飛んでいくミツバチについても同様のことが言える。ハチの巣は象徴的に見て「至聖所」であり、そこには命のもとである蜂蜜が貯えられている。ミツバチの飛行は、シャーマンが蜂蜜酒を飲んで別世界へ旅することを連想させる。ミツバチは実際、シベリアや中央アジア、アメリカのシャーマニズム的宗教で魂を象徴する。ミツバチはまた、エジプトでは太陽神ラー、ギリシアではアルテミスやペルセポネと結びつけられる。さらにキリストとも関連づけられる。ミツバチが姿を消す冬の三か月間は、復活の前にキリストの魂が冥界を旅した三日間を象徴している。蜂蜜酒は人間が口にした最初の発酵飲料と見られ、多くの宗教で特別な位置を占めている。不死のしるしである蜂蜜酒は神々の飲みものである。

神の起源

発酵という現象を起こすのが困難で、偶然に左右される——さらに起こり得ないことが起こるという——面があることから、発酵する食べものが生まれたのは神や超自然の存在のおかげだと考えられた。神の創造する力なくして、発酵の創造する力はあり得ない。クロード・レヴィ＝ストロースが伝えるアメリカ先住民マンダン族の神話はそのことをよく表している。「唯一の人」という神が、インディアンのなかからふたたび生まれることを決意する。神は以下のような方法で、乙女に自らをはらませることに成功する。若い娘は炎天下、畑を耕していた。喉が渇き、水を求めて川へ行くと、おりしも増水で、死んだバイソンがいくつも押し流されてきた。娘はその皮膚がつやつやしているのに気づく。腰の部分の脂身がはみ出していたのである。娘はこの美味な発酵脂身に目をつけ、バイソンを土手に引き上げて食べたところ、妊娠した。▼060 この神話において、神の贈りものである発酵した食べもの（ここでは熟成肉）と豊穣多産の結びつきは明らかである。インドの「アムリタ」という神聖な飲みものの起源の神話は、創造する力をもつもうひとつの発酵食品を連想させる。それはバターで、この国では神聖なものと考えられている。神々と悪魔たちが力を合わせて原初の乳の海を攪拌し、何千年もかかって、ついに不老不死の飲みものが誕生する。非常に長い時間ときつい労働を要するという考えは、発酵食品をつくるのが困難で、偶然に左右される面のあることを思い起こさせる。神と悪魔が力を合わせても難しいなら、人間にとって難しいのは当たり前である。そのようにしてつくられる食品は神聖な食べものとなるのである。

キリスト教の成立にまつわる物語にはふたつの発酵食品、パンとブドウ酒が登場する。キリストが行った最初のふたつの奇跡のうち、カナの婚宴の奇跡では、キリストは水をブドウ酒に変える。もうひとつはパンを増やす奇跡である。いずれも地中海文明の基本的食料、当時の「最低必要栄養量」とみなされていた発酵食品である。下層民はワインより水で割った酢を飲んでいたとしても、酢も発酵食品である。実際にわが身を犠牲にする数時間前、キリストがパンとブドウ酒を自らの血と肉であるとしたことは、神の使命の表明ととらえられたようである。ミサでは司祭と会衆が、聖体の秘蹟でパンとブドウ酒をキリストに捧げて食し、キリストの犠牲を追体験する。

発酵食品と神の身体とのアナロジーは、すでにインドの「ソーマ」に見られる。実のところ、イランとインドの古文書に出てくる「ハオマ」と「ソーマ」という語は、三つのものを表していた。飲みものをつくるのに使われる植物、飲みものそれ自体、そしてこの飲みものを守護する神である。イランの「ハオマ」は最高神アフラ・マズダの息子で、あらゆる薬用植物の主であった。インドの「ソーマ」は月と結びつけられた。三日月は飲みものを満たす杯を表しており、その飲みものは数日かけて飲み干され、翌月ふたたび満たされる。「ソーマ」は世界の活力を象徴し、不老不死をもたらす。供犠が行われるたびに、人々は神そのものを犠牲としてそれを飲んだ。同じような象徴体系はキリスト教の聖体拝領にも見られ、キリストの体と血がパンとブドウ酒という形で食される。発酵食品は永遠の命の食べものであり、神と結びつけられる。また、生と死のサイクルや永遠の繰り返しといった考えにもかかわり、これらのことから見るように、発酵食品にかんする世界の神話すべてにこの考えが存在する。

西欧におけるパンの神聖視はフランス革命の時代においても変わらなかった。聖体の秘蹟に象徴的に取って代わるものとして、国家は「平等のパン」なるものを定めようとした。生命の象徴であるパンはすでに、ヨーロッパ各地の新石器時代からケルト時代にいたる墓に副葬されていた。いくつかの墓から、パンと石臼が見つかっている。パンが死者とともに火葬に付されることもあった。壊された臼が頭の周囲に置かれたり、灰の入った骨壺が臼の上にさかさに置かれたりすることもある。灰は、粉々に砕かれながらもやがてパンの形で復活する粉と象徴的に結びつけられる。それは死を超えて命がつづくことを意味する。麦粒そのものはこねる前に死ぬが、やがて、パンが発酵することで復活する。臼は諸々の理由から、永遠の命を象徴するものである。それはあの世でも、限りなくパンをつくりつづける。前七世紀のエトルリアの火葬用骨壺は、その意味で多くのことを語っている。骨壺には三人の人物の浮き彫りが施されている。パン職人とその窯、桶で生地をこねている見習い職人、パンとともに食卓についている死者である。パンはその起源より、復活、永遠の命と結びつけられていた。▼061 ペルセポネの神話では、死はなくてはならないものである。女神が冥界へ連れ去られなければ、農業は存在しなかったのである。

ブドウも圧搾されて死に、やがて発酵によって復活して「永遠の」命を得る。人間にたいする神の自己犠牲と発酵飲料とのアナロジーは、ひとつの原型を生み出した。キリスト教はそのもっとも新しい表現である。インド、エジプト、メソポタミア、古代ギリシア、北欧神話やケルト神話、スペイン征服以前のアメリカにも存在した古い伝統を、キリスト教は繰り返しているのである。

血と結びつけられるのは、ワインではなくビールということもある。下エジプトの神話(天の雌牛の書)は人間たちの反逆について語っている。ラーは愛と豊穣を司る平和の女神ハトホルに、地上の人間たちが彼女の殺害を企てていると教える。激怒したハトホルは雌ライオンのセクメトの姿となり、人類を虐殺しはじめる。ラーは、地上が大混乱に陥っているのを見て哀れに思い、血に飢えた雌ライオンの虐殺をやめさせる決心をした。そしてエジプトの地に、血のように赤い色をした大量のビールを流して洪水を起こした。人間を殺しつくしたと思ったセクメトは足をとめ、液体に近づいて味わい、酔っ払って恐ろしい復讐を忘れた。ビールのおかげで、平和の女神ハトホルにもどったのである。毎年夏に、ナイル川が増水し、赤い泥土でおおいながら土地を水浸しにすると、デンデラのハトホル神殿であの出来事を祝う祭りが行われる。そのとき大量のビールが神に捧げられ、人々に飲まれる。[062]

エジプトではオシリスがワインの発明者である。初期の神話では、セトに殺されたオシリスは箱に入れられ、別世界の象徴である海に投げ込まれる。そしてビブロスの近くに生えていたレバノン杉の根元に流れ着く。ある王が宮殿の柱にしようとその木を切り倒したところ、オシリスの遺骸が見つかり、妹のイシスが彼をよみがえらせる。レバノンはワインの歴史においてかなり重要な場所である。ブドウ栽培はレバノンで発展し、エジプト人はブドウの木を移植して栽培する以前、レバノンからワインを輸入していた。[063]

別の伝説では、オシリスの体はばらばらにされ、イシスがそれを拾い集めて魔法の力で命を吹き込む。いずれにせよ、キリストやペルセポネと同じく、ワインの神オシリスも二度生まれるのである。

メキシコでは、世界が創造されるとすぐに発酵飲料が登場する。テスカトリポカ神とエエカトル＝ケツァルコアトル神は空、夜、水、雨、冥界、そして人間を誕生させたのち、「人間が地上で楽しく暮らし、われらを称えて歌ったり踊ったりするように」と、プルケを発明した。[064] 女神マヤウエルを説き伏せてその身を犠牲にさせたのち、女神の骨を細かく砕き、血と土とを混ぜ合わせる。するとその場所に、リュウゼツランが生えた。二柱の神は、長く肉厚な葉をもつ植物の樹液を搾り、プルケの名で知られる発酵飲料をつくる。マヤウエルは豊穣多産の女神で、

アステカにおけるリュウゼツランの女神マヤウエル。

四〇〇人の子どもを育てるためにいくつもの乳房をもつ姿で描かれる。センツォントトチティン、「四百のウサギ」と呼ばれる子どもたちは酩酊の神である。プルケは少しどろりとした白い液体で、一見して乳に似ている。ヨーロッパ人が到来するまで、プルケは祭祀用の飲みものであり、飲む者も規則で定められていた。プルケを飲むことができるのは、神官および人身御供の犠牲者だけであり、人身御供の犠牲者を酔わせていい気分にさせる必要もあったのである。アルコール飲料は神々に捧げられたが、それ自体、豊穣、快楽、生きる喜び、そして死と再生の側面をもっていた。リュウゼツランの女神が犠牲になることで、プルケができる。キリストとワインの場合と同様、プルケには女神の体と血が含まれ、さらに乳も入っている。発酵飲料は生きるのに不可欠な液体と結びつけられ、それを飲むことで人間は神とつながる。

アステカ人とマヤ人のあいだでは、それとは別

ホセ・マリア・オブレゴン『プルケの発見』(1869年)。

のきわめて重要な発酵飲料が聖性と結びつけられている。それがカカオで、祭儀のときに神殿で、神官たちと王によって用意され、飲まれていた。プルケと同様、カカオが「民主化」されるのはスペイン人の到来以降のことである。発酵したカカオ豆から数種類の飲料がつくられた。宣教師たちは先住民のキリスト教化を進めるため、なんとしてもカカオを非神聖化しようとした。アステカ人にとってカカオは、自分たちの祖先や血と関係のある方位の、南から伝わったものだった。摘んだばかりの赤い実が心臓と似ていることから、カカオのシンボルはますます強力になった。さらに、カカオからつくられる発酵飲料には、アナート染料で鮮やかな赤い色がつけられた。人身御供の犠牲者はそれを飲み、殺される前に踊った。踊りと血なまぐさい犠牲によって、宇宙の秩序と天体のよき運行が保証されるよう、カカオで犠牲者を力づけたのである。[065]

　カカオと血の関係は、キリスト教におけるブドウ酒と血の関係を思い起こさせる。マヤの神話にもこの結びつきが見られる。フン・フンアフプーは地下世界の王に殺された。カカオの木に吊されたその首が、「女の血」ことイシュキック王女の手のなかに唾を吐き、王女は妊娠してフンアフプーとイシュバランケーの双子を産んだ。唾を吐くカカオ神の首で象徴される飲みものは妊娠させる力をもつのである。双子は父親をトウモロコシの神として復活させ、自らは太陽と月になった。のちにトウモロコシ、甘い果実、カカオという発酵飲料の三つの原料から、人間がつくられた。神話のエピソードのひとつでは、双子は互いを切り刻んだのちに再生する。[066]ここでもまた発酵飲料は、神の解体と再生、多産、生命に不可欠な液体である唾液、精液、血と結びつけられている。

　シュメール人においては、ビールが神格化された。ビールの神の名ニンカシは「口を満たす婦人」を意味する。ワインにもゲシュティンアンナという女神がおり、その名は「葉の茂ったブドウ」ないしは「天のブドウ」を意味する。この女神はアマ・ゲシュティンナ、「ブドウの母」ないしは「ブドウの根」という形容辞をもつ。兄弟の牧人ドゥムジは農業の神で、食用穀物としての大麦を表している。彼は豊穣の女神イナンナの夫で、ビール醸造の神でもある。発酵飲料とその原料になる植物はすべて、この神の領域に属するのである。ある神話では、ドゥムジは仲間のビール職人たちとともに異世界に送られる。冥界にとどまった彼は死んだとみなされ、冥界の神になった。姉妹のゲシュティンアンナは、一年の半分を彼に代わって冥界ですごすと約束し、彼を救うことができた。ペルセポネの神話を思わせるこの神話でも、発酵飲料は豊穣、冥界下り、死と再生の考えと結びつけられ、循環する物語によって、その考えが強調されている。ドゥムジは春と夏、すなわち大麦の種をまいて収穫し、ビールを発酵させる期間を表している。ゲシュティンアンナはブドウを収穫する秋と、ワインを発酵させる冬に君臨する。発酵が停止し、ワインが死んだようになったとき、ゲシュティンアンナは冥界にもどっているのである。

ギリシアのディオニュソス、ローマ人のいうバッカスは、ワインと酩酊、秘儀的な恍惚《エクスタシー》の神である。この神はまた、樹液や乳、血、精液といった生命に不可欠な液体と結びつけられる。ディオニュソスにまつわる神話では、彼はゼウスとセメレの恋愛から生まれた。妊娠したセメレは嫉妬深いヘラににらまれ、ゼウスの燦然と輝く姿を見せられたために、命を落とす。ゼウスは母の腹から子どもを取りあげ、妊娠期間が終わるまで自分の腿に隠した(ここから「ユピテルの腿から生まれた」［訳注❖生まれがよいこと］という表現ができた)。ディオニュソスをゼウスとペルセポネの息子とする神話もある。ヘラはやはり嫉妬して、巨人のティタン族にディオニュソスを誘拐させる。ティタンたちは彼を切り刻み、鍋で煮る。アテナが心臓を拾ってゼウスに返し、ゼウスはそれでセメレをはらませる。「心臓」という言葉は、永遠の命の象徴である「ファルス」の婉曲表現として使われたようである。▼067 波瀾万丈のストーリーののち、彼は冥界に下り、母を連れもどす。

彼の最初の恋人はアムペロスという名の少年だったが、不慮の死をとげてしまう。ディオニュソスは彼をブドウの木に変え、アンブロシア［訳注❖神の食べもの］を注いでその血をワインにした。ワインは生まれたときから、アンブロシアと同じく、不老不死の飲みものとみなされた。

　こうして少年は姿を変え、その果実にアンブロシアの香りがついた。［……］アムペロスよ、これは神の酒《ネクター》、わが父のアンブロシアだ。おまえはその分身のなかで、貴重な飲みものをつくる。アポロンは月桂樹で食べものをつくらなかったし、ヒヤシンス［訳注❖アポロンの投げた円盤が当たって死んだ美少年ヒュアキントスの流した血から咲いたとされる］から飲みものをつくらなかった。ケレスには申し訳ないが、その穂は甘い液体を生まなかった。私は人間に食べものと飲みものを与える。▼068

カベルネ・ソーヴィニヨン用の葡萄。

　この『ディオニュソス讃歌』が語る、ケレス＝ペルセポネの穂からできる甘くない液体とは、ビールのことである。ここでビールは、ワインが「高貴な」飲みものである時代において「二流の」飲みものに追いやられている。古典期のビールがそうだったように、食べものであり飲みものであるとみなされていた。

ディオニュソスにまつわるすべての神話で、ディオニュソスは犠牲にされ、ときに体をばらばらにされて、二度生まれ、母を冥界から連れもどす。ここでも、発酵飲料に関連する神話の普遍的な骨格に出会う。

このような構造はアイスランドにも見られる。ハルフルのサガのアルレクル王は、ふたりの女性のうち、おいしいビールをつくったほうと結婚すると言って、シグニーとゲルヒルドルを競わせる。神オーディンはゲルヒルドルに加勢し、自らの唾液を酵母として与える。多くの文明で伝統的に、唾液がビール種になっていたことを思い出そう。ビールは神の飲みものとされているので、オーディンと結びつけられたのであろう。さらにオーディンは、自ら犠牲となり、世界の木に九日間吊されたのち、ふたたびよみがえる。この場面について、十字架にかけられるキリストのイメージに類似するという説もある。キリスト教に改宗して間のないゲルマン諸国でビールの評価が低いのは、ビールが異教の信仰と結びつけられたからである。

もうひとつの神聖な発酵飲料、蜂蜜酒にも、唾液の発酵種が登場する。蜂蜜酒の起源の神話が、詩人スノッリ・ストゥルルソンの『詩語法』に語られている。▼069 この物語には象徴的な要素が非常に強い。アース神族とヴァン神族との戦いが終結し、平和が訪れる。和平のしるしに、アース神族とヴァン神族は桶のまわりに集まり、唾を吐く。この液体が失われないように、アース神族はそれでクヴァシル(Kvasir)という名の人物をつくる。彼は詩人にして学者で、答えられない質問はなかった。こんにち「クワス(kvas)」という語は、スカンジナビアの言語で果実の搾り汁、スラヴ諸国で発酵飲料を意味する。クヴァシルは人間に知恵を授けるために世界へ出かけていった。しかし小人たちに殺され、体をばらばらにされる。その血が流れ、三つの桶を満たした。小人たちはその血に蜂蜜を混ぜ、神聖な蜂蜜酒をつくった。それを飲めばだれでも詩人や学者になれた。紆余曲折ののち、スットゥングという名の巨人が貴重な蜂蜜酒の入った三つの桶を手に入れ、娘のグンロズに山中で保管させる。オーディンは娘をたぶらかし、三夜をともして、蜂蜜酒を三口飲ませてもらう。ずるがしこいオーディンは、三つの桶から一口ずつ飲んだのである。それからワシに姿を変えて逃げ出すが、スットゥングが追いかけてくる。アース神族のもとにたどり着いたオーディンは、用意してあった桶に蜂蜜酒を吐き出そうとするが、ちょうどそのとき、スットゥングが彼を捕らえようとする。オーディンは桶の「後方に」数滴、こぼしてしまった。こぼれた蜂蜜酒によって、だれでも酒を飲めるようになった。それがへぼ詩人の飲む酒で、それとは別に、アース神族は称賛に値する人間たち、すなわち立派な詩の書ける人々に蜂蜜酒を与えた。そこから、詩のことを「クヴァシルの血」とか「オーディンの飲みもの」などと呼ぶようになった。

　この神話のシンボルを解読してみよう。主要な登場人物の唾液で発酵した飲みものは、統合と平和のしるしである。この飲みものは秘儀的な陶酔、とりわけ詩的な陶酔をもたらすとともに、知恵を授ける。アイスランドの社会では、詩人は重要人物、王に等しい者である。王が死ぬと、詩人は王を永遠に称える詩をつくり、それによって王は不死となる。

　発酵飲料と詩との結びつきは、ギリシアのシュンポシオンやディオニュシア祭を思い起こさせる。そのときに詩のコンクールが開かれ、そこから演劇が生まれたのである。さらに、クヴァシルによって蜂蜜酒が擬人化され、神聖化されていることにも注目しよう。物語のなかで、クヴァシルは体をばらばらにされることで犠牲となり、その血を集めて飲みものがつくられる。ジョルジュ・デュメジルは、この神話はインド・ヨーロッパ語族共通の古い起源にさかのぼると考えている。古代インドの叙事詩『マハーバーラタ』では、アシュヴィン双神と神々とのあいだで戦いが起こる。アシュヴィン双神は、一口で世界をのみこんでしまう悪魔のマダ――「酔い」――を創造する。神々はマダを四つに切断する。酔いはインドで災いのもととされ、飲酒、女、賭け事、狩猟［訳注❖殺生］の四つの悪徳に分けられている。▼070

以上の神話では、対立するふたつのグループがいて、人為的につくられた人物、発酵飲料ないしは酒酔いを擬人化した人物のもとで和平を結ぶ。この人物には並外れた能力が与えられているが、人間のため、また酒酔いのために犠牲にされる。オーディンはワシに変身して、神々の世界にその飲みものをもたらす。鳥の飛行は異世界への旅を表している。異世界はシャーマンの時代と同様、発酵飲料と結びつけられ、北欧の古い宗教はそれを受け継いでいるのである。鳥はこの世と神々の世界との行き来を象徴している。飲酒にはふたつの面がある。すべての者が共有する世俗的な面と、神聖な面で、後者は神から授かるものである。詩作が目的であるとき、酒は敬意をもって注意深く飲まれなければならない。それは神から発しているので、文字どおり人を「酔わせる」想像力がもたらされる。それにより、隠喩として「飛び立つ」ことが可能になるのである。

以上すべての神話において、神々による発酵の「贈りもの」はつねに人類に善をもたらす。発酵にかんする知識を授かった者は、神官や、神と人との仲介者という特別な地位を手にする。狩猟採集社会、さらに初期農耕社会でも、発酵の秘密は部族や集団の生死にかかわるとして、「賢者」や「魔術師」、さらには比類なき「師《マスター》」の特権となっている。発酵はもともと生と死、発酵と腐敗といった、相反する面をもつことから、傑出した者や神、驚異的なものや超自然の存在に捧げられるのである。

普遍的な献酒

発酵食という象徴的な食べものをもつ宗教はキリスト教だけではない。ケルト人やゲルマン人のあいだでは蜂蜜酒やセルヴォワーズ［訳注❖大麦や他の麦でつくった酒］、スペイン征服以前のアメリカではチチャやプルケ、アフリカや東南アジアでは儀式用のビール、古代インドの宗教におけるソーマ、中央アジアの発酵乳もそうである。「ビールがなければ儀式ではない」パトリック・E・マクガヴァンが引用するケニアのマサイ族はこう断言する。▼071

イスラム教では賭け事や占いと同じくらい、ワインを飲むことも厳しく禁じられているが、天国に行けばワインが飲めるとされているので、ワインは大きな価値をもっている。「敬虔な信者に約束された楽園を描いて見ようなら、そこには絶対に腐ることのない水をたたえた河がいくつも流れ、いつまでたっても味の変わらぬ乳の河があり、飲めばえも言われぬ美酒の河があり……▼072」「このような（素晴らしい酒）が欲しいと思ったら、そのつもりで大いに勤めはげむがよい▼073（『コーラン』井筒俊彦訳、岩波文庫）」。コーランにはこのように書かれている。さらに歴史上、禁止のゆるんだ時期が何度かあり、何人かのカリフが飲酒を復活させている。一一世紀のイランで詩がさかんにつくられたのも、それがきっかけだった。▼074

ユダヤ教ではエルサレム神殿でワインの献酒が行われていた。こんにちでも過越祭の正餐《セデル》で、ワインを四杯飲むことになっている。そのときキドゥーシュという祝福の祈りが唱えられ、ワインにたいする神の恵みに感謝する。「ブドウをつくってくださった永遠なるわれらの神、世界の王が称えられんことを」という祈りは、安息日《シャバト》や過越祭《ペサハ》といったとくに重要な祭日、また結婚や子どもが生まれたとき、バル・ミツバー［訳注❖一三歳の少年をユダヤ人共同体の成員として認める儀式］や誕生日に唱えられる。▼075

神に飲みものを捧げる献酒は、もっとも古くから存在し、もっとも広く行われている儀式のひとつである。超自然の存在には、なによりもアルコール飲料が捧げられる。シュメール人は毎日、大量のビールとワインを神々に捧げていた。ある粘土板には、ウルクのアヌ神殿の盛大な儀式について以下のように書かれている。

一年をとおして毎日、朝の大食事としてアヌ神の食卓に［……］、黄金の壺を一八、置かなければならない。そのうち左に七つ、すなわち大麦ビール三つとラブク・ビール四つ、右に七つ、すなわち大麦ビール三つとラブク・ビールふたつ、ナーシュ・ビールひとつ、ザルババ・ビールひとつ、さらにアラバスターの壺に入ったミルクを置く。[076]

それに加えて、樽から出したワイン、カラーヌ・サトゥを満たした黄金の壺を四つ置かなければならない。「夜の大食事と小食事」にも同じメニューが出される。ただしミルクが手に入らないので、イザッラのワインで代用する。アントゥ女神はビールの壺一四、イシュタル女神は一二、ナナヤ女神は一〇である。[077]

古代ローマでも、祝祭日には特別にワインが献じられた。アイネイアスの神話では、英雄アイネイアスがユピテルに収穫したブドウを捧げると約束する。彼は戦いに勝利するとウィナリア祭を創設し、その約束を果たす。ローマ暦の九月二三日(八月一九日)に行われる夏のウィナリア祭では、神官がアウスピカティオ・ウィンデミアエという儀式を行う。雌の子ヒツジを生け贄にしたのち、最初のブドウの房を摘んでユピテルに捧げ、暴風雨が起こらないように祈るのである。一〇月一一日にはメディトリナリア祭が行われ、やはりユピテルの加護を祈りながら、前年のワインでブドウ液に種菌をつける。このような方法がとられるのは、ワインの保存をよくするためと言われる。だが実際には、発酵していないブドウ液は不浄とみなされ、神への献酒に適さなかった。したがって、発酵したものを一部加えるのは、それを神にふさわしいものとするためである。ローマ暦五月九日(四月二三日)の春のウィナリア祭には、新酒ワインをユピテルの祭壇に奉納する盛大な儀式が行われた。[078] ここでもユピテルに捧げられるのは、ただのブドウ液、収穫したてのブドウを搾った果汁ではなく、すでに発酵してアルコールとなったワインである。というのも四月二三日頃には、ちょうど発酵が終わるからだ。大地と太陽の恵みでできたブドウ果汁は、豊穣多産の神々に捧げられた。神秘的な発酵と人間の仕事からつくられるワインを司る神は、最高神ユピテルだけなのだ。

自然が生み出すものであるワインは、神の加護がなければうまくできない。それで宗教的、文化的な儀式を行い、ワインを神に捧げるのである。新酒はユピテルの神殿に公式に捧げないうちは、人間は一滴たりとも飲むことができない。神が最優先なのであり、人間より先にワインが供されるのである。

インカ人が多くの祭儀で神々に捧げるチチャについても同様である。太陽の祭り、インティライミでは、ビールを満たした黄金の杯が太陽に捧げられる。アフリカではカメルーンのファリ族が、死者に供える小さな像にアワのビールをかける。[079]ナイジェリアでは少量のヤシ酒が、地母神への供物として、突き固められた地面に注がれてから飲まれる。[080]ラオスでは、米酒で同じことが行われ、大地と土地の精霊に米酒が捧げられる。[081]セネガルのテンガ族ではソルガムのビールが、超自然の力に捧げられたり、一部の世代に支給されたりする。ソルガムのビールはつねに祭儀や儀式に供され、売られることはまったくない。[082]東南アジアでは、生け贄の血を混ぜた米のビールが、新米の収穫を祝う儀式に出される。そして最初のビールの甕が開かれるとき、最初の一杯は精霊に捧げられる。ボルネオ、ベトナム、フィリピン、ジャワとスマトラ、タイ、ミャンマー、チベット、北インドでは土地の祭りや葬儀に、米、ヤシ、サトウキビ、トウモロコシでつくるビールがつきものである。ビールは神のとりなしを求めるさいの奉納物とみなされている。[083]日本酒は典型的な祭儀の飲みもので、神に供えものをするあらゆる儀式に登場する。[084]

アルコール飲料だけが神に捧げられるわけではない。グリーンランドのイヌイットにおいては、熟成肉の宴会で賭け事や踊りとともに、呪術的な儀式が行われる。発酵した肉や脂に含まれる有毒物質プトマインが、アルコールを知らない種族に、酒酔いに似た幸福感をともなう興奮を引き起こす。▼085　日本の栗東市〔訳注❖滋賀県〕にある奈良時代創建の寺には、フナのなれずしが奉納される。寺は湖の近くにあり、その地方では、コイ、マス、ウナギ、ドジョウといった淡水魚がかつてタンパク質の主要な供給源になっていた。なれずしは、生魚を蒸した米とともに発酵させたもので、鮨の先祖である。うまく発酵させることが住民の繁栄にとってなにより重要であったことは、想像に難くない。厳しい季節を越せるかどうかは、なれずしの出来にかかっていたのである。したがって、神の恵みでうまく発酵するよう、その食品を――前もって――祭壇に捧げるのも当然の話なのである。

モンゴルでは発酵した乳製品と茶（これも発酵食品である）が、精霊や天の神、仏への供物になっており、テントにまつられる仏像に、その年最初の茶とアイラグ（馬乳酒）が捧げられる。供物の杯に注がれたものを人間が飲むことはなく、自然に捧げるために、その日の夕方、テントの外にまかれる。精霊への献酒には、九つの穴を開けた平たいおたまのようなものが使われる。おたまはつねに、テントの西側の、男性が座る上座に吊されている。女性は新鮮なミルクを捧げることはできるが、発酵乳で献酒できるのは男性だけである。この献酒は、テントや家族に精霊の恵みがあるよう家庭内で、あるいは共同体全体のために、共同体の内部で行われる。シャーマニズムの儀式では、「道を白くする」ために、精霊が下りてきたときと、儀式が終わって精霊が去るときに、発酵乳が捧げられる。白は縁起のよい神聖な色とみなされている。家の主人と女主人によるミルクと茶の捧げものは、太鼓の演奏や参加者、儀式そのものにたいしても行われる。▼086　これらの発酵食品には神聖な性質が付与されているのである。

キリスト教がギリシア・ローマの多神教をしのぐようになると、ブドウ酒がキリストの血へ昇格しただけでなく、バッカスのようなブドウ酒の神はキリスト教の聖人に、古代の儀式はより害が少ないと思われる祭りへと急激に変わっていった。聖ヴァンサン（この名は「ワインと血《ヴァン・サン》」を連想させる）はブドウの守護聖人となり、それ以外の聖人も続々と誕生した。聖人の数の多さは多神教さながらである。
ブーシュ＝デュ＝ローヌ県のブールボン村では、毎年、謎に満ちた聖人マルスランに捧げる「サン＝ヴィナージュ」祭が行われる。マルスランがどのような人物か、詳しいことはわからない。そのミサに参列できるのは男だけである。男たちはワインを満たしたボトルを手に、ローマ時代以前の建物の上に建てられた聖マルスラン礼拝堂に入っていく（村役場は祭りのために教会にワインを奉納する）。ミサではカナの婚宴のくだりが読まれ、そのあと司祭の合図で、男たち全員が祝別のためにボトルをかかげ、なみなみつがれたワインを飲む。この祝別されたワインは万病に効く薬であると考えられている。[087]

南仏の詩人フレデリック・ミストラルが言うように、この「サン＝ヴィナージュ」信仰にはバッカス信仰の影響がはっきりと見て取れる。また、ダニエル・ロップスは教会史にかんする著書のなかで、ペストの蔓延を食い止めるため、一三四八年にブルゴーニュでバッカスのためのミサが行われたと指摘している。[088] その伝統はいまも受け継がれているのである。

ティティアーノによるバッカスとアリアドネ（1520-1523年）。

神の加護があるように、発酵飲料は伝統的に神殿の境内でつくられた。古代メソポタミア、ギリシア、エジプトにもそのような事例が見られる。同様にして、中世初期から司教館を中心にブドウ畑が広がっていたのも偶然ではない。司教の力はよく手入れされたブドウ畑にあらわれており、そのような畑からは多くのブドウが収穫された。それは神の偉大さだけでなく、司教の世俗の権力も示していた。ブドウができない地方では、教会がビールの生産を支配しようとして、ビールの製造にかんする独占権を握っていた。このように、修道院は北部でビールを醸造し、南部でワインをつくっていたのである。修道士、とくにベネディクト会の修道士はチーズの生産者でもあった。その伝統はいまもつづいており、ミュンスター、ポール・サリュ、シトー、サン・マルスラン、サント・モール、ポン・レヴェックなど、聖人や修道院の名のついたチーズは数え切れない。十字軍遠征からもどった領主たちが彼らにオリエントの製法を伝え、その産物を豊かなものにしていった。とりわけ蒸留法が伝わったことで、発酵によって生じるアルコールを濃縮できるようになった。修道院でかつてつくられていた、そしていまもときどきつくられているリキュール、薬酒、ブランデーを、ここですべて挙げることはできない。発酵食品があらゆる場所に存在しているのは、まさに神のおかげと言えそうである。

不死の食べもの

不死はつねに宗教のモチーフになってきた。死後の生という考えにとりつかれた古代エジプト人の信仰において、それは頂点をきわめた。彼らはミイラづくりに励んだが、それには塩水に漬けるプロセスが含まれる。遺体は漬け汁に等しいソーダ水の水槽にねかされてから、香料とスパイスを塗られる。これはまさしく発酵であり、ここでも発酵は、ふたたび命を吹き込むプロセスと結びついている。

肉の腐敗を防ぐ塩漬けに使われる容器は、ヨーロッパのすべての伝説集に出てくる豊穣の鍋の原型である。▼089 聖ニコラウスの伝説では、聖人はまさしく塩漬け樽のなかから、殺された三人の子どもを見つけ出し、命をよみがえらせる。だが、彼はただ子どもたちを目覚めさせただけだと伝説は語る。つまり子どもたちは、発酵樽のなかで本当に死んでいなかったのである。聖ニコラウスはヨーロッパの想像世界で非常に重要な人物であり、サンタクロースのイメージのもとになったが、冬至とキリストの誕生をめぐる伝説において、子ども時代や永遠の生と結びつけられ、大いに信仰された。彼は「肉の塩漬け樽」を「復活の塩漬け樽」に変えたのである。

生命を保存するという魔術的な特性をもつ発酵桶は、不死の飲みものでなければ満たすことができない。ゾロアスター教の教典『アヴェスター』に書かれているもっとも重要な儀式のひとつは、神聖な飲みものハオマの献酒である。インドにも神聖な飲みものがあり、ヴェーダの伝承ではソーマ、ヒンドゥー教でアムリタと呼ばれる。飲みものをつくって捧げるという点で、アヴェスターとヴェーダの儀式は非常に近いものだ。

サンタクロースの起源とされるギリシアの司教、聖ニコラウス。

実際、アヴェスターとリグ・ヴェーダによると、そのために特別な植物が用いられた。植物をまず水に浸し、そのあとすり鉢に入れ、杵を使って長い時間をかけて砕いてから漉したのち、特別な容器のなかで、水、大麦、擬乳を混ぜる。発酵した混合飲料は人を酔わせ、忘我の状態にする。その飲みものを飲んだ神官たちは幸福感に満たされる。宗教儀式のあいだは、そのような状態でいることがどうしても必要なのである。[090]

トルクメニスタンの発掘を指揮した考古学者のヴィクトール・サリアニディはこのように書いている。その発掘では、メルブの近くで、アレクサンドロス大王が建設した古代都市ゴヌル・デペが発見された。遺跡全体は前二〇〇〇年紀、移動の途中にそのあたりを通りかかった原イラン人かインド人によって建設されたと思われる。トゴロク遺跡の発掘では、鉄器時代の前二〇〇〇年紀から前一〇〇〇年紀にかけての礼拝用の建物が発見され、ハオマをつくって飲むために使われた儀式用の品々が大量に見つかった。出土品のいくつかは、ペルセポリスにおいて、ハオマづくりが描かれた印章のそばで見つかったものと類似している。

おもな原料である植物の性質には謎がある。いまもシベリアのシャーマンのあいだで幻覚剤として用いられているベニテングダケであるとも、ライ麦の麦角であるとも言われている。ライ麦の穂に寄生する麦角菌にはＬＳＤに近いアルカロイドが含まれ、ヨーロッパ中世に「聖アントニウスの火」という病を引き起こしたことで有名である。トゴロクの発掘以来、それはむしろケシや大麻、麻黄といった精神作用のある植物であると考えられている。トゴロクの発掘でも、五〇〇年以上にわたって人が居住していた近隣の遺跡でも、そうした植物の花粉や種子、茎の断片が見つかっているのである。[091] 儀式の前に、その植物を水に漬けてすりつぶす。その液に、大麦かキビの搾り汁、蜂蜜、ときにミルクを混ぜ、壺のなかで発酵させる。大麦はもちろんビールを連想させるが、キビもアジアではビールをつくるのに使われる。さらにのちの、九世紀のイランの古文書では、ハオマはワインとして書かれている。当時すでに、イスラム教とヒンドゥー教の影響で飲酒が禁じられていたことを考えると、これは、それより古い伝統にさかのぼるものである。さらに、イスラム教とヒンドゥー教が広まっていた地域は、新石器時代におけるワイン文明の発祥地に位置しており、シルクロードやフェルガナ盆地からもそう遠くない。そこからほど近い、ワインづくりに使われる発酵桶が出土する多くの遺跡で、前一〇〇〇年紀から二〇〇〇年紀にさかのぼるブドウの種子が見つかっている。▼092 精神作用のある植物は、ブドウのワインや穀物のビールといった、シベリアにいたる中央アジア全域に見られる飲みもののアルコールと結びつき、飲む者を容易に別世界へと導いたに違いない。

ギリシアでも同様に、宗教儀式で意識の状態を変えるために、精神作用のある植物を含む発酵飲料が用いられた。ホメロスは「キュケオン」について述べている。それは、ワインやビール、蜂蜜酒でつくる一種のカクテルだったようで、精神作用のあるさまざまな香料や植物が含まれていたと考えられる。ホメロスは『イリアス』において、ヘカメデが負傷した戦士を治療し、トロイア戦争で戦う王を元気づけるためにこの飲みものをつくる様子を描いている。

二人の勇士は、渚に立って風に当りながら、肌着の汗を乾かし、ついで陣屋に入って長椅子に腰をおろした。二人のために髪の美しいヘカメデが飲物《キュケオン》を用意する。[……]女はまず二人の前に、青黒い珐瑯《キュアノス》張りの脚のついた、よく磨かれた美しい四脚机を据え、それに青銅製の籠と、飲物に添えてつまむ玉葱と、新鮮な蜂蜜とを載せ、その傍らに聖なる大麦の粉と、実に見事な盃とを置く。この盃は老人が国許から持参したもの、黄金の鋲が打ってあり、把手は四つ、それぞれの把手の両側に、餌をついばむ姿の黄金製の鳩二羽が造りつけてあり、台座は二重になっている。余人ならば、この盃に酒を満たした時には、机からずらすことすら容易でなかろうが、老ネストルは苦もなくこれを持ち上げた。さて女神と見まごう女は、客のためにこの盃でプラムノスの葡萄酒を用いて飲物を作り、その上に山羊のチーズを青銅のおろしでおろし、白い大麦の粉をふりかけて、飲物を調合し終ると、客にすすめる。二人は飲物で焼けつくような渇きを癒すと、言葉を交わして談話を楽しんでいた。[093]（『イリアス』松平千秋訳、岩波書店）

ホメロスは『オデュッセイア』でも「キュケオン」について語っている。キルケが男たちを豚に変えて支配するために、それをつくるのである。ホメロスが語るレシピによると、それは、プラムノスのワインと大麦粉と蜂蜜をまぜ、ヤギのチーズをおろし金でおろしたものである。キルケの魔法の薬に含まれていた香料については秘密にされている。薬草、ケシや大麻のような麻薬、あるいは薬用植物のヘンルーダだったのかもしれない。大麦粉を加えるのは、この飲みものがワインとビールの中間であることを推測させる。

ギリシア語の「キュケオン」は「混ぜもの、カクテル」を意味する。この種の飲みものは古代世界で珍しくなかった。北ヨーロッパから極東まで、高官や社会的地位の高い人物の墓から、その考古学的な痕跡が多数見つかっている。地位の高い人物は来世への「旅」にも、それを大量にもっていった。ギリシア人が加えていたヤギのチーズも発酵食品である。レフカンディなど、前一〇〇〇年紀のイタリア半島やギリシアの戦士の墓から青銅製のおろし金が見つかる謎も、これで解ける。[094]それらのおろし金は、葬儀で飲まれる発酵飲料をつくるのに使われたのである。

儀式の参加者がトランス状態になるエレウシスの密儀でも、「キュケオン」は用いられた。この密儀は二〇〇〇年以上にわたり、途切れることなくつづけられた。[095]この飲みものの製造の秘密は決して明かされなかった。デメテル讃歌のいくつかのヴァージョンによれば、大麦粉と水とケシが使われたという。讃歌に書かれているこのレシピは、本当の材料を隠すためのまやかしにすぎないと、専門家たちは考えている。飲みものは前もって準備された、つまり発酵していたことは間違いない。▼096 専門家たちはハオマの材料と同じ植物を挙げている。主原料である大麦に寄生する麦角菌、ベニテングダケ、もしくはベニローヤルミントやカイソウ［訳注❖ユリ科］といった植物である。このふたつの植物は豊穣多産にかんして対立する関係にある。前者は分娩を助け、後者は流産を引き起こすからで、この生と死の対立は象徴的である。

　神話によると、エレウシスの密儀は、女神デメテルが人間に教えたものである。冥界の神ハデスはデメテルから娘のペルセポネを奪って自らの妃とし、冥界の女王とした。絶望したデメテルは娘を探して世界を駆けめぐった。その間、植物は生長をとめた。物乞いの姿となったデメテルを、エレウシスの町はあたたかく迎えた。女神は感謝し、人々の恩に報いるために自らの秘密を明かし、それまで知られていなかった穀物の種子を与えて農業を教えた。デメテルはペルセポネを見つけるが、娘が冥界から解放されることはなかった。ザクロの種子を食べてしまったからで、死者の食べものを食べた者は生者の世界にもどれないのである。しかしながらゼウスは妥協策を見つけた。ペルセポネは一年の三分の二（春夏秋、植物がのびる季節）を母とともに地上で過ごし、残り（冬の三か月、自然が眠りについている季節）をハデスとともに冥界で過ごすことになった。これは食用植物の起源、この場合は穀物の起源の神話であり、生と死が密接な関係にあることを表している。それまでだれも、冥界からもどってこられなかった。それがいまでは、行き来できるようになったのである。穀物はまずビールとパン、発酵粥をつくるために使われたとしても、発酵とは生と死のプロセスであるという考えは、古代文明でも完全に知られていたことがわかる。デメテル信仰は、種が播かれ、生長し、収穫され、貯蔵されるというリズムにもとづく農業信仰である。それはまた、秋と春のあいだ、つまり女神が別世界にいるとされるときに起こる、ビールやワインの発酵のリズムでもある。エレウシスの密儀のクライマックスで、九日にわたる断食のあと「キュケオン」が飲まれる。それから、参加者に奥義を伝授する秘密の祭儀が繰り広げられる。ディオニュソスにワインが捧げられるように、エレウシスの密儀でデメテルに捧げられる発酵飲料はビールの一種だったのか。おそらくそうであろう。その発酵飲料を飲んだ者は神の世界とつながり、死んだあと、あの世を力なくさまよう影になることはないとされた。「地上の人間たちにそのことが教えられているのは幸いである！　これら神聖な事柄をまったく伝授されない者、それにまったくあずからない者が、同じ運命を享受することは決してできない。死んでも濃い闇のなかにいるだけだ」▼097

神の死と再生のモチーフはすでにハオマとソーマの神話に見られたが、ここでは発酵飲料と関連づけて展開されている。発酵飲料は不死の飲みものであるだけでなく、休眠と発酵の自然のサイクル、季節や植物の生長とそっくりなサイクルによって、死後の再生の飲みものとなったのである。

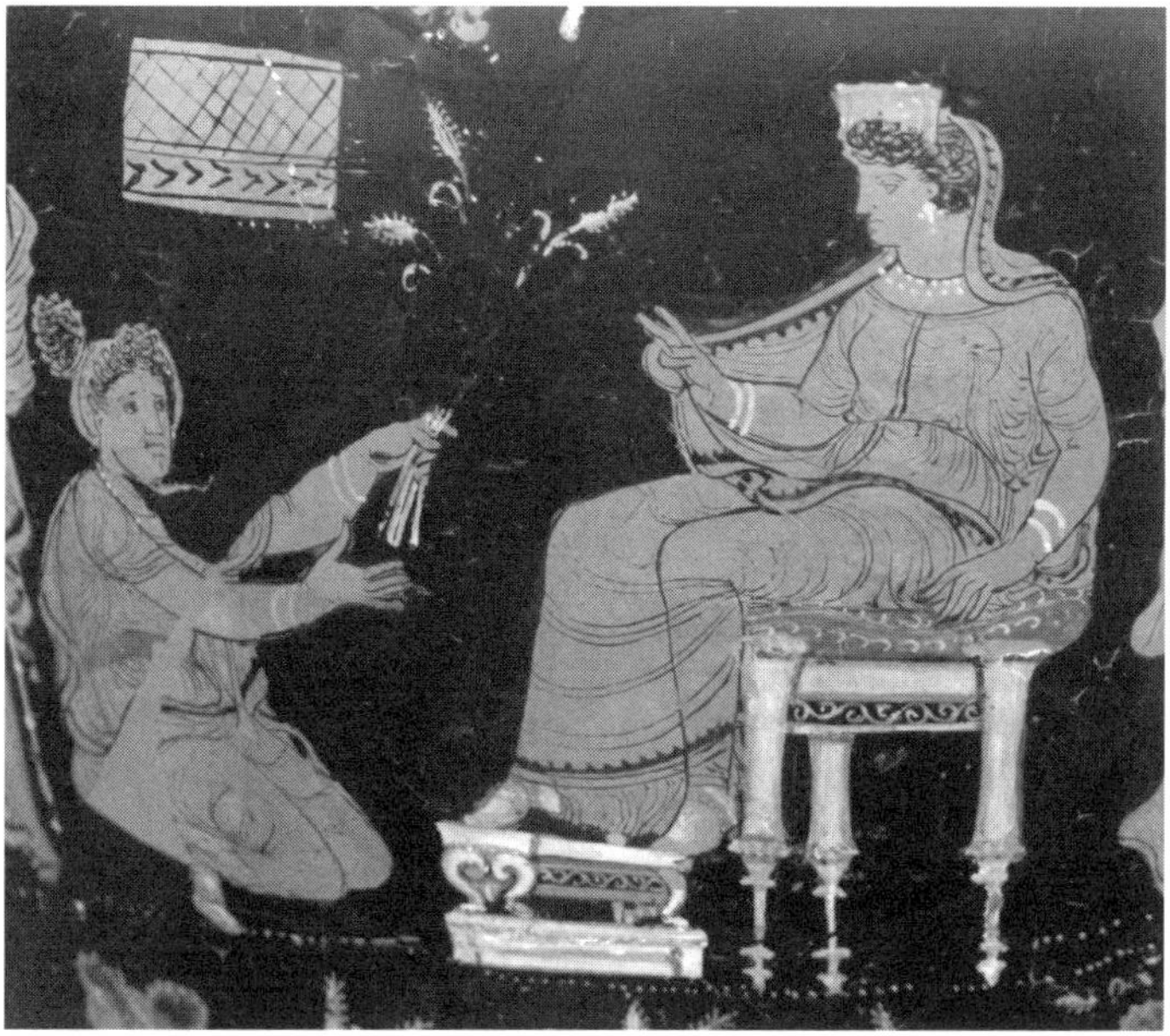

エレシウスの秘儀。アプリアの赤絵式ヒュドリア。ケレオス王の妃メタネイラがひざまずき、密儀の象徴である三束の小麦を捧げ、デーメーテールは祝福の手を伸ばしている。

第二章　聖性から民間伝承へ

私たちがいまでも発酵食品に特別な感情を抱くのは、それがはるか昔、神にさかのぼる起源をもつからではないだろうか。キリスト教でパンが神聖視されたことは、世俗の風習にも大きな影響を与えた。つい最近まで、一家の主人はパンを切る前にナイフの先でパンに十字を入れるのが普通だった。パンは決して捨てたり無駄にしたりせず、残ったパンはスープに入れたり、パン粉やフレンチトーストにした。パンはナイフで切るのではなく、手で割かなければならなかった。パンを地面に落とすのはパンを侮辱し冒瀆することであり、丸パンをさかさに置くと不幸になると言われた。ニワトリがもっとたくさん卵を生むように、パンをエサに与える地方もある。「壁の上のメンドリ、固いパンをついばむ」という、はやし歌が残されている。フランス語には、パンにかんする格言や成句がたくさんある。それらはパンの文化的な重要性をよく示している。「パンのない一日のように長い［訳注❖うんざりするほど長い］」とは言うが、肉や野菜やお菓子のない一日とは言わない。先に楽をするのは、「黒パンの前に白パンを食べる」。「カバンのなかやマントの下でパンを食べる」のはケチということ。始めにやり方を誤ると期待した成果が得られないのは、「窯の入れ方が悪いと角のあるパンができる」。よからぬ企てに加わりたくないときは、「そんなパンは食べない」。「パンよりバターを約束する［訳注❖安請け合いをする］」人間には用心しなければならない。「ひと窯のパンから一個拝借する」とは結婚前に妊娠すること。そして死ぬのはただ、「パンの味がなくなる」と言う。

発酵食の名産品を求めて世界をめぐり歩いていると、いたるところで、発酵食品がこの種の格言や習慣、信仰、迷信、魔術的行為、儀礼と結びついているのに気づく。それらは宗教というより民間信仰に近いが、集団的な無意識において、発酵食品が原型としていかに重要な役割を果たしているかがよくわかる。発酵食品は人間の活動を神聖なものにする。生きている人や死者に敬意を表するとき、あるいは子どもの誕生や記念日、大事業、よき知らせの報告のような、おめでたい出来事を祝うとき、人は乾杯をしたり、ひとつの発酵飲料をみんなで飲んだりする。結婚式で挙げるのはワインの「祝杯」であって、水ではない。スポーツのイベントでは勝利を祝ってシャンパンの栓が抜かれる。発酵食品は人生のあらゆる場面に登場する。人生のさまざまなステップをともにする。それどころか、ビールやワインのような発酵食品も、人生と同じように年を重ねるのである。

たしかにそれ［訳注❖発酵飲料］は、生まれて間もないころは若さにまかせて無秩序に泡立っているが（二酸化炭素を放出しなければならない……）、やがて成熟して落ち着き（酸性度が上がって安定する……）、腐敗による再生という奇妙な状態を経て衰えていくではないか。▼098

このように私たちの人生は、誕生から墓場まで、発酵食品の数々に彩られているのである。

誕生から墓場まで

子どもが誕生するときも、たいてい発酵食品のお世話になる。ケニアとウガンダでは、新生児の命名式で、母方の祖母が子どもの指をビールに浸す。子どもが指をなめてビールを口にすれば、その名前が受け入れられたことになる。[099] これはフランス王アンリ四世(一五五三－一六一〇)の誕生にまつわる伝説を思わせる。祖父のアンリ・ダルブレは孫が病気をせずに丈夫に育つよう、ニンニクのかけらとジュランソンのワインを唇にこすりつけたのである。スカンジナビアにはバルンソルという誕生祝いがある。語源は「誕生のビール」で、その祝いがかつてビールを中心としたものであったことを示している。[100] 誕生という考えは船の進水式にも見られる。シャンパンの瓶を船体にぶつけて壊すのは、この儀式に、生け贄を捧げて神の慈悲を請うという意味がこめられているためである。このように、処女航海に貴重な発酵飲料を捧げるのは、最近始まったわけでも、特定の地域に限られるものでもない。ベトナムの高原でも丸木舟の進水式で、それが見られる。当地の進水式ではルノムという米のビールがふるまわれ、ストローを使って発酵甕から飲まれる。[101] ラオスでは漁に出る前に米のビールがまかれ、舟の精霊に捧げられる。[102]

誕生や再生の考え方から当然ながら、一年の節目となる祝祭ではしばしば、豊穣と発酵食品が結びつけられる。謝肉祭《カーニバル》のベニエがそうだ。発酵して大きくふくらむこの揚げ菓子は、ヨーロッパでは、再生を祝う時期になくてはならないものである。復活祭と枝の主日［訳注❖復活祭直前の日曜日］は、地母神信仰と豊穣を祈るケルトの春分の祭りがキリスト教に転用されたものである。そこでは豊かさの象徴として、栄養豊富で贅沢な、発酵した練り粉の菓子が食される。それが王冠や三つ編みの形をした復活祭のパンやブリオッシュで、色つきの固ゆで卵が添えられることもある。ポーランドでババ、ロシアでクリーチと呼ばれるパンである。ハンガリーでは復活祭の日に、編みパンのカラーチが、名づけ親から名づけ子に贈られる。[103] またハンガリーでは、婚約の贈りものにマルカラーチが欠かせない。復活祭後の日曜日に、つき合いたいと思う女性の皿にマルカラーチが置かれる。それはブレッツェルのように生地を交差させた環形のブリオッシュで、永遠のシンボルである。女性がその菓子を食べれば、交際を承諾したことになる。[104] サルデーニャでは復活祭に、棺のなかのラザロを表した小さなパン、ラッツァレドゥが用意される。

　フランスのリムーザンとシャラントでは、復活祭の伝統行事に、多産や豊穣と結びついた風習が見られる。枝の主日に食べられるコルニュと呼ばれるブリオッシュはY字形をしており、これは明らかにファルスを表している。女性版のコルニュエル——中央に穴のある三角形——には、幾何学的に三角形で表された女性の陰部が認められ、これはアングル゠シュル゠ラングランの洞窟壁画に彫られたマドレーヌ文化［訳注❖後期旧石器時代最後の文化］のヴィーナスのような、この地方によく見られるヴィーナスの表現につうじるものである。猥褻で異教的なそれらのパンはフワス［訳注❖上質な小麦粉でつくったビスケットの一種］の生地でつくられるが、パン屋のレシピは門外不出であるため、よけいに神秘的な感じがする。驚いたことに、コルニュはキリスト教の儀式にも取り入れられ、枝の主日で使うツゲの若枝に下げられ、教会で祝別される。Yと三角形が三つの角をもつことから、聖三位一体のシンボルへといつのまにか変わったのである。

　それだけではない。同じ地方、一年の同じ時期に食べられるピン［訳注❖陰茎の意がある］は、エショデ、つまりパン生地のかけらをゆがいてから窯で焼いたものだが、その形はきわめて暗示的である。同様にしてドザーヌ（枝の主日の祈りで神を称える言葉ホザナに由来）という編んだ形のブリオッシュには、先端に穴があいており、ぶら下げることができるようになっている。このように長くつづけられている飲食や儀式には、人類学的な側面があると推測される。それは時代を越え、キリスト教化にもかかわらず生き残り、一八世紀にリモージュ司教の指揮のもと行われたモラル改善の試みにも耐え、キリスト教の見かけの下に古い意味を隠しつつ、こんにちまで受け継がれたのである。

発酵食品はしばしば、もうひとつの人生の重要な時期に登場する。それは結婚である。韓国では、新郎新婦が同じ杯で米酒を飲んで結婚したことを宣言する。ポメラニアでは参列者が新郎新婦にビールを贈る。フィンランドのヴォチャーク族のあいだでは、教会での結婚式の締めくくりに、新郎新婦がビールを飲む[105]。また、ラオスの仏教の結婚式では、式のなかで新郎新婦、さらに参列者が米酒を酌み交わす。新郎新婦と供物の盆にビールがまかれることもある。そのあと新郎新婦とともに披露宴の会場に入り、米を発酵させる甕にストローをさして飲む[106]。中国には、「女児紅酒」と呼ばれるモチ米の酒がある。紹興の町の風習では、女の子が生まれると木を植え、その根元に「女児紅酒」の甕を埋めておく。娘が結婚するとき、その木で家具をつくり、甕は結婚祝いとして娘に贈られ、披露宴で酒が飲まれる。韓国料理には、ミョンランジョッという、魚介類を塩漬けして発酵させたチョッカル（塩辛）の一種がある。それはスケトウダラの卵にトウガラシで味をつけ、カラスミやキャビアのように発酵させたものである。発酵させることで、魚卵はなおさら多産・豊穣を表すことになる。この料理は披露宴で食べられたり、小さな竹の箱に入れて新婦に贈られたりする。グリーンランドの結婚式で食べられるのは、ツノメドリをアザラシの皮のなかで熟成させたキビヤックである。レバノンでは、パン生地は託宣の力をもつ。新婦がこねたパン生地を力いっぱい投げ、新居の扉にくっつける。家に入るとき生地がはがれ落ちたら、それはよくないしるしである。アラブ諸国では、家を建てるとき富と多産をもたらすように、パン種の一部を家の基礎に埋める。アルジェリア東部のセティフ高原では、新居に到着した花嫁の手のひらに、発酵バター、スメンのかけらが置かれる。新婦は家の入口の壁にそれを塗らなければならない。そうすることで、家族全員の豊かさと繁栄が約束されるのである。スメンはアラブの多くの伝統料理に使われている。新婦はバターを塗りつけることで、自分の手がきつい労働をいとわず、しばしば大家族となる一家の食事をつくれることを示すのである。[107] タジキスタンでは女性が結婚すると、他の女性たちがパン生地をこねて豪華に飾りつけ、タンドールという伝統的な窯で焼く。同様にして、地中海周辺のバルカン諸国や中欧では、結婚式で非常に手の込んだパンがつくられる。生命の樹の形をしたものや、ファルスを模した飾りのついたものもある。ギリシアではパン生地を七回こねる。そのようなパンはかならず祝別され、ミサのあいだ祭壇に置かれることもある。パンは結婚式に集まった人々にお披露目される。たくましい男たちがパンを並べた長い板の端をもち、頭の上に掲げたりして、踊りながら運んでくる。かつてヴァンデの婚礼に出された大きなブリオッシュもそのようなものだったが、いまでは伝統文化のデモンストレーションに登場するだけである。[108]

象徴的に命を運ぶものである発酵飲料は、旧石器時代から世界各地の墓に置かれていた。中国、エジプト、シュメール、カフカス（コーカサス）、中央アジア、北欧でも、そうした墓から、死者が来世にもっていく大量のビールやワインが見つかっている。エジプトのアビドスにある前四〇〇〇年紀のスコルピオン一世の墓からは、パレスチナから輸入したワインの壺が七〇〇個も出土した。総量は四五〇〇リットル以上。[109] 来世でどうやって保管するのだろう！

葬儀の食事でも発酵飲料が飲まれた。前七五〇年にさかのぼるゴルディオンの「ミダス王墓」とされる墳墓の葬室には、青銅製の見事な酒器セットが一五七点並べられ、葬儀の食事に出される桶、水差し、椀、コップも含まれていた。さらに、青銅の手桶と飲用の椀に付着していた、黄色がかった分厚い残滓は、蜂蜜、大麦、ブドウからなる発酵飲料であることが判明した。[110] つまり最後の食事に大量の酒が出されていたのである。

葬式の食事で発酵飲料をたくさん飲む習慣は、いまでもつづけられている。アジアではベトナムのラデ族とジャライ族の葬式において、死者のために米のビールの甕が用意される。ストローで抜きとられた飲みものが死者にかけられ、そのあと死者の家族が厳格な順序にしたがってビールを飲む。[111] アフリカではアワのビールが、供物として死者の体にふりかけられ、[112] あるいは墓や葬祭記念物に酒壷をぶつけて献酒とする。[113] ヨーロッパでもこうした風習は存在したし、決してなくなることはなかった。ドイツのハノーファー地方の風習では、墓を閉じる前に、死者の頭と胸と脚にビールを注ぐことになっている。ロシアでは歌いながら墓穴にビールを注ぐ。ラトヴィアでは墓に少量のビールをふりかける。プロイセンではビールを満たした壺が墓に置かれる。[114] マケドニアでは第一次世界大戦後、死者が埋葬されるときに司祭が赤ワインを満たした小さな壺を用意し、墓に中身をふりかけた。つぎに司祭はツルハシかシャベルで容器を壊し、すべての残骸が遺体とともに埋められた。[115]

死者の命日にも献酒が行われるとともに、墓に食事が供えられ、パンやケーキやワインが食された。死者のパンの風習はヨーロッパにも存在したが、多くの地域で消滅した。東プロイセンでは、空になった最後の樽にふたつの小さな灯火、小さなパン、一杯のビールが置かれ、死者の魂に捧げられた。[116] ベルギーのアルデンヌ地方では、埋葬のあと、王冠の形をしたパンが参列者のあいだで分けられた。カタルーニャでは、自宅にパンをもち帰り、祈りを唱えてから食べた。中欧諸国では、霊柩車にパンが吊され、葬儀のあとで家族や隣人が食べた。アルト・アディジェ州のアルプス地方では、葬式の食事にヴィンシュガーパールが出される。それはふたつずつつながった伝統的な平パンで、その形は無限のシンボル∞を連想させる。葬式の食事のときだけ、ふたつの部分に分けられるが、それは死と別れのアナロジーを表している。ギリシア正教の国々では、埋葬の日と死者の命日に墓へ出かけ、小麦と大麦の粥、コリヴァと赤ワインの食事をともにする。[117] 喪の期間中もたびたびパンが供えられる。パンは遺体を死者に、そして祖先に変える。息を引き取った直後、遺体の頭上で、まだ熱い無酵母パンを割る。パンから立ちのぼる蒸気が、体から魂が抜けるのを助けると考えられているのである。それから死者の口に、復活祭で祝別されたパンのかけらを入れる。埋葬式には、祝別された供物のワインとパンのテーブルが用意される。ワインは墓にもまかれる。四〇日後と一年後と七年後にも、同様の儀式が行われる。[118] スペインでは死者の日に、墓地に祭壇が設けられ、パンとワインが供えられる。メキシコの死者の日は本物の祭りだが、そこにはスペイン征服以前の宗教とキリスト教の融合が見られる。墓にアルコールを捧げ(そして飲み)、血を象徴する赤砂糖で装飾した丸いブリオッシュのようなパン、パン・デ・ムエルト(死者のパン)を食べる。コルシカでも死者の日に、パヌ・ディ・イ・モルティ(死者のパン)を用意する。こうした供えものは、新石器時代の墓に置かれていたパンを思い起こさせる。[119]

　世界中いたるところで、どうして発酵食品や発酵飲料が永遠の生と結びつけられるのかと思うかもしれない。加熱をともなう料理は、火によって食べものを変化させる。それは食べものを不活性化し、殺菌し、殺す。発酵はそれと異なり、食べものを生かす。そのため発酵は、婚約、結婚、誕生、成人、葬式といった人生の節目と密接に結びつけられるのだ。パストゥールが発酵という現象を科学的に解明して以来、発酵のプロセスとは生きもの、ここでは微生物を介入させて、食べものを変えることであると、だれもが知っている。数千年前の人間たちは、直感的にそのことを理解しており、発酵食品を誕生－死－再生のサイクルの象徴とした。直線的でありながら循環的でもある時間の流れのなかで、誕生－死－再生のサイクルは永遠につづくのである。食べものは発酵することによって自律的なものとなる。生きもののように、自らの生を営み、時間の経過とともに変化し、最後に取り込まれ――この場合は食べた者の命の一部になる――、あるいはプロセスが行きつくところまで行って分解され――この世の生きとし生けるものすべての定めである――、ついに死を迎えるのである。

懐胎の食べもの

伝統的な社会では、女性は子どもを産み育て、命が永遠につながることを保証している。発酵はたいてい、いうなれば「自然に」、女性の仕事とされている。ギニアのワヤナ族においては、創造主はまさしくキャッサバのビール、カシリを手に入れるために女をつくった。エクアドルでは地母神ヌヌイが、唾液でビールを発酵させる知恵を女たちに授け、それは母から娘へ伝えられた。同様にしてアフリカ、アメリカ、東南アジア、極東アジアでは、かつてエジプトやシュメールでそうだったように、酒づくりはもっぱら女性によって行われる。前二〇〇〇年紀頃のメソポタミアでは、「酒売り女の館」がシュメール社会のまさに制度となっており、女性たちが自家製ビールの余剰分を売っていた。[120]

ベトナムでは女性たちが、母から娘へ伝えられる製法にしたがって酵母をつくる役目を負っていた。[121] またゲルマン諸国では、一九世紀まで、ビールづくりは女性が家庭ですべきことだった。フィンランドの叙事詩『カレワラ』で、最初にビールを醸造したのは女性である。男がそれを行うのは、不作法でさえあった。男にとってビールを醸造することは、糸巻きで糸をつむぐのと同じくらいあり得ないことだった。同様にして修道院では、ビールをつくるのは修道士より修道女であることが多く、一五世紀まで「プロの」ビール職人は男より女のほうが多かった。[122] 同様にして、西ヨーロッパの農業では、チーズは伝統的に、乳と象徴的につながる女性によってつくられ、男性はもっぱら耕作や牧畜を行った。レバノンなど、地中海東部と南部の沿岸諸国、そして中央アジアでも、伝承によると、神聖な食べものであるパンをこねるのは、食べものの守護者であり管理者である女性であった。キリスト教徒の共同体であろうと、イスラム教徒の共同体であろうと、それは変わらない。発酵し焼かれるあいだにふくらむパンは、臨月の女性の腹を連想させる。イメージの世界で、パンづくりは子づくりになる。古代ローマのプラケンタという菓子は、生地にチーズと蜂蜜を加え、月桂樹の葉で香りをつけてふっくら焼き上げたもので、いまでもルーマニアでプラチンタの名で知られている。古代ギリシアの女性たちは互いに酵母を貸し借りしたが、不妊の女性から借りるのは控えた。また、葬式のパンをつくるのに使われた酵母では、決して生地をこねなかった。[123]

　地中海沿岸諸国とは反対に、フランスのパン屋はいまではもっぱら男性の仕事になったが、フランス語のパン屋に関連する語彙は豊穣多産を連想させる。ミッシュ［訳注❖大型の丸パン／尻、おっぱい］、バタール［訳注❖私生児］、ベジュール（窯のなかでパン皮が触れ合って生焼けになった部分）［訳注❖接吻《べゼ》に由来］、クーシュ（パンの発酵床）など、性的な含みのある言葉が少なくないのである。生地に種をつけると言うし、男根のように長いヘラで、女性のシンボルである窯の口にパンを入れる。ビールを発酵させることを「フェコンダシオン（授精）」ともいう。糖分を含む麦汁に種をつける酵母は、かつて「卵」に入れて保管された。これは、圧搾空気で麦汁に酵母を混ぜるための器具で、発酵の高い圧力に耐えられるように卵形をしている。再生のシンボルである卵は、麦汁の濁りをとるために投入される本物のニワトリの卵として、いまでも一部の手づくりビール製造業者のあいだで使われている。伝統的な自然発酵ビール（グーズやランビック）では、麦汁は底の平らな桶のなかで空気に触れさせる。空気中に存在する微生物によって、自然に種がつくのである。[124]パストゥール以前は、「天の授精」などと言われたものだ。

　ガリア、フィンランド、エストニアのいくつかの伝承によると、最初のビールはたけり狂ったイノシシの唾液で種をつけられた。[125]イノシシは北ヨーロッパの神話で、象徴的に豊穣多産と結びつけられる動物である。ベトナムで同じ役目を果たすのはヤマアラシで、自らの胃から最初のビールをつくり出す。ヤマアラシは人間、というよりむしろ女に、ビールのつくり方を教える。[126] さらにエチオピアでは、宗教的な集まりでコーヒーを給仕するために使われる儀式用のコーヒーポットに、特別な形をした注ぎ口がひとつかふたつ、ついていて、それはt'ut'「おっぱい」と呼ばれている。[127] 母親の乳房から乳が出るように、ポットの注ぎ口からコーヒーが出てくるのである。

発酵は神に起源をもつが、いずれにせよ、そのプロセスは偶然に左右され、神秘に満ちている。発酵には生命そのものの複雑さとともに、知られているもの、知られていないものを含めて多くの変数があり、さまざまな問題、トラブル、リスク、謎がある。発酵を再現し、確実かつ効果的に導こうとすれば、守り神の力を借りる必要がある。神の機嫌を損なわないように力をつくし、さらに、食品を腐らせかねない悪い霊がつくのを防がなければならない。そのためメクレンブルクの新婦たちは一九世紀末まで、新居に入る前に以下の祈りを唱えていた。「われらの主よ／私がビールをつくるとき、ビールを助けたまえ／私が生地をこねるとき、パンを助けたまえ」[128] 新妻がとくに気にかけるのは、ビールとパンをうまくつくることだった。サレールの羊小屋でカンタルチーズをつくるときも、神の加護を願って祈りを唱えた。羊飼いが凝乳酵素を調合し、ミルクに流し入れるとき、祈りを唱えて十字を切ったのである。サルデーニャでは、こねて発酵させたパン生地を分割する前に、ナイフで生地に十字のしるしをつけた。人々は行動や言葉にも非常に気をつかった。たとえば、パン生地がふくらむあいだは、それが赤ん坊の揺り籠であるかのように、まわりで音を立てないようにした。別の地方にも厳格なしきたりがあり、発酵するものは大切に扱われ、その変化に細心の注意が払われたことが知られている。こういったやり方はただの料理には存在しない。レバノンの女性たちは、パン生地をこねる前に体を洗い、清潔な服を身につけなければならない。生理のときは生地をこねることができない。韓国では、味噌や醤油で伝統的な家庭料理をつくるとき、いろいろなことに注意を払わなければならない。作業を開始するのは寅の日か卯の日がよいとされる。家庭の主婦は悪霊に出会わないように外出を控え、縁起の悪いものを目にしないようにしなければならない。また、清く正しく行動しなければならず、たとえば犬を虐待したり、性的関係をもったりしてはならない。調理する日は丁寧に体を洗い、神、とくに食物の神に祈りを捧げる。食物の神は発酵食品の甕「チャントク」が置かれる家の裏庭に住んでおり、それらの甕を見守っている。発酵しているあいだもずっと用心しなければならない。葬式に出た者や出産したばかりの女性は、甕に近づくことができない。死んだり生まれたりするのはいずれも状態が変わることなので、同じく状態が変化する発酵のプロセスと折り合いが悪いのである。そうしたしきたりの多くは消滅したが、昔ながらのまじない的な行為はまだ行われている。甕の周囲には、さまざまな縁起物をつけた縄が巻かれる。赤い色が悪霊を追い払うとされる赤トウガラシ、清めになる木炭のかけら、薬効のある「芳香性植物《バルサム》」で呪術的シンボルでもあるマツの小枝、そして伝統的な白い足袋である。好ましからざる霊を罠にかけ、もしそのような霊が来たら、そこから出られなくするために、足袋は裏返しにして置かれる。かつては本物の足袋がつけられたが、いまでは甕の表面に切り紙細工を貼りつける形に変わった。しめ縄をするのは、悪霊が甕に近づき、発酵を失敗させるのを防ぐためである。

紐や縄を結んだ魔除けのシンボルは、南アジアと東アジア全域でよく見られる。縄は存在の完全さを維持する。なかにあるものはずっとなかにあり、悪い作用、つまり外の悪い霊はなかに入ることができない。これはばからしい迷信だろうか。原始的な考えだろうか。そんなことはない。科学の時代に、トウガラシやマツや木炭に防菌作用のあることが明らかになっている。裏返しに置いたり甕に貼りつけたりする足袋は、日陰でも太陽光を反射するので、暗がりを好む小さな害虫はよりつかなくなる。

中国で六世紀に書かれた『斉民要術』に、発酵食品のつくり方が詳しく書かれている。リストに四〇種ほど挙がっている発酵飲料をつくるには、あらかじめ麹(餅麹)をつくっておかなければならない。麹はキビ、小麦、大麦、米といったさまざまな穀物からつくられる。麹は発酵する力の異なる「神」麹と「粗」麹の二種類に分けられる。穀粒を選定するところから、蒸し、砕き、ふるいにかける方法まで、一連の技術的作業を経て、麹はつくられる。材料の純正さと品質にかんするアドバイスもある。だが、大半の作業は純粋に儀礼的なものである。

七月、第二の寅の日、日の出前に殺地に向かい、青い衣を着た少年に二十石分の水を汲ませる。水をこぼさないように注意し、多すぎた水はまくようにして、それをほかに使用してはならない。麹と水をまぜるとき、定められた方角に向かって行えば、かたくしまった餅ができる。[129]

つぎに餅で「麹人形」をつくり、「麹王」として特別な順序にしたがい、床に並べる。

餅を並べたら、主人の家の者を呼んで、「麹王」に供物を捧げる儀式を執り行ってもらう。その者は奴隷や客人であってはならない。「麹王」の手を椀のようにして、酒、干した果実、餅入りの汁を入れる。主人が「麹の祈禱」を三回唱え、一回唱えるごとに拝礼をする。[130]

作業場の形態と清潔さについては以下のとおりである。「その部屋は藁屋根とし、瓦屋根としてはならない。床は丁寧に掃き清め、汚れていたり湿っていたりしてはならない」

同じ書物に、中国料理の基本的ソース、醤《ジャン》のつくり方がのっている。醤は肉、魚や甲殻類、あるいはニレの実やダイズなどの植物を原料にした発酵調味料で、それをつくるときも同様の慎重さが求められる。ダイズの醤の場合、製造に適する期間は十二月から翌年の三番目の月までである。製造でもっとも重要な時期は、混合液に蛆がわくのを防ぐため、特別な方角に向かって作業をしなければならない。酢と蜂蜜酒についても同様に、水を汲む日や攪拌の仕方とともに、作業を始める日と終える日が重要であった。

とりわけ妊婦は発酵場所から遠ざけられる。妊婦が体内に宿す生命も酵母とみなされ、甕のなかの酵母と競合するのである。だが、違反した場合でも、その呪いは修復不能というわけではなく、それに対抗するための方法はある。醤の甕には野生の白いナツメの木からとった実、酢の甕には車の轍《わだち》から採取した乾いた土を一握り入れればよいのである。[131]

西欧諸国でも、この種の用心にかんする信仰は二一世紀になってもつづいている。生理中の女性は、熟成肉の樽やビールの発酵タンクに近づいてはならず、とりわけワイン倉に入ってはならないといったことだ。[132]世間で考えられているほど「不浄」とみなされているわけではないが、実のところ生理中は妊娠しないので、そのような女性が発酵の生命活動を危うくすることはない。雷雨も発酵に悪影響をおよぼすとされる。ビール職人もパン職人も雷雨を恐れている。気圧の変化や湿度、温風の影響なども考えられるが、雷雨は気象のバランスが崩れるようなものなので、時間の連続性がきわめて重要な発酵食品づくりにおいて、そのバランスが崩れるのを心配するのであろう。

時間は実際に発酵の重要な要素である。時間は発酵のプロセスを可能にするとともに、そのゴール地点を明確にする。食品の長期保存を目的とするときはとくにそうである。新鮮な状態の牛乳は二四時間から四八時間程度しかもたないが、チーズになれば数年間保存できる。他の多くの発酵食品についても同じことが言える。発酵食品をつくるときだけでなく、それを熟成させるときにも時間は重要である。それは長い時間のかかる、ダイナミックなプロセスであり、むやみに短縮できないし、時間をかけなければ食品の豊かな風味は出ない。時間は通常、腐敗や死につながるが、発酵の場合は反対に、命をのばすことになる。時間はもはや老化や破壊ではなく、熟成へ導くのであり、それはどんな場合でも、食品をよりおいしくする。発酵は、老化という受け入れられないものを受け入れられるようにする方法でもあり、人間を、過ぎ去る時間というもっとも恐ろしいものと和解させる方法でもある。

発酵のなかには、時間の別の側面も表現されている。それは記憶である。発酵は歴史の一部、私たちの生きている文化の一部である。太古の昔からこんにちまで、発酵はなにひとつ変わっていない。象徴としてだけでなく、実際にそうなのである。その「レシピ」、仕事のこつ、発酵のやり方はかつて秘密にされ、親方から弟子へ口頭で伝えられた。昔のパン屋は自ら酵母を培養し、世代から世代へ受け継いできた。そのようにして、何世紀も生きつづけている古い酵母も存在する。ケフィア［訳注❖カフカス地方の発酵乳酸飲料］の種菌《グレイン》も何世代も前から伝えられたものだ。ケフィアをつくる人はそれぞれ友人や知り合いから種菌を手に入れ、その知り合いは友人のそのまた友人からもらい……その友人へは、いまから三〇〇〇年前のとある羊飼いから連綿と受け継がれてきたのである。韓国には、醤油の最初の「母酵母」を見つけて培養する計画がある。古代の甕の残留物から古い酵母を採取し、そのゲノムを研究する。▼133 ユニークで貴重だと思われる酵母の遺産を再発見して保存するのである。

ありふれた食べものにたいして、人はそれほど気をつかわない。サラダに味をつけたり、肉を焼いたり、スープを煮込んだりするとき、迷信のような儀式を行ったりはしない。ブフ・ブルギニョン［訳注❖牛肉の赤ワイン煮］や北京ダック、ピーチメルバがうまくできるようにと祈ったりしない。シンプルな料理に儀式が必要になることはめったにない。ところが、発酵がかかわるとたちまち、それが必要となる。国の食の遺産は、レシピ、製品、伝統によって守られる。発酵食品は別格である。旧石器時代以降の人類の記憶すべてに支えられて、食物の最終的な形を表している。それは寓意的に永遠の食べものと呼べるものなのである。

第四章 もてなしと共食

発酵食品はなによりも共同体の食べものであり、人々の交流を活発にし、親睦を深めるよう促す。現代でもミュンヘンのビールの祭典、オクトーバーフェストには毎年、ものすごい数の人々がつめかける。新酒《ヌーヴォー》ワインや新物シュークルートの祭典もそれに劣らぬ人気である。マーチェス(塩漬けニシン)の新しい樽が出ると、オランダではお祭り騒ぎになる。スカンジナビアの「シュールストレミング・パーティー」では、発酵ニシンの缶詰がにぎにぎしく開けられる。聖パトリックの祝日にコンビーフを、スコットランドのロバート・バーンズの祝日にハギスを用意するのは、ほとんど儀式のようなものである。クリスマスの食事で特別にカラスミやキャビアを食べるのも、それと同様に象徴的な意味がある。

親睦の食べもの

サハラ砂漠の中央に位置するタッシリ・ナジェール遺跡の新石器時代の岩絵には、ひとつの甕に何本もストローをさしていっしょに飲みものを飲んでいる場面がたくさん描かれている。それらの岩絵は前三〇〇〇年紀、サハラの砂漠化が始まる以前に描かれた。その飲みものがなんであるか、正確なところはわからない。蜂蜜酒、アワやシコクビエなどの雑穀でつくられたビール、ヤシやナツメヤシの酒、あるいは発酵乳かもしれない。いっぽう、同時代のシュメール人が、同じように長い管を使って集団でビールを飲んでいたことは、よく知られている。

古代のビールは、現代の濾過したビールのように明るい色の澄んだ飲みものではなかった。どんな方法で醸造しようと、固形の残滓、不純物、穀粒の殻、酵母の塊が底に沈澱したり、表面に浮いたりしていた。たとえば、イランのゴディン・テペ遺跡で出土した甕の内側に刻まれた溝は、重力で沈む残滓を集め、なかにとどめておくためのものである。残滓は表面にも浮いているので、液体を他の容器に移し替えようとすると、不純物もいっしょにコップに入ってしまう。というわけで、いちばんよい飲み方は長い管、つまりストローを使って吸い上げることなのである。[134]古代メソポタミアやエジプト、トラキア人やフリギア人やケルト人のあいでも、そのようにしてビールは飲まれたし、二一世紀においても中国南部、カンボジアやベトナムのジャングル、チベットやアフリカで、同様のやり方で酒が飲まれている。

前三〇〇〇年紀にシュメールでつくられた数え切れないほどの円筒印章に、大きな甕の両側に男女が座り、長い管でビールを飲んでいる場面が見られる。エジプトのテル・エル・アマルナにあるアクエンアテン時代の石碑（前一三五〇年）にも、[135]同じような場面が描かれている。考古学的発掘により、中東のウル遺跡から、銅製や銀製、ときにラピスラズリが象眼された、先が直角に曲がった長い管や、金でおおわれた葦が見つかっている。シリアのいくつかの遺跡からも別のストローが発見されている。[136]当時描かれたものを見ると、飲みものはつねに集団で飲まれている。すべての大陸の伝統において、発酵飲料がひとりで飲まれることはまったくない。

ヨーロッパ、アジア、アメリカで先史時代の豪華な酒器が見つかることから、太古の昔より飲酒の社会的ルールが存在したと考えられている。大きな甕、把手と注ぎ口のついた壺、器からなる飲酒セットの伝統は、前四〇〇〇年紀半ば以降、バーデンの旧石器時代の文化にすでに根づいていたし、「漏斗形の器」は前四〇〇〇年紀から三〇〇〇年紀にかけて、中部ヨーロッパからスカンジナビア、グレート・ブリテン、イベリア半島まで広まっていた。あまり知られていないことだが、ヨーロッパ各地にカルナックやストーンヘンジのような巨石群をつくった謎の文明も、多くの飲酒セットを残している。それらは墓に置かれているので、死者への献酒に使われたに違いない。ドイツとデンマークの泥炭地からも、おびただしい数の酒器が出土しており、なかには非常に凝ったものや、金や銀の豪華な装飾がほどこされたものがある。

以上の泥炭地は墓ではないので、発酵飲料を飲んでいたのが葬儀に限らなかったことがわかる。そうした場所では、儀式が行われたり社会的な集会が開かれたりして、そのしめくくりに飲みものの容器が儀礼的に埋められたのだと、考古学者たちは考えている。[137] さらに、タキトゥス、ユリウス・カエサル、聖コロンバヌスによれば、ゲルマン人とケルト人はセルヴォワーズが発酵した甕を囲んで集会を開き、なみなみと酒の注がれた野牛の角杯が、友好を深め食卓をともにしたしるしに、手から手へと渡されていたという。[138] 献酒は文化的行為であり、その目的は飲む者の心をひとつにすることである。発酵飲料のグラスをかかげて乾杯をするのは共食のシンボルであり、そのしきたりは発酵飲料が神聖なものだった時代、みんなでいっしょに飲む前に神や祖先にそれを捧げていた時代にまでさかのぼる。[139]

ケルト人のあいだでは、王の飲みものである蜂蜜酒を分け合うことで、戦う前に精気を養い、戦ったあとでともに勝利を祝った。アネイリンの書では、戦いの前に蜂蜜酒を飲んで士気を高める。戦いのあとは、英雄にたいする最高の褒美として、角杯や黄金の杯でたっぷり酒がふるまわれる。「かつてこれほど歓呼の声が上がったことはない。じつに厳しく長い戦いであった。そなたはこの蜂蜜酒を飲むにふさわしい男だ、燃え木のモリエン」[140]青銅器時代のゲルマン人においては、戦士のあいだで儀礼的に飲みものを分け合い、軍隊を団結させるとともに、指揮官の権威を高めた。[141]

ギリシア人はゲルマン人やケルト人のものと同じような酒器を使っていたが、それは彼らより前に、フェニキア人によって使われたものだった。ここで重要なのは、伝播したのは酒の飲み方やしきたりであって、飲みものそのものではないことだ。なにが飲まれていたかは、場所や時代によってさまざまである。残留物の分析により、当時北ヨーロッパで飲まれていたのは蜂蜜酒とビールだったことがわかっている。だが、使用していた酒器は、ワインを飲んでいた地域と同じものなのである。

スペイン征服以前のアメリカで、トウモロコシのビールを飲むために使われた酒器は、ギリシアや古代中国のものに比べてなんら遜色がない。デカンタージュ用の壺、甕、把手と細い口のついた壺、豪華な装飾のある、あらゆる形のゴブレットといった遺物を、こんにち博物館で見ることができる。[142]マヤの酒器のなかからは、カカオの入った器が見つかっており、そのような器の制作年代は前二〇〇〇年紀からスペイン人の到来まで、すべての時代にわたっている。それは一種のポットで、一八世紀のスペインのココア用ポットにそっくりそのまま模倣された。それとは別の、チョコレート飲料をつくるためのマヤの器は、奇妙な形をしており、注ぎ口が内側を向いているので、それで液体を注ぐのは不可能なように思われる。これは実際には、そこに息を吹き込んで泡立てるための器具である。スペインの文献には、ユカタンのインディオが祭りのためにカカオとトウモロコシで、泡立った美味な飲みものをつくっていたと書かれている。マヤ人の祖先が三〇〇〇年前に奇妙な器でつくっていたものが、彼らインディオにもそっくり受け継がれていたことがわかる。[143]

発酵食品にかんするしきたりがいつまでも変わらないことには驚かされる。メキシコの地で、少なくとも三五〇〇年にわたって途切れることなく、同じ習慣が繰り返されたのち、スペインの征服者とともにヨーロッパへ伝わったのである。

集団で飲むというしきたりは非常に古いだけでなく、あらゆる民族に深く根づき、長くつづけられている。殷王朝から周王朝(前二〇〇〇年紀)にかけて成立した中国最古の文書に、発酵飲料にかんする体系的な儀礼が記されているが、考古学の発見により、酒をつくり、給仕し、あるいは飲むために、洗練された道具が使われていたことが明らかになっている。▼144

そうしたしきたりを完全になくすのはきわめて困難、かつ不可能であり、こんにちもなお世界中でつづけられている。ケニアとウガンダのイテソ族は、主人の家でビールを飲むとき、甕を中心にして、ふたつの円を描くように集まる。男女の区別、家族や社会における重要度にしたがって、座る順番は正確に決まっている。同じ集団に属する者はストローを共有し、それによって集団のなかに新たな融和と親愛の情が生まれる。このように発酵飲料は、社会の発展と形態において、プラスの役割を果たしているのである。

台湾の先住民プユマ族は、狩りからもどったときや、夏至祭や冬至祭のような重要な行事で、かならずモチ米のビールを飲む。同様にして、ベトナムのムノンガー族とムオン族は、精霊や外部からの訪問者をもてなすとき以外、ビールの甕の蓋をとることはない。このような社会では、宗教的な理由もなく、人をもてなすわけでもないのに、ひとりで甕をあけるなどあり得ないことである。タイのジャウィ族はイスラム教徒で、禁酒の戒律を守っているが、先祖伝来の伝統はつづいている。年に一回、社会的地位の高い者だけが参加できる「首長たちの饗宴」、ケドゥリが開かれたとき、儀礼的にヤシ酒が飲まれ、半分に割ってなかをくりぬいたココヤシの器が手から手へと渡される。[145] 一年のこのときを除いて、酒が飲まれることはない。インド北部のラダックでは、客をもてなすときにチャンがふるまわれるが、多くの世俗の行事やラマ教の献酒でもこれが出される。メキシコではリュウゼツランの酒、プルケが同じ役割を果たしている。アンデス山中のエクアドルでコタカチ火山の山腹に暮らすインディオは、トウモロコシの酒を三種類つくるが、そのうちふたつは社会的役割をもっている。上等な酒は、共同体の有力者が地位の高い客をもてなすときに出される。そうでない酒は労働者の伝統的な飲みもので、「ミンガ」と呼ばれる共同作業で飲まれる。[146]

それ以外にも多くの事例が存在するが、最後にひとつ、ヨーロッパの例をとり上げよう。ジュネーヴを中心とする、フランスのサヴォワ県、アン県、ドーフィネ地方、スイスのヴォー州を含む地域では、売るためではなく親睦を目的とした発酵飲料、シェーヴルが家庭でつくられている。酒づくりは秋、リンゴの収穫とともに始まる。搾りたての果汁は従来、分厚い木材でつくられ、高い圧力に耐えるよう鉄のたがをきつくしめた樽に入れられていた。いまは、頑丈な栓のついたステンレス製の容器が使われている。つくり方は地域や家族によってさまざまである。リンゴないしはブドウの搾り汁に砂糖を加え、ヴァニラないしはマール［訳注❖ブドウの搾りかすでつくるブランデー］やキルシュ［訳注❖チェリーブランデー］などの強いアルコールで香りをつける。発酵を促すために、米デンプンか大麦の穀粒を少し加えてから、樽を密封する。飲めるようになるのは一般にクリスマスの頃である。この飲みものは樽から出したらすぐに飲まなければならない。栓を開けると、ヤギ（シェーヴル）のミルクのような、白くて軽い泡がグラスにはじけるが、それもすぐにおさまってしまうからだ。シェーヴルは冬から初春にかけて、もっぱら酒倉で飲まれている。これもわきあいあいと、お祭り気分で飲まれる発酵飲料である。

北極地方ではアルコールの発酵飲料は知られておらず、このような社会的しきたりの対象となるのは熟成肉である。熟成した鳥獣肉を示すミギャック、キーツィヤック、イリヴィツィートといった語は、「共用のごちそう」と同義である。冬の長くて暗い時期に、それを食べることはまさにお祭りであり、家族のなかで、あるいは通りすがりの者もまじえて、ともに食卓を囲むのである。いまでもグリーンランドでは、祝いの席にこうした伝統料理が出されることが珍しくなく、とりわけ年配の人に喜ばれている。イタリアではクリスマスにみんなでサラマ・ダ・スーゴ［訳注❖熟成サラミ］を食べるし、ノルウェーとフィンランドでは一二月二四日に食べるため、一二月九日の聖アンナの祝日からルートフィスク［訳注❖塩干しした魚を灰汁に漬けたもの］をつくり始める。イタリアのチェタータラではクリスマスの食事にコラトゥーラ［訳注❖カタクチイワシの魚醤］が欠かせず、それを食べることは共同体の行事の一部になっている。

もてなしの食べもの

客には最高のものがふるまわれる。もてなしのルールが存在するあらゆる人間社会で、それは変わらない。発酵食品、とりわけアルコール飲料は、最高の飲みものとして訪れる者に供され、それによって主人の威光は高まる。アルコール飲料を供することで、友情の絆は強まり、親愛の情がはぐくまれる。そのいっぽうで、場合によっては、他者や臣下の心を動かすこともできるのである。

アマゾンのワヤナ族とワヤンピ族において、社会的な飲酒術は頂点をきわめたと言ってよい。もてなしは神聖な儀式にまで高められた。[147]ワヤナ族とワヤンピ族は苦いキャッサバから多種多様なビールをつくり、さまざまな銘酒について奥深い知識をもっている。カシリと総称される飲みものは、彼らの社会において、部族の起源の神話やいくつかの社会的祭儀で大きな役割を果たしており、儀式のあいだ、その飲みものがたっぷりと供される。イニシエーションの儀式、新しいカヌーの建造といった共同作業の終了を祝う祭り、あるいは訪問者をもてなすさいにも、滋養があり、人を陽気にするカシリが大量に飲まれ、老人から子どもまで、すべての参加者にふるまわれる。訪問者が村にやって来ると、少なくとも三日から四日、女性たちがカシリの甕をいくつか用意できるまで、村にとどまるよう懇願される。村の生活はそのとき完全に中断される。すべての村人が、そして女性たちもカシリの醸造を終えると、日常の仕事を免除され、集まってカシリを飲み、訪問者をもてなす。その数日間は、ひっきりなしに歓声が上がり、なごやかな会話と、なにもせずにハンモックに揺られる喜びに満ちあふれる。酒の入った最後のひょうたんが空にならないうちに訪問者が別れを告げるのは、彼らの作法に反している。酒のひょうたんを決して拒んではならず、たとえ十杯目(二リットル)であろうと、それを拒めば、酒を勧めた者をひどく侮辱することになる。容器はつねに元の持ち主の手に返さなければならない。ワナヤ族は飲みつづけるために酒を吐き出す。ごく幼いうちから、すべての者がこのように吐き出すことを実践している。たくさん飲んでたくさん吐くことは、ある種の権威をもたらし、拍手喝采を浴びるのである。ひとりで飲んだり、食事をしながら飲んだりするのは、この文明では完全に礼儀にもとる行為である。▼148

もてなしの発酵飲料はアルコールだけとは限らない。私たちの社会も含めて多くの社会で、いずれもアルコールを含まない発酵飲料である茶とコーヒーも、もてなしの飲みものとして、ある種の儀礼にしたがい訪問客に出されている。一八世紀にイギリスのベドフォード公爵夫人が始めたアフタヌーンティーの社会的習慣は、ヨーロッパ全土に広まり、帝政ロシアでも湯沸かし器《サモワール》のまわりに人々が集った。日本では茶がおおいに受け、洗練されたセレモニーとなった。コーヒーはその始まりから、アラブ人のあいだでもてなしの飲みものとなっていた。イスラム教で飲酒が禁じられたことが、コーヒーが発展するきっかけとなった。ベドウィンのあいだでは、コーヒーを淹れることはテントの下で行われる本物の儀式であり、それは炭火でコーヒー豆を炒るところから始まる。左から右へ、集まった人々のカップにコーヒーを注いでまわる役目は、その家の長男が担っている。最初の一杯を断るのはきわめて無礼な態度である。また、カップを受け取っても飲まなければ、それも給仕の流れを妨げることになる。出されたコーヒーはすぐに飲み、二杯目を求めるしるしに、空のカップをただちに差し出さなければならない。十分飲んだ場合は、空のカップを振ってすぐに返す。それは二杯か三杯飲んでからでなければならない。カップはゆすがれ、別の客に渡される。エチオピアのもてなしの習慣にも、三回コーヒーを出すというものがある。大切な客から順番にコーヒーが給仕され、丁寧な挨拶と祝福の言葉が交わされる。この習慣はいまもつづけられている。コーヒーは社会に調和をもたらし、人を歓待する飲みものの地位を与えられているのである。[149]

モンゴルでは、訪問者にたいする歓迎のしるしとして馬乳酒が供される。夏は社交がもっともさかんになる季節で、家族、隣人、友人のあいだで相互に訪問し、近況を伝えたり、おしゃべりしたり、遊んだり、アイラグを飲んだりする。馬のミルクはビールと同じく飲みものにも食べものにもなり、滋養があることから、欠乏する心配のない唯一の食料となっている。要するにこの飲みものには、人を生かす力がある。それは神聖なものであり、変わることのない儀礼にしたがって客に供される。馬乳酒を飲むときは、作法にしたがわなければならない。訪問者はミルク入りの茶とクリームをかけたチーズ(いずれも発酵食品であるのを指摘しておこう)を味わったのち、共用の椀でアイラグを飲む。椀は銀に縁取られた木製、ないしは陶磁器製で、容量は半リットルから数リットルまでさまざまである。男性は飲むことが義務づけられており、たくさん飲んで男らしいところを見せなければならない。女性も参加するが、飲むことを義務づけられているわけではない。カップを差し出されたら受け取って飲み、一家の主人がおたまで新たなアイラグを注いだら、太陽の方角にいる者にそれを渡す。その椀は少なくとも三回、手のひらにのせて掲げる。椀を断るのはきわめて無礼であり、集団からつまはじきにされる。椀が回されるたびに歌や祝福の言葉をともなうので、夏のあいだテントからテントへ渡り歩く訪問者たちは、膨大な歌のレパートリーをもっていなければならない。▼150 カップは完全に飲み干してはならない。次に飲む人のために、カップの底にはつねに少量を残しておかなければならない。

　このようにアイラグを供することで、贈与と返礼のシステムが動き出す。それは飲みものの人を生かす力と象徴的に結びついている。今日、アイラグをふるまうことにより、家族の繁栄は約束される。自分の家族が他者に評価されれば、将来いいことがあるだろう。翌日は、親族の家へ飲みに出かける。このように夏の季節をつうじて、気前のよさと相互扶助の環が形づくられていく。だから、夏はもっとも忙しい季節なのである。

　甕、混酒器《クラテル》や鍋、カップ、椀やひょうたんを囲んで人々が集まる。地理的な方角や、あらかじめ定められたヒエラルキーの秩序にしたがって、酒器が回される。それに言葉や歌、祈り、物語がともなう……。世界中でそうしたしきたりが似ているのは非常に興味深い。みんなでいっしょに飲むことは実のところ、個人を集団に組み込むための社会的行為なのである。

作法と節度

　そうした飲酒の集まりには、作法の厳しいルールが課されている。アフリカでは、くしゃみをするとき、甕からストローを抜かなければならない。甕のなかへ絶対に息を吹き込んではならない。左手でストローをつかんだり、甕のなかを直接見たりすることも禁じられている。結婚した男性は義理の母親と、その妻は義理の父親とストローを共有してはならない。

古代ギリシアでは、食事中ではなく、饗宴のあとのシュンポシオンでワインが飲まれた。ローマでギリシアのシュンポシオンに相当するのがコンウィウィウムである。人々がそうした酒宴に参加するのは、とりわけ歌手の歌を聴くため、また、自作の詩を披露したり、参加者同士で批評し合ったりして、詩に興じるためだった。もっとも優れた詩は人々の記憶に残り、やがて伝承され、つくられてから何十年たっても繰り返し朗唱される。

飲酒のしきたりはずっと変わらなかった。部屋の中央に、蓋のない大きな容器、ワインと水を混ぜるクラテルがでんと置かれる。参加者のあいだの調和と均衡、平等のシンボルであるクラテルは、すべての者から等距離にあり、だれもが好きなだけワインを汲むことができる。みなの尊敬を集める参加者が、集まりのタイプにしたがって、ワインと水を混ぜる割合を決める。つぎに給仕たちが、把手と注ぎ口のついた壺でクラテルから飲みものを汲み、参加者のカップや酒器にそれを注ぐ。ワインに水を混ぜることで、より長い時間、語らうことができるのである。ワインは精神を研ぎ澄まし、舌をほぐれさせる。この世の些細な出来事を忘れ、別の目で世界を見られるようになる。だが、制御できないほど酔うことは求めていない。酔っ払うと即興詩の質を保てなくなる。そのため多くの場合、水とワインは二対一の割合で混ぜられた。ゼウスを称えての献酒、合唱、詩の朗唱ののち、余興が始まる。政治的集会、結婚式、誕生祝い、スポーツの祝勝会、特別ゲストの参加など、集まりの性質にしたがって余興は変化する。シュンポシオンは饗宴のあとに行われ、食事はしないが、チーズのような、喉の渇く食べものをつまむ。さらに、宴が盛り上がると外に場所を移し、クラテルを運んできて、その周りではめをはずさない程度に踊ることもあった。ギリシアのシュンポシオンはもてなしにもなる。異国から来た者のために開かれるシュンポシオンでは、彼はその場の雰囲気にすっかりとけ込む。飲みものを分かち合うことで、外来の客も心を開き、身の上を語り、自らの系譜と自作の詩を朗唱し、クラテルのまわりで聞いている者を自宅に招待すると約束する。[151]

　こうした状況以外でワインを飲むのは異例なことである。ギリシア人において、生《き》のワインを飲むことや、酔っ払うまで飲むことは、野蛮であるしるしだった。生《き》のワインを飲むのはディオニュソスだけである。多くの壺絵に、サテュロスやケンタウロスやヘパイストスが酔いつぶれているところが描かれている。ひとつ目の巨人ポリュペモスは、酔っ払って寝込んでいるところを、オデュッセウスに討ちとられる。オデュッセウスはいっしょに酒を飲み、あの手この手で、ポリュペモスに兄弟を呼びにいかせまいとする。ポリュペモスがひとりで飲んでいる限り、文明人の意のままになるのである。[152] このように、ワインは社会性を保証するが、それはよい飲み方のルールを守っていればの話である。ひとりで飲んだり生《き》のワインを飲んだりすることは、そのリスクを冒した者の破滅につながる。人間はディオニュソスからワインとともに、その飲み方も教えられた。それを尊重しない者はワインの罠にはまるのである。

　ギリシアの女性たちはどうだったのだろうか？　女性がシュンポシオンに参加するとすれば、それは召使いや遊女《ヘタイラ》としてであった。女性の飲酒ははっきり禁じられていたわけではなかったが、ワインを飲むのはろくでもない女であった。アリストパネスの喜劇では、ワインを好む女は食いしん坊、好色、嘘、おしゃべりと並んで、笑いのタネにされている。そのような女性が描かれるとき、飲んでいるのはきまって生《き》のワインであり、それこそ、女性が酒を飲むのはとんでもないこととされたなによりの証拠である。女性は一人前の大人でも市民でもなく、だからこそ飲酒のルールを守らないのである。だが、ディオニュソス信仰を実践していたのは女性たちであった。彼女たちは「狂気《マニア》」にとりつかれてディオニュソスの巫女やお供の女となり、ディオニュソスを称えてある種の儀式的な乱舞を繰り広げ、跳んだりはねたり、トランス状態になったりした。[153] 過度の飲酒は共同体や宗教のあらゆる規範に反していた。それは狂気、野蛮、アンバランスな状態であり、集団を危険に陥れるとして糾弾された。

シュメールでは食事中、あるいはたんに友人と時間を過ごすためにビールが飲まれたが、過度の飲酒はやはりよく思われなかった。人々は居酒屋でひとつの甕を囲み、ストローを使っていっしょに酒を飲んだ。そこは厳しく監視され、規制された場所でもあった。そのような場所は多かれ少なかれ、いかがわしい店であり、出会いと自由の場でもあるため、謀反や騒乱の温床ともなり得たのである。[154] 飲酒にたいする同様の規律はアステカ人やマヤ人のあいだにも存在した。儀式の場では酔うことが許され、奨励さえされたが、あびるほど酒を飲むのはよくないこととされた。[155] アジア、アフリカ、アメリカの伝統社会すべてでそれは同じであり、ひとりで飲む者や飲み過ぎる者は信用されなかった。過度の飲酒は病気、ないしは反逆行為とみなされた。

こんにちのフランスでも、シャンパンのボトルを開けるのは幸せな出来事を祝うためである。シャンパンをひとりで飲んだり、喉を潤すために飲んだりする者は、まともではないとみなされる。同様にして、ボージョレ・ヌーヴォーの売り出しやヴァン・ジョーヌ[訳注❖黄ワイン、ジュラ地方のみでつくられる黄金色の希少なワイン]の樽開きは、みんなでいっしょに祝う。そうしたお祭りは人が集まっていっしょに祝う機会となり、それは古代の献酒を思い起こさせる。

3年間熟成されたヴァン・ジョーヌの入った樽。

祝い事以外に、毎日の生活でも、飲酒の作法は集団ごとに決まっている。イギリスや北アメリカ、ドイツでは、パブやビアシュトゥーブ［訳注❖居酒屋］に集まってみんなでビールを飲む。そうした店はしばしば社会生活の接着剤となっている。フランスの小さな村で唯一のカフェがなくなると、村は死んだも同然だと言われる。

共同生活の流儀

発酵食品をつくるときも、共同で行われることがある。オセアニアのカヴァは、コショウの仲間のカヴァ（Piper methysticum）の根茎からつくる飲みもので、幸福感をもたらし、神経を興奮させる作用がある。噛み砕いた根茎を、数時間、天日に当ててから水を混ぜてつくられ、ハワイからオーストラリアにいたる地域、トンガやフィジー、サモアの島々で飲まれている。カヴァづくりはかつて共同体の大きな集まりの場となっていて、複雑な決まりをともなうしきたりにしたがって行われていた。座る場所まで決まっている。カヴァの根茎を噛み砕く若者を中心に、人々が集まる。首長たちはしきたりどおり、序列にしたがってサークルの中心に座を占め、飲みものづくりやその分配といったさまざまな作業を指示する。飲みものは通りすがりの旅人にもふるまわれる。▼156

こうした行事以外でも、島の住民全員が集まって根茎の発酵食をつくっている。飢饉に備え、大きな穴に根茎を入れて長期間保存するのである。ヨーロッパではブドウの収穫とワインづくりが、人々が集まり集団で祝う機会となっている。かつてはシュークルート（ザウアークラウト）づくりも、キャベツの収穫から塩漬けまで、村をあげて行われていた。日本では、食事につきものの乳酸発酵した野菜、漬け物が同じようにしてつくられていた。

韓国の冬のキムチは一九八〇年代までは全国で、農村ではいまでも、共同体総出でつくられている。厳しい冬に備え、住民全員が力を合わせて必要な食料をつくっていたのである。キムチは食料になるとともに、社会的な役割も果たしている。大量のキムチを準備するには集団でつくる必要がある。一一月の終わり頃、家族や隣人、親戚が集まり、勤労の精神を発揮しながらお祭り気分で、大量の野菜を仕込んでいく。キムチの甕は屋外の中庭で発酵させる。キムチづくりは楽しく、みんなでごちそうを食べ、たっぷり酒を飲む機会になっている。キムチをつくっているあいだは、男性が台所に立ち、女性たちが酒を飲む。韓国社会では、どちらも滅多にないことで、それがまた、お祭り気分を盛り上げるのである。▼157

白菜キムチ作り。白菜に塩や唐辛子、生姜、にんにく、アミの塩辛などを加えて漬け込む。

スペインの日常生活につきものの酢漬け野菜、エンクルティードをつくるときにも、同様のことが行われる。エンクルティードは社会のあらゆる階層で食べられている。家庭だけでなく、レストランやバーでも出され、すべての屋台で売られている。伝統的なレシピに加え、二一世紀初めにスペインの美食を一躍有名にした最先端のレストランでも使われている。エンクルティードは常備菜としてだけでなく、しばしばワインに添えるつまみ《タパス》として食される。とりわけ、スペインのあらゆる社会的行事、祭り、集まりに、酢漬け野菜はつきものである。前菜として人気があり、グラス一杯のワインやシェリー酒、ビールにも添えられる。スペインでは家族や友人が集まると、まず一杯の発酵飲料とつまみから始めるのがつねである。そのつまみに酢漬け野菜は欠かせない。これはスペインにおける親睦のシンボルとなる食べものである。野菜を収穫して酢漬けをつくるときには、韓国のキムチと同じく、共同体が一致団結し、地元のすべての家庭がそれに加わる。秘伝のレシピは世代から世代へ伝えられ、その起源は一〇世紀のアラブ人の到来にまでさかのぼるといわれる。

野菜――タマネギ、コルニション［訳注❖小ぶりのキュウリ］、ニンニク片、ケーパーやカプロン［訳注❖ヘビイチゴ］、小型のナスやピーマン、そしてもちろんオリーブ――を塩水に漬けると、乳酸発酵が始まる。そのあと、粒マスタード、タイム、ローリエ、オレガノなどの香辛料とともに、酢に漬けて保存される。それらの香辛料は食品の風味をよくするだけでなく、殺菌剤の役目も果たしている。エンクルティードは地方ごとにさまざまな種類があり、美食としても非常に重要である。いくつかとくに有名なものは、ＩＧＰ［訳注❖ＥＵの地理的保護表示、英語表記でＰＧＩ］に指定され、スローフード協会の認証を受けている。

アジアの伝統的な社会では、ヤシや米による酒づくりも、実用的な理由だけでなく儀礼的な理由から、集団で行われている。発酵飲料の製造は多くの時間とエネルギーを要するので、それをめぐって相互扶助のシステムが発達するのである。ビールはいくつかの季節、いくつかの祝い事のためにつくられる。収穫がすんで穀物倉がいっぱいになり、村人に自由な時間ができたときなどである。ベトナムの高原では、ビールはヨー・レー（藁で飲む）と呼ばれる藁祭りのために特別に発酵させる。収穫が終わり、最後の背負い籠が穀物倉に運ばれるとき、盛大な儀式が行われる。▼158 これは、フランスの農村における麦やブドウの収穫の終了を祝う祭りを彷彿とさせる。

ここでも、空間的・時間的に非常に隔たった民族の風習に似たところがあるのに驚かされる。ギリシアのシュンポシオンのしきたりと、ワヤナ族の共同体における飲酒の儀式のしきたりは、驚くほどよく似ている。いずれにおいても、伝統的な歌や詩が朗唱され、食事中は酒を飲まず、個人で酒を飲むこともない。モンゴル人とエチオピア人にも似たところがある。モンゴル人は発酵乳の椀を受け取ってから歌うし、エチオピア人はコーヒーカップを手にして歌う。いたるところで発酵飲料は親睦と結びつけられている。

発酵飲料をひとりで、あるいは私的な空間で飲むようになったのは、ごく最近、工業化社会になってからで、周知のように、アルコール依存の問題を引き起こしている。伝統的な社会では、飲酒癖の問題はあっても、それほど深刻な事態にならない。健康のためというより共同体を維持するために、発酵飲料はつねに集団で飲まれるからである。こうした飲酒の規範は実際、社会を成り立たせるうえで重要な役割を果たした。甕を囲んでの交流と分配から、もてなしの作法や社会関係の決まりができるとともに、共同体の内部、あるいは異なる共同体に属する飲酒者相互の義務のネットワークが形成された。そればかりか、経済や政治を含めて社会生活の大部分が、発酵食品をつくって食べることを中心に形づくられ、確立されていった。

発酵食品は人間と神を結びつけるだけでなく、人間同士も結びつけるのである。

第二部

人間のいるところに発酵食あり

第五章　肉製品——熟成から塩漬けまで

人類史上、最初の発酵食品とは、どんな食べものだったのだろうか。この問題にかんする研究はまだ仮説の域を出ない。それでも、太古の昔、農業が始まる以前に人類は、定住せずに獲物を狩っていたのだから、論理的にいって、肉や肉製品を発酵していたと考えることはできよう。

熟成肉の味

人類は狩猟採集民になる以前、つまり狩りの道具と武器をつくる技術が確立される以前は、むしろ死肉あさりであった。たまに小型の哺乳類を狩ったが、大型動物にはずっと手が出せなかった。そのような動物はより力が強く、走るのが速いからだ。大型の獲物はおもに肉食動物から横取りするか、自然死した動物を偶然見つけるしかなかった。たとえば、乾期に飢え死にしたり、川を渡っていて泥にはまったり、溺れたりした動物、ないしは浜辺に打ち上げられた海生哺乳類である。三〇〇万年前のアウストラロピテクスは、おもに植物を食べていたが、動物の死骸をあさって肉も食べていた。

考古学のデータと生物地球化学の分析によれば、小柄でがっしりしたアウストラロピテクスと、アフリカにいた初期のホモ属たちは、手に入るものならなんでも口にする雑食性で、植物や無脊椎動物だけでなく、哺乳類もわずかながら食べていた。それら初期のヒト科動物は組織的に行動できたので、肉食動物からまだ肉がたっぷりついている獲物の断片を横取りし、石器の置いてある場所やねぐらに運んでは、それを解体して食べていた。[159]

動物の残りものは新鮮なうちに食べられた。だが、ヒトの歯は肉食動物の歯ほど鋭くなかったので、動物の死骸を解体するには道具の使用が欠かせなかった。そうした道具が発明される以前、手っ取り早く肉を柔らかくする方法は、熟《な》れさせることだった。肉を熟れさせるのは自然に調理させるようなもので、数日たつと、肉の組織が変化するとともに、風味もよくなった。

そうして数万年が経過した。狩りの道具はつくられるようになったが、狩猟が発展するあいだも死肉あさりはつづいた。[160]三万年から一万五〇〇〇年前にかけて、すべての大陸のホモ・サピエンスがウマやシカだけでなく、ゾウやマンモス、全身を毛でおおわれたサイ(ケサイ)の死骸を食用していた。動物の解体に使用したフリント石器の破片から、その痕跡が見つかっている。

熟れさせた肉を食べることは、当初は生存にかかわる問題だったが、やがて味の問題となった。ネアンデルタール人とクロマニヨン人はあえて肉を腐らせてから食べたが、それから数万年たった現代のアメリカ先住民、アボリジニ、シベリア先住民の狩人たちも同じことをしている。強い味を求めるのは人間の食に固有のものである。アメリカ人を震え上がらせるフランスのチーズ、エポワスやロックフォールは、熟れさせた肉に負けないくらい強いにおいがする。発酵食品には幸福感をもたらす物質が含まれていることが明らかになっている。[161]おそらくそのために、人は強い味を求めるのだろう。

肉の熟成はまだ世界の多くの地域で行われている。二〇世紀初めまで、北アメリカのマンダン族は、増水の季節になると、溺れて流されてくるバイソンの死骸を川へ探しにいった。彼らは殺したての動物の肉よりこちらの肉を好んだ。増水の季節以外でも、ほとんど腐るまで肉を吊しておく習慣があった。[162]オーストラリアのアボリジニは肉片を木の枝に吊し、肉が膨張して緑色になり、ガスが発生してシューシュー音をたてるようになるまで待った。そのあと二日間、流水にさらし、木の葉にくるんで土の窯で焼く。それはかなり美味だったようだ。民族学者のイゾベル・ホワイトは『民族学者の料理』でこのエピソードを紹介し、以下のようにつけ加えている。

獣医の友人がのちに語ったところでは、「シューシュー音のするステーキ」を食べてもなんともなかったそうだ。人間に害のある細菌がついているのは、肉が腐り始めたときだけだという。緑色になった肉はもう毒ではない。水と火が細菌を殺し、においを消してくれるのだ。[163]

シベリアのヤクート族は「腐りかけた」トナカイ肉が大好物だと、一九世紀初めに探検家のジョン・ダンダス・コクランが語っている。[164]その一世紀後にカメルーンに渡ったキリスト教の伝道師たちは、いくつかの部族が熟成肉を好んで食べるのをやめさせようとした。[165]カメルーン北部ではいまでも、肉を木の枝に吊して干している。腐ってしまった肉は、塩味のソースをつくるのに使われる。ソースのなかにはさまざまな香草や香りのある種子とともに、カメムシなどの小さな昆虫をつぶして入れる。シベリアのチュクチ族はソビエト連邦成立以前に、トナカイの血を革袋に注ぎ、臓物を加えて発酵させたものを喜んで食べていた。そのなかにはトナカイの唇、腎臓、胃、肝臓、動脈、腱、耳、春に伸びて血をいっぱい含んだ角、火にあぶった蹄まで加えられた。それから革袋を縫い合わせ、二週間から一か月、天日にあてて発酵させる。このごちそうは、トナカイの祭りで食べられた。残念ながら、ブルセラ症を感染させるおそれがあるとソ連の医者たちが主張したため、この料理は廃止された。▼166実際には、ブルセラ症が感染するのは狩りの獲物をつうじてであり、熟成させるかどうかは関係がない。

　アザラシが数多く生息する南米南端のフエゴ島の先住民は、アザラシを食べる前に、その頭が抜け落ちるまで吊しておいた。グリーンランドでも同じようなやり方をする。イヌイットは、海生哺乳類の肉であれ魚であれ、極度に熟成のすすんだものをたいそう好んだ(いまでも好んでいる)。彼らの食事は、生肉と、やはり加熱せずに食べる熟成肉が大半を占める。暖かい季節にそれらの食料を準備するには、非常に長い時間、最長で数か月を要する。イリヴィツィートはアマサリクのイヌイットが夏の終わりに捕らえたアザラシで、内臓を抜かずにそのまま長期保存する。凍らせる前に生で食べるアザラシはミギヤックという。凍ったものはキーツィヤックである。発酵を促進するため、アザラシオイル、植物やベリー類とともに、肉、内臓、血、脂肪をアザラシの皮に入れて縫い合わせる。これがイミンギャクである。肉は太陽や雨から守られるが、革袋の周囲は風とおしをよくしておかなければならない。クロンガルックはアザラシの肝臓に脂身を混ぜたもので、革袋に入れて吊しておく。肝臓は発酵すると、どろどろしたムース状になり、ロックフォールのようなにおいを発する。

　キビヤックはグリーンランドのごちそうである。これをつくるには、アザラシの皮にツノメドリやウミガラスを、内臓を抜かず、羽や脚やくちばしもつけたまま入れる。革袋の空気を抜いてから縫い合わせ、アザラシの脂を塗りながら密封する。革袋にいくつか石をのせ、少なくとも七か月、空気に触れさせずに熟成させる。キビヤックは北極の冬のあいだ、とりわけ結婚式のような行事に食される。[167]これを味わったデンマークの探検家ペーター・フロイヘンによると、海鳥の胸肉はとくに繊細かつ美味であり、肝臓と砂肝はスパイシーな味で、腸の苦味はビールを思わせたという。[168]ケベック州のイヌイットのあいだでは、内側が毛皮になるように裏返した筒状のアザラシの革でプールトヤックがつくられる。なかにアザラシの肉と脂肪を詰め、数か月、漬け込む。サーモンの卵や頭、ビーバーの尾、アザラシのひれ脚は、アラスカの伝統料理である。食べものは数日間、日の当たらない、芝でおおった穴に埋めてから、じっくりと味わう。

食べる前に肉を埋める方法は、南アフリカでもクジラの肉で行われている。ヨーロッパでも中世に、シカやイノシシなどの獣肉は吊すのではなく埋められていた。[169]このような肉の処理は、別の時代の話ではなく、北極地方でまだ行われているのである。

ヨーロッパには、旧石器時代のレシピを受け継いだユニークな特産品が存在している。それは腸詰め、動物の腸や胃にその肉を詰めたソーセージである。ソーセージは吊して乾燥させるが、乳酸菌が添加されることもある。そうして数週間から数か月、腸詰めを発酵させる。それがドライソーセージの大きなグループで、ロゼット[訳注❖リ

吊るされたドライソーセージ。

フランス

カモの乾燥胸肉の香辛料添え

［4人分］

◎カモの胸肉1枚、450〜500g。筋をとり、粗塩1kgを用意する ◎タイムと（または）ローズマリー数本 ◎コショウ5粒を砕いて混ぜたもの大さじ4

—

フランス南西部の郷土料理であるカモの乾燥胸肉は非常に簡単にできる。長く保存すると風味が増す。

—

深皿に塩の床をつくる。カモの胸肉を置き、塩で完全におおう。軽く押し固め、清潔な布巾でおおう。そのまま常温で12時間ねかせる。12時間たったら塩から胸肉をとり出し、冷水で丁寧に洗う。吸水性のある紙で水気をよくふきとる。胸肉の皮に切れ目を入れ、タイムやローズマリーの柔らかい茎を入れる。すり鉢で粗く砕いたコショウを胸肉の表面全体にまんべんなくまぶす。清潔な布巾で胸肉をくるみ、2週間から3週間、冷蔵庫の温度の低すぎないところに入れておく。もっと時間をかければ、胸肉はさらに乾燥してしまってくる。とくに重要なのは、密閉容器に入れないことである。薄く切ってトーストにのせたり、盛り合わせサラダに入れたり、ピザにのせたりして、アペリティフに出す。

ヨン産乾燥ソーセージ」、ジェズ［訳注❖ジュラ山地、アルザス、スイス産の太く短いソーセージ］、サラミ、チョリソーなど、とても全部挙げることはできない。私たちはもはや熟成肉を食べていると意識せずに味わっているが、それはアザラシの革袋で熟成するアザラシ肉と変わらないのである。

イタリアのサラマ・ダ・スーゴはフェラーラ地方の特産品で、その最初の記述は一五世紀にさかのぼる。ブタの頬、肩、舌、喉、肝臓を挽肉にして塩、コショウ、マスタード、ときにクローブやシナモン、ワインを混ぜたものを、ブタの膀胱に詰める。出来上がったソーセージはほぼ球形をしており、少なくとも一二か月、湿気のある地下倉で、黒っぽいカビにおおわれるまで熟成される。ソーセージを熟成させるための地下倉は、しだいに見つけるのが難しくなっている。石造りの地下室と、突き固めた地面のある、古い家が必要なのである。つぎにソーセージを沸騰した湯の鍋のなかに吊し、鍋の底に触れないようにして、大きさや乾燥時間によって四時間から六時間加熱する。ソーセージは皮をむいてから、中の肉汁が垂れないよう注意しながら、熱いうちに食べる。ジャガイモのピュレを添えると、濃厚な強い風味を和らげることができる。このソーセージに近いスコットランドの食べものがハギスである。ハギスは、雌ヒツジの胃に臓物と脂肪とオートミールを詰めたもので、かつては発酵していた。こうした加工品は、肉と脂肪を詰めて屋外で熟成させる極北の革袋料理とたいして変わらないのである。

西ヨーロッパでは一九世紀まで、家畜の肉や狩猟肉は腐敗し始めてから食べるのが普通だった。一九世紀の医者マジャンディはこう証言している。

> われわれの進んだ文明でも、高級料理として、すでに腐敗し始めた肉が出されていないだろうか。周知のように、キジなら死後一か月、ヤマシギなら二か月半たたなければ、食通に評価されない。熟成した肉と腐敗した肉の違いはほんのわずかだが、美食の観点からは大きな違いがある。▼170

モンテーニュは「風味が変わる」までヤマシギを熟成させるよう求めた。ブリヤ＝サヴァランはキジについて、ほとんど完全に腐敗した状態でなければ食通の食卓に出せないと考えていた。彼は実際、キジの腹が緑色になるまで、羽をつけたまま保存するよう求めている。食通のグリモ・ド・ラ・レニエールは、キジの頭を手にもってぶら下げ、胴体がはずれたら食べごろだと判断した。謝肉祭《マルディ・グラ》最終日［訳注❖二月］に殺したものが、復活祭［訳注❖三月末から四月］に食べられた。内臓を抜いたり羽をむしったりしないのは、外から細菌が侵入するのを防ぐためである。また、傷をつけないようにすることで、ウジや昆虫の侵入をより確実に防ぐことができる。

肉の熟成は、過去何世紀にもわたって非常に高く評価されてきたが、こんにちの西欧文明ではほとんど顧みられなくなった。熟成の濫用で痛風のような病気になることがあるのは確かだ。しかしながら、畜殺後、すべての肉が涼しい部屋で二週間から四週間ねかされてから、販売されている。これも熟成といえるが、かなり控えめである。けれども、いくつか例外がある。高級フランス料理ではまだ、ヤマシギのサルミ［訳注❖特別ソースで調理した野禽料理］が内臓を抜いていない鳥でつくられている。内臓はソースのつなぎに利用され、あるいはすりつぶして、「ロティ」と呼ばれるクルトンの上に塗られる。これはたいそう美味な料理である。

肉を熟成させる習慣がすたれ、あるいは少なくとも、遠回しに「成熟」と呼ばれるようになろうと、発酵した肉製品は二一世紀になってもなお存在している。それはおもにふたつの形をとっている。塩をするもの、しないものを含めて乾燥肉(干し肉)、そして塩漬け肉である。

乾燥肉

肉を薄く切って乾燥させ、発酵させるという方法は、旧石器時代の狩猟採集民が行っていたものと同じだが、いまでもすべての大陸で、昔と同じやり方でつくられている。アメリカ先住民は肉を干して粉末にし、脂肪やベリー類を混ぜて食べた。高カロリーのこの料理がペミカンである。マダガスカルのキトゥザや南アフリカのビルトングは、塩をふり、香辛料を加えて発酵させた干し肉で、味をよくするために燻製にされることもある。トルコでは、薄切りにした牛肉や羊肉に塩をして乾燥させ、旅先でタマネギとともにそのまま食べた。モンゴルと中央アジアの平原では、肉を薄く切って乳酸菌をつけてから乾燥させる。これは、マルコ・ポーロより五〇年早くモンゴルを旅

ラオス

シンヘン

［4人分］

◎グリル用の柔らかい部位の牛肉500g ◎レモングラスの球茎1 ◎新ショウガ30g ◎醤油大さじ2 ◎ニョクマム大さじ2 ◎モチ米粉（または砕いたもの）小さじ1〜2 ◎塩 ◎揚げ油

—

薄切りの牛肉を串に刺して吊るし、虫除けの布をかぶせて気温35℃で24時間、天日で乾燥させるのが、伝統的なやり方である。かりっと揚げて軽食に食べることが多い。

—

牛肉を約7×3センチの薄切りにする。サラダボールに入れ、醤油とニョクマムを注いで混ぜる。レモングラスの球茎の柔らかい部分とショウガをみじん切りにする。すり鉢でそれらをすりつぶして米粉を加え、肉を丁寧に混ぜ、好みで塩をふる。オーブンを最低温度にして扉を少し開け、グリルの上で肉を乾燥させる。6時間から12時間、清潔な布巾でおおう。肉は水分がなくなるまで、しかしまだ柔らかさが残る程度に乾燥させなければならない。たっぷりの油で1分間、肉を揚げ、アペリティフとして、あるいは米やサラダとともに皿に盛って出す。

したフランドル出身の修道士ギヨーム・ド・リュブリュキ（ルブルクのウィリアム）の旅行記に詳しく書かれている方法と同じである。

彼らはどんな動物の肉でも、かまわずに食べる。あんなにたくさん家畜がいれば、自然に死んでしまうものも多いからだ。けれども夏、クミスという馬乳酒があるかぎり、彼らは食べものに困らない。その間、ウシやウマが死ぬと、肉を薄く切って吊るし、太陽と風にあてて乾燥させる。そうすると、塩を使わなくても肉は干からび、いやなにおいもしない。[171]

ラオスのシンヘンはこれとよく似ている。薄切りにした牛肉を数時間、風にあてて乾燥させる。タイのヌアデッディアオ、ベトナムのティットボーコーもこの仲間である。インドネシアのデンデンやフィリピンのバグアは、軽食にも、メインディッシュにもなる。同じ伝統を受け継いでいるマレーシア、シンガポール、ホンコンの中国人は、ウシやブタ、ヒツジでバクワをつくる。韓国では、さまざまな動物の肉で塩気の強い干し肉をつくる。ウシや家禽、キジ、ウマ、シカのユクポである。カリブ海諸島の先住民がつくるジャークも同様のやり方で発酵させる。唯一の違いは、すのこの上で豚肉を乾燥させ、燻すことである。南アジアと東アジアでは、細かく切った豚肉に塩、ニンニク、トウガラシ、モチ米のデンプン(乳酸菌の増殖を促進するため)を加えて発酵させる。それを肉団子にして、かつてはバナナの葉で包み、数週間熟成させてから食べた。これをラオスではソンムー、ベトナムではネムチュアと呼んでいる。

これらのレシピはすべて、乾燥させて発酵させるという古代のやり方を受け継いだものである。もちろん、現代の技術は狩猟採集民のものより洗練されている。香辛料を加えるのは味をよくするためだが、腐敗を防ぐ役目もある。

普遍的な塩漬け

肉を保存するのにもっとも古くからある方法として、乾燥のつぎに塩漬けがある。塩漬けは乳酸発酵を促す。肉は乾いた状態で塩をしてから、乾燥させるか、ないしは生ハムのように燻製にされる。また、塩水に漬け、調理する前に水で塩抜きされることもある。先史時代の塩漬けは、天然の塩分を含むわき水や海水に肉や魚を浸すだけだった。バイヨンヌハムは、伝承によるとそのようにして生まれた。サリ＝ド＝ベアルンの塩分を含んだわき水の小川に誤って落ちたブタの死骸が長期間食べられることに、人々は気がついたのである。こうした伝承にいくらかでも真実が含まれているなら――このような出来事は別の場所や時代に何度も起きていたに違いない――、多くの発酵方法の起源は偶然によるものだと言えそうである。

前三〇〇〇年紀からシュメール人は、肉を乾燥させ塩漬けにして保存してきた。「肉を塩漬けにして乾燥させるために、家畜を太らせている」と、ジャン・ボテロの引用する当時の役人が書いている。[172] それはウシやヒツジ、ブタ、魚の肉だが、それだけではなかった。ニップールのエンリル神殿に納める肉の発送伝票には、以下のように書かれている。「レイヨウの子二頭は神殿に納め、(使用するまで)倉庫に保管するために、塩漬けにする。レイヨウ一六頭は神殿の厨房にただちに届ける」シュメール人のあいだでは、いくつもの塩漬け技術が実践されていた。肉は塩をすり込んだり、塩水につけたりする。肉を切り開いて内臓に塩をすり込むこともある。塩漬け豚肉は肉からとるブイヨンで煮込むが、そのレシピは驚くほど現代的で、そのままの形でこんにちまで伝わっている。

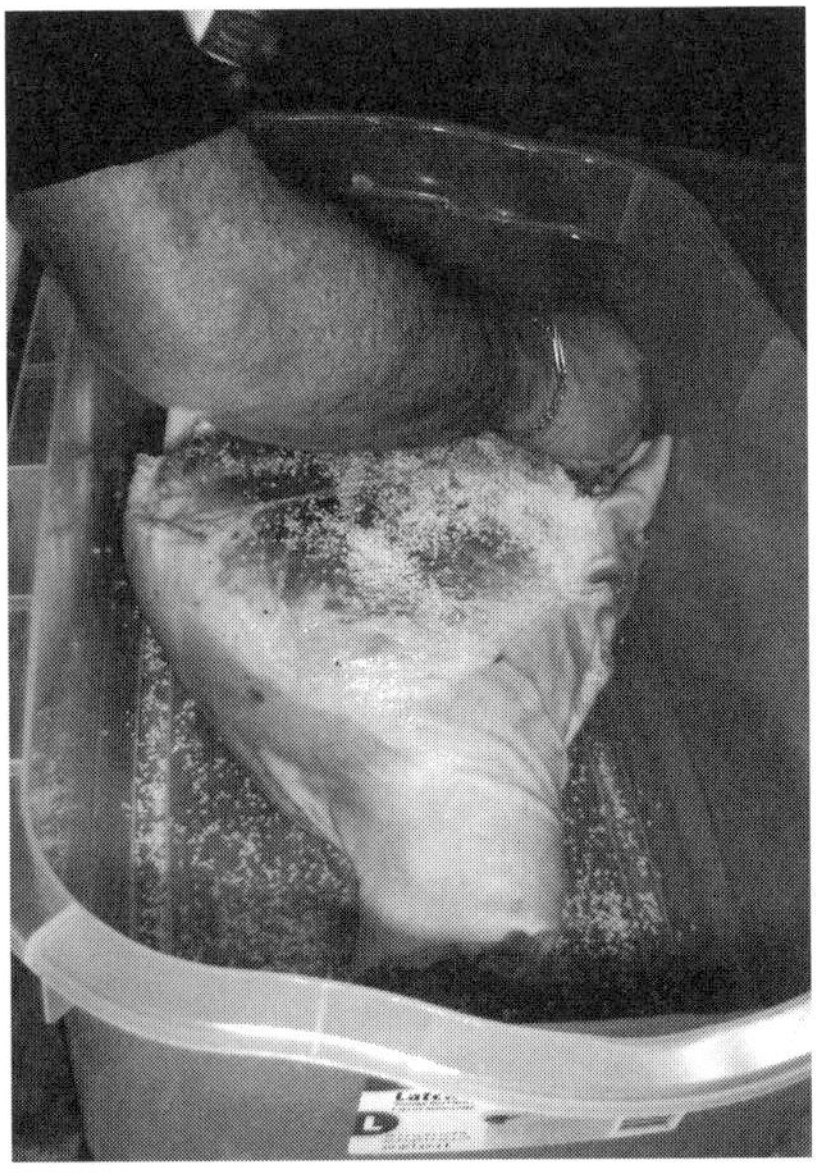
イタリアの塩漬け肉(プロシュット)の下ごしらえ。もも肉に塩をすり込んでいく。

ヒポクラテスやアピキウス(ティベリウス帝の料理人)によると、古代ローマでは肉や魚を酢でマリネしていた。エジプト人は水かきのある鳥やウズラ、その他小鳥の肉を塩漬けにしていた。前四世紀にコッサエイ人(アレクサンドロス大王に敗れたペルシアの山岳民)は肉食動物の肉を塩漬けにしていたと、[173] シチリアのディオドロスが語っている。ストラボンによると、メソポタミアではコウモリの肉を塩漬けにして食べていた。プリニウスによればエチオピア、ストリドンのヒエロニムスによればリビアに住むアクリドパゴイ(文字どおり「イナゴを食べる人々」)は、春に大群となって飛来するイナゴを、煙でいぶして集める。塩漬けにされたイナゴは彼らの唯一の食料であったという。彼らは農業も牧畜も行っていないからである。[174]

このように、塩漬けの材料は多種多様であった。調理法については大カトー(前二三四－一四九)が、ブタの腿肉を塩漬けして燻製にする正確な「レシピ」を初めて残している。それはきわめて近代的なレシピである。

ブタの腿肉を買ったら、骨の先端を取り除く。一本につき、一樽のすりつぶしたローマ塩を用いる。大樽か塩漬け用の甕の底に塩を敷きつめ、腿肉の皮を下にして並べ、塩でおおう。二段目の肉を並べ、同様にして塩でおおう。肉同士がくっつかないように注意して、全体を塩でおおう。
すべての腿肉を樽に詰めたら、塩でおおって平らにする。五日間塩に漬けてから、塩がついたままの肉を取り出す。上になっていた肉を樽の底にふたたび並べ、前と同じように塩でおおいながら重ねる。一二日たったら最終的に腿肉を取り出し、塩をはらい、風とおしのよいところに二日間置く。三日目にスポンジで表面をふきとり、油を塗る。二日間、燻製室に吊したのち、取り出す。油と酢を混ぜたものを塗り、食糧貯蔵室に吊しておく。ガや虫がつかないように注意する。[175]

これはすでに、塩分を含んだわき水にたまたま落ちたブタとはまったく別物である。こんにちのハムのつくり方はこれとそれほど違わない。塩に漬けてから、塩をふきとって乾かし、空気が循環する乾燥室に吊しておく。それからふたたびブタの脂でおおい、数か月間、熟成させる。

乾燥させ、塩に漬け、発酵させた肉はアラブ諸国にも存在し、祭日用のヒツジも塩漬けにされる。トルコのパス

アイルランド、アメリカ合衆国

コンビーフ

［**6人から8人分**］

◎牛肩肉3kg

［**漬け汁用**］

◎水1l ◎海水の粗塩120g ◎硝石大さじ1 ◎砂糖50g ◎パプリカ大さじ2 ◎粗挽き黒コショウ大さじ1 ◎細かく砕いたカラシの実大さじ1 ◎オールスパイス大さじ1 ◎乾燥タイム大さじ1 ◎砕いたクローブ4～5本 ◎つぶしたニンニクひとかけ ◎細かく砕いたローリエ3枚

［**加熱用**］

◎タマネギ1個、クローブを3本刺しておく ◎ブーケガルニ1束 ◎ニンジン数本 ◎カブ数個 ◎キャベツ1個 ◎ポロネギ1本 ◎ジャガイモ数個

—

初冬は肉を塩漬けにする季節だった。春になれば、肉はひと冬ねかされ、菜園の新キャベツが育ってくる。聖パトリックの祝日である3月17日に、新キャベツを添えたコンビーフのごちそうが食べられた。

—

肉の塊を水で洗って乾かす。料理用の針か金串で何度も刺し、適当な大きさの容器に肉を入れる。水を沸かし、冷ましておく。塩、硝石、砂糖とスパイスを混ぜて水に入れ、塩が溶けるまで待つ。つぎに、それをすべて肉に注ぐ。肉は完全に液体におおわれなければならない。肉が液体につかっているように、皿か小さな板をのせ、その上に重石（1lの水を入れた広口瓶）を置く。冷所に置き、半月から1か月ねかせる。肉が漬け汁から出ていないか、定期的に確認しよう。食べる前日、肉を丁寧に洗い、冷水のなかで4時間から6時間、塩抜きをする。水をはった大鍋に塩は入れず、肉とブーケガルニ、クローブを刺したタマネギを入れて3時間ゆでる。他の野菜を加え、それらが柔らかくなったら火を止める。肉を切り、熱いうちに野菜とともにいただく。ホースラディッシュかマスタードを添えてもよい。さらに、聖パトリックの祝日であれば、ギネスビールが欠かせない。

テイルマ、中東のバストゥルマは、細長く切った肉を数回にわたって乾燥、塩漬けにしたものである。挽肉を酢のなかで保存するというペルシアの調理法は、スカペーチェの名でイタリアに、エスカベチェの名でスペインに伝わり、フランスのエスカベーシュになった。[176]ガリアの部族は豚肉の塩漬けを専門につくっており、ローマへ輸出していた。二一世紀に高い評価を得ているドゥーとジュラの塩漬けや燻製の豚肉製品は、古代にそのルーツがある。現在のブルゴーニュと

フランシュ＝コンテ地方の一部に暮らしていたセクァニー族は、豚肉の塩漬けをつくることで有名だった。ベーコン、パレット［訳注❖ブタ・ヒツジの肩バラ肉］、ハム、ブーダン［訳注❖血入りソーセージ］といった、ときに燻製にもされる塩漬け製品は、古代ローマ人とその軍隊の食料の一部になっていた。ベルギーにいたベルギガ族はイタリアで消費される塩漬け肉の大部分を供給していたし、イベリア半島のケレタニ族はハムの輸出で大きな収入を得ていた。彼らのハムは非常に美味で、名産地カンタブリアのハムにまったくひけをとらなかったという。これら豚肉の「タリコス」は、古代人があらゆる食品のなかでもっとも栄養があり、消化によいと考えていたために、ますます人気が上昇したのである。▼177

　つまり、イベリア産のブタや「パタ・ネグラ［訳注❖黒い脚］」、いわゆるイベリコ豚」の現在の名声は最近始まったものではないということだ。それらはすでに、古代ローマの食通たちを喜ばせていたのである。

　バイヨンヌやパルマのハムなど、現代の名産地のハムはすべて、ずっと昔から存在していた。イタリアではコロナータやアドのベーコンが有名である。アオスタの谷にあるアルナドのベーコンはまさに絶品で、カシやクリ、カラマツの樽で香草とともに三か月間、熟成される。それはこんにち、貴重にして贅沢な食品となっている。スイスの有名なグラウビュンデンの肉料理も忘れてはならない。これは、香草とともに数週間

チュニジアのチュニスのマーケットの羊肉。

熟成させてから吊して乾燥させた牛肉でつくられる。フランシュ＝コンテの郷土料理ブレジはこれとよく似ている。

塩漬けして燻製にされる肉はこんにちもなお、北ヨーロッパの特産品になっている。それらの地方は長いあいだ森におおわれ、肉を食べることに馴染んだ狩猟民(海の近くでは漁民)の文明がはぐくまれた。そのあたりでは、ブタやイノシシ、トナカイ、ヒツジ、水かきのある鳥も塩漬けにされていた。ラップランドでは塩水に漬けたトナカイ、アイスランドではヒツジ、デンマークではカモを味わうことができる。ヨーロッパの塩漬け食品はアメリカ大陸にも輸出され、その多くが欧州大陸にルーツをもつと思われる名物料理の数々を生み出した。コンビーフ(コーンドビーフ)はたんなる肉の缶詰ではない。それは塩漬けして発酵させた牛肉でできており、一九世紀にアイルランドの入植者によってアメリカにもち込まれた。パストラミも同様にして、ユダヤ人入植者によりもたらされたのである。

百年卵

この章では、肉ではないが、アジア大陸の特産品と思われる食品に触れないわけにはいかない。欧米で「百年卵」と呼ばれる発酵卵である。欧米で注目を集めたのは長く保存できるからというより、健康によいとされたからだ。中国には、皮蛋《ピータン》、鹹蛋《シャンタン》(塩漬け)、糟蛋《ザオタン》(糟《かす》漬け)などの発酵卵があるが、彩蛋《ツァイタン》、松花蛋《サングアタン》などという、美しい呼び名もある。それはつまり、本当のごちそうということだ。

確かな裏づけのある最古のレシピは一六世紀のものである。皮蛋は、生卵を数週間から最長五か月まで、灰と粘土を混ぜたものでくるんでおく。それ以外にも、塩に茶葉、灰、米糠などを加えてこねたものでくるんだり、穀物のとぎ汁や塩水に漬けたりするつくり方もある（西ヨーロッパで肉を保存するときとまったく同じである）。使われる卵はおもにアヒルの卵である。皮蛋にされた卵は色が濃く、ねっとりして、それまでの卵にはない濃厚な風味がある。皮蛋の風味は通に高く評価されており、フォアグラの舌触りと味にたとえられるほどだ。数か月熟成されたのち、皮蛋はたいてい加熱せずに食べられる。皮蛋と糟蛋は昔の食べものではまったくなく、現在でも中国で日常的に製造、消費され、世界各地に輸出されている。▼178 同じような料理はフィリピンにも存在するが、こちらは粘土を混ぜたものでくるんでおく。ベトナム、タイ、ラオスでは、アヒルの卵を塩水に入れておくだけである。沸騰した湯でゆでたのち、クリームのような舌触りの黄身だけを使い、菓子の詰め物にしたり、肉料理やカレーにとろみをつけたりする。

第六章　海の風味

人類はつねに海から食べものを得てきた。これまでに発見された最古の銛と釣針は四万年前のものである。他の食べものと同様に、海の食べものも発酵させて固形や液状に加工され、ひとつの食品としてだけでなく調味料として使われた。熱帯地方では、そうするよりほかに仕方がなかった。どんな魚も新鮮な状態では数時間ともたないからだ。冷蔵庫や冷凍に慣れた私たちには想像もつかないが、二〇世紀まで、世界で食べられる魚の大半が発酵していた。

前三〇〇〇年紀にメソポタミア人とエジプト人は、開いた魚を天日に干して食べていた。干しているあいだに、魚はしだいに発酵する。また、ナイル川やモエリス湖［訳注❖現カールーン湖、エジプト中西部にある］の魚は塩漬けにされていた。

『オデュッセイア』のイクチュオパゴイ、魚食い人は紅海の両岸に暮らしていた。その名が示すように、彼らはもっぱら海産物を食べていた。釣った魚は石の上で天日乾燥させてから、よく振って骨と身を分ける。▼179 魚の身はすりつぶして粉末にし、野菜を混ぜてレンガ状に圧縮してから長期間保存された。このような魚粉は、人間が食べるだけでなく家畜のエサとしても利用された。他の地域、たとえばカムチャツカにもそれが見られ、一八世紀のカムチャツカの住民は移動中にこの種の干し魚の粉を食べていた。[180]

古代の産業

古代の黒海と地中海にはあらゆる種類の魚が集まり、人々はそれを大量に、ほとんど産業といってよい規模で獲っていた。なかに鉛を入れてコルクの浮きをつけ、足場に結んでおいた網に、ダーダネルス海峡を移動するマグロが何千とかかった。魚を獲れば終わりではない。つぎにそれを保存し、非常に長い距離を運ばなければならない。ヘラクレスの柱(ジブラルタル海峡)からビザンティウムまでの道のりは長く、魚を保存する唯一の方法は発酵させることだった。

ギリシア人はタリコスが大好きだった。この言葉は当初、肉と魚を区別せずに発酵したものを意味したが、やがて、もっぱら魚とその加工品を指すようになった。ギリシア人は黒海とエジプトからタリコスを大量に輸入していた。のちにローマ人も、北アフリカ、イベリア半島、南ガリアに大きな生産拠点を設けていた。シリア、ティルス、シチリア、ロドス、サルデーニャにもそれはあった。地中海全域の都市が、たとえ周辺の土地がやせていても、タリコスの交易で富を築いていた。

考古学者たちがクリミア半島で、魚の塩漬け工場の遺構をいくつも発見している。黒海で難破した船のなかからも、塩漬け加工された魚の骨の入ったアンフォラが見つかっている。黒海北部のアゾフ海、バルカン半島と小アジアにはさまれたマルマラ海でとれるタリコスの評判は、はるか遠く、北の地方に暮らすスキュタイ人にまで広まっていた。コンスタンティノープルも後一四世紀まで、タリコスの交易を活発に行っていた。[181]

食用になるすべての海魚と川魚がタリコスにされた。もっとも評判の高い加工品のひとつが、魚卵でつくるオモタリコンである（現在のキャビアやカラスミを思わせる）。ペラミュデスという大型マグロのいちばん脂ののった部位でつくるタリコス、いわばマグロの「ヴァントレーシュ［訳注❖ブタの胸肉を塩漬けまたは燻製にしたもの］」は、とりわけ人気があった。[182] 一五世紀にシュレスウィヒ・ホルシュタインから長さ約三〇センチの塩漬け燻製魚（おそらくニシン）が輸出されていたし、スウェーデンとノルウェーから輸出された、メルルシアエと呼ばれる魚の加工品は、ドイツ人のあいだで、非常に長くて固い魚として有名だった。これはこんにちの塩ダラである。オランダ人はチョウザメを塩漬けにしてイギリスへ輸出し、かなりの高値で売りさばいた。マグロは市場や塩もの屋にあふれていたが、スペインのカディスで塩漬けにされ、樽詰めされて、船でヨーロッパ全土に運ばれた。ベルギー人はヨーロッパの大半にサーモンを送っていたが、サーモンを食べるのはもっぱら庶民だった。

タリコスには三種類あった。魚を屋外つまり天日で乾燥させただけのもの、塩漬けして（燻製にされることもある）乾燥させたもの、そして塩水に漬けたものである。干し魚は木のように固くなり、食べる前に水でもどさなければならない。それらは庶民や奴隷、とくに兵士の食べものだった。運ぶのが簡単で、アンフォラに入れる必要がないからだ。軍隊が遠い地方へ遠征するときは司令官や皇帝も、兵士向けの、塩漬けして乾燥させた固いタリコスを食べなければならなかった。発酵食はすべての者をひとつにするのである。魚を丸ごと、あるいは切り身にして塩水に漬けたものは、アンフォラに保存された。このようなタリコスは、あらゆる加工品のなかでもっとも洗練された食べものとみなされた。[183] ウナギやチョウザメの塩水漬けは、身が非常に白くなるので、いちばん人気があった。高値のつくアンフォラもあり、豪華な饗宴や祝いの席に出された。それは当時のキャビアといってよかった。

もちろん、私たちが知っている、チョウザメの卵を乳酸発酵させたキャビアも、すでに古代から存在していた。

前三世紀の医者ディフィルスがそれに言及している。[184] ローマ人やギリシア人が食べていたのは、圧縮して乾燥させた低級品のキャビアであった。粒状のキャビアを遠方へ運ぶには、当時の技術では大量の塩を加えなければならなかったが、それによってキャビアの品質は損なわれた。キャビアはドン川とドニエプル川の河口、および黒海から、ギリシアを経て、つまりチョウザメのタリコスと同じルートをたどって運ばれた。ローマとギリシアでは他の高品質のタリコスが手に入るので、圧縮される、圧縮されないにかかわらず、キャビアは最下層の人々の食べものだった。

キャビアがギリシアに普及するのは後一六世紀になってからである。もっとも珍重されたのが液状のキャビアである(こんにち「キャビア・マロッソル」と呼ばれるもので、いまでももっとも評価が高い)。

一六世紀のフランスの博物学者ピエール・ブロンによれば、レヴァント地方のギリシア人とトルコ人は毎食、チョウザメの卵のキャビアを食べていた。「これはチョウザメの卵でできた一種のドローグで、キャビアと呼ばれており、レヴァント一帯でギリシア人とトルコ人の食事にかならず出され、これを食べない者はいない」[185] ドローグ(ドラッグ)という語は当時、天然物質を意味しており、「原料」と同義である。一五世紀にはもう、イタリア・ルネサンスの人文主義者で美食家のプラティナことバルトロメオ・サッキが、チョウザメのキャビアをベースにしたレシピをいくつか紹介している。その調理法は現在のものとまったく同じである。

ドン川の河口からは、別種のキャビアも供給されていた。ボラの卵でつくられる、こんにちカラスミと呼ばれるもの。ボラの卵巣を塩漬けして発酵させ、圧縮

高級食材であるチョウザメの卵、キャビア。

して乾燥させたものである。輸送中の保存性を高めるために、卵巣には蜜蠟が塗られていた。カラスミはおろし金でおろしたり、薄く切ってパンにのせたり、あるいはソースやパスタ料理の香りづけに使われる。レバノンでは薄く切って、ニンニクとともにオリーブ油につけたものを、パンにのせて食べる。ギリシア中部の町ミソリンギのアウゴタラホ（古代ギリシア語のオモタリコンの現代語訳）はAOP（原産地保護名称）の認証を受けたカラスミである。

プロヴァンス語のカラスミbotargoは、「塩漬けして乾燥させた魚卵」を意味するアラブ語のboutharkhaないしはbitarikhaに由来する。アラブ語の語源は動詞のbuttarikha「塩水で保存する」だが、この動詞自体はコプト語のoutarakhonからきており、それをさかのぼると古代ギリシア語のomotarichon「卵のタリコン」に行きつく。この言葉が以上の言語に入ったのは、ギリシア語が話されていた地域でカラスミが知られていたからである。ウクライナのテオドシア、テュニス、アレクサンドリア、マルセイユに近いマルティーグはカラスミの産地である。一六世紀に何人かの著述家が、鱗のない魚チョウザメを食べられないユダヤ人のために、ギリシア人がコイの卵で赤いキャビアを大量につくっていると述べている。[186] エスコフィエの弟子J＝B・ルブールが一八九七年に発表した『プロヴァンスの女料理人』に、そのつくり方がのっている。[187]

地中海諸国の特産品であるカラスミは、二〇世紀に衰退したが、近年、復活をとげている。何人かの有名シェフがこれを取り上げたことから、一般の人々のあいだでも見直されているのである。こんにちでは南フランスのみならず、イタリア、ギリシア、トルコ、レバノン、マグレブ地方、スペインでも、カラスミを見かけるようになった。

発酵したボラの卵は中国でもウーユーズの名で珍重されている。日本語のカラスミ［訳注❖鰡子、唐墨］は「ボラの卵」という意味である。韓国では、発酵したスケトウダラかタラの卵、ミョンランジョッがトウガラシで味つけされる。日本でもスケトウダラを調味液に漬け込む辛子明太子が開発されたが、味つけは韓国のものと異なる。カナダの極北とアラスカでは、発酵したサーモンの卵が食べられている。

いまも変わらぬ昔の美食

古代ギリシア・ローマでは、塩水に漬けた魚がこんにちと同様、食事の始めに出されていた。それはタマネギやニンニク、マスタード、辛味のあるハーブとともに、あるいはオイルや酢で味つけされて、そのまま食される。料理法がまったく変わらないことに、驚くばかりである。古代ギリシア人は、アンチョビをニンニクとともにマリネして、あるいは油で揚げて食べていた。食べものに塩味と香りをつけるためにも、アンチョビは使われた。プリニウスと哲学者クセノクラテスは、塩漬けしたチョウザメの背肉をカシの板にたとえているが、現在のバルイク、ドン川とヴォルガ川地方の特産品である塩漬けしたチョウザメの背肉とそっくりなのに驚かされる。そういえば日本の鰹節も、板を削るように鉋で削られる。

古代世界では、タリコスを中心に本格的な美食が形づくられた。多くの著述家――ガレノス、ヒポクラテス、クセノクラテス、アリストテレス、アテナイオス――がタリコスをあれこれ称賛し、その種類や生産地、獲れた季節、加工方法にしたがって格づけしている。魚の腹、首、背、尾といった部位によって、また熟成の度合いによって、タリコスの品質は決まる。古いものも食べられたし、新しいものも食べられたのである。イタリアではプラティナとパウルス・ヨヴィウス(一四八三‐一五五二)がタリコスについて語り、そのつくり方を紹介している。とりわけフィレンツェのさる食通が考案した新しい料理というのが、マグロの「へそ」を塩漬けし、酢とフェンネルでマリネして小さな樽に漬けるというものだった。当時、こうした料理はひっぱりだこであった。塩漬けして揚げたガルダ湖のコイはタリコスのきわみだと、ヨヴィウスは語っている。ジェノヴァ海岸の塩水に漬けたアンチョビは一五世紀になお評判が高かった。

北ヨーロッパにおけるニシン料理の種類の豊富さには、唖然とするばかりである。ブーローニュのキッペール(キッパー)はニシンを塩漬けして軽く燻したもの。北西ヨーロッパの住人が初夏になにより楽しみとしている美味なマーチェスは、産卵前の脂がたっぷりのった「バージン」のニシンでつくられる。ニシンを加工するときは、発酵を促進する膵臓をとらないようにする。スウェーデンのシュールストレミングは塩漬けというより熟成に近い。春に獲ったニシンはまず二か月間、樽で発酵させ、つぎに缶詰にされる。加熱殺菌しないので、ニシンは缶のなかでも発酵する。半年から一年たつと、発酵ガスの圧力によって、円筒形の缶はふくらんだ形になる。スウェーデンではこれがたいそうな珍味とされ、すべてのスーパーでこの缶詰を買うことができる。

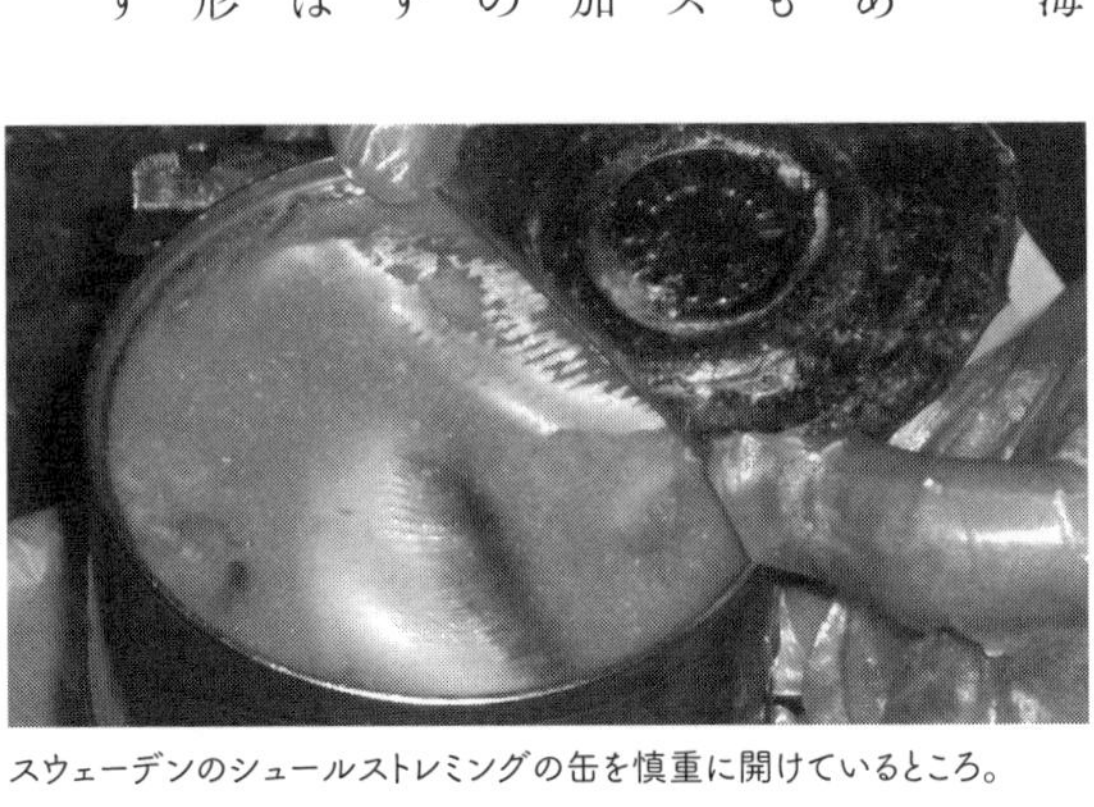
スウェーデンのシュールストレミングの缶を慎重に開けているところ。

すでに述べたように、シュールストレミングはこの世に存在するもっとも臭い食べもののひとつである。これに負けていないのが、発酵したエイで強いアンモニア臭のある韓国のホンオフェや、開いた新鮮なムロアジやトビウオを発酵液に浸け込んでから天日干しした日本のくさやである。くさやのにおいは強烈だが、味はまろやかである。マスやイワナはラクフィスクになり、サーモンをディルでマリネすればグラブラックスになる。グラブラックスはこんにち、非常に食べやすい形で高級料理に出されているが、客たちはそれと気づかずに発酵した魚を食べているのである。グラブラックスという語は文字どおり「埋められたサーモン」を意味する。グラブラックスはもともと、アイスランドの熟成したサメ(ハカール)やエイ(ケストスカタ)と非常によく似ていた。サメとエイは、特定の臓器ではなく身のなかに尿素をたくわえる性質があるため、新鮮な状態では有毒である。穴や浜辺の砂にサメを埋め、砂利をかぶせ、魚の体液を出すために重い石をのせ、そのまま半年から一年放置する。季節はめぐり、気温の変化と凍結によって魚の身から尿素が抜ける。つぎに魚を掘り出し、細長く切って吊るし、さらに数か月乾燥させる。表面にできた茶色いかさぶたを取り除き、身をさいころ状に切って、地酒のブレンニヴィンとともに食べる。そのように発酵させることでサメの身は柔らかくなり、強いアンモニア臭を発するとともに、よく熟成したマロワールチーズやマンステールチーズのような風味が出る。多くの発酵食品と同様に、においに比べて味はずっとまろやかである。ついでに言えば、極北全域にこれとまったく同じやり方が見られる。

ルートフィスクは一六世紀からその存在が確認できるが、こちらはタラでつくられる。木のように固くなるまで乾燥させてあり、魚をもどすために、アルカリ性の溶液に浸し、灰汁といっしょに煮立ててから、オーブンで焼く前にふたたび水につける。この食品の分布はノルウェーからスウェーデン、フィンランドのスウェーデン語を話す地方、さらに太平洋北岸に近いアメリカ中西部、カナダにまで広がっているが、北米大陸へはフィンランドとノルウェーの入植者によって伝えられた。

アジアにも同じ習慣が見られる。ラオスのソムパーは、肉でやるように、魚をバナナの葉に包んで発酵させたもの。日本ではカツオを乾燥させてから燻して発酵させた鰹節がつくられている。これは古代ローマのチョウザメのように、木の破片のような形をしており、鉋で削り、日本料理の基本となる「だし」の原料として利用される。小糠漬けは米糠に魚を漬けて乳酸発酵させたもの。鮒ずし、なれずし、くさやは、川魚や海の魚(仕入れによりサバ、サケ、小ダイ)を塩漬けにし、そのまま、あるいは米飯を加えて発酵させたものである。もともと、魚に米を加えるの

スカンジナビア

グラブラックス

◎サーモン1匹 ◎海水の粗塩70g ◎粉砂糖50g ◎ディルの束1 ◎粗挽きコショウ小さじ1

［ソース用］

◎マヨネーズ200ml ◎甘口マスタード大さじ2 ◎蜂蜜小さじ1 ◎リンゴ酢大さじ1 ◎細かく刻んだディル大さじ1

—

グラブラックスは「マリネしたサーモン」と訳されるが、正確ではない。「埋められたサーモン」というのが本来の意味である。いにしえの発酵魚の現代版であるグラブラックスは、簡単につくれるごちそうである。

—

鮮魚店でサーモンを皮つきで三枚におろしてもらう。身に残っている骨を毛抜きですべて取り除く。皮を下にしてサーモンの片身を皿に広げる。塩、砂糖、コショウ、ディルを混ぜ合わせたもので、片身全体をおおう。その上に二枚目の片身を、皮を上にしてのせ、サーモンの形を整える。全体をおおう大きさの板をのせ、重石をして、少なくとも48時間、冷所にねかせておく。食卓に出すとき、塩をこすり落として薄く切る。ソースの材料をすべて混ぜ合わせてソースをつくる。ライ麦パンとバターを添える。

は、たんに発酵促進剤とするためだった。やがて、おそらく飢饉にそなえるため、あるいは米を無駄にしないように、米もいっしょに食べるようになった。米飯のなかで発酵させた魚は近代の鮨の原型だが、こちらの鮨は二〇世紀以降、発酵させなくなった。

アフリカにも発酵魚の長い伝統があるので、いくつか挙げておこう。ケチャクは蒸し煮した小イワシを塩漬けにして乾燥させたもの、サリは塩漬けにして乾燥させた魚である。タンバディアングは小魚を丸ごと塩漬けにして乾燥させたもので、熟成させることもある。コングはナマズの燻製。メトラーは燻してから乾燥させたもの。ヨスは養殖用の稚魚の干物。イエットとトゥファァは巻貝を発酵・乾燥させたもの。ヨホスは干したカキである。この干しガキには強い風味があり、西アフリカと中央アフリカの住民の大半にたいそう好まれ、重要なタンパク源になっている。モモニは非常にポピュラーな調味料だが、これもさまざまな種類の魚からつくられる。この調味料には、セネガル、ガーナ、トーゴ、ベナン、コートジボワールでさまざまな名がつけられている(ラフィ、ルースラ、スティンクフィッシュ)。いずれもにおいがきつく、スープや煮込みの味つけに使われる。ほとんど同じ味のゲジは塩漬けにして乾燥させた発酵魚からつくられるが、魚の食感を残している。[188] また、ベナン、トーゴ、ガーナの湾岸では、ランフィンという調味料も使われるが、これをつくるのは女性のみである。ランフィンはおもに魚料理モヨの調味料だが、ソースや米、揚げ物の味つけにも使われる。アフリカのこの地域全体で、こうした海産物の調味料は社会・経済的に重要な位置を占めている。[189]

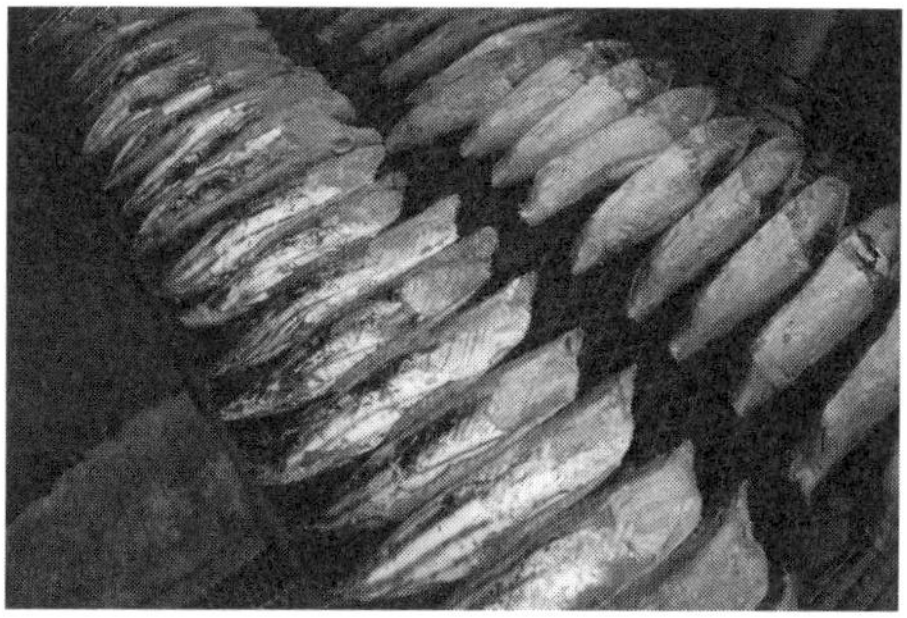

西伊豆、田子の鰹節づくり。

琵琶湖の郷土料理、鮒寿司。

ガルム、古代の高価な液体調味料

魚の発酵について語るとき、古代ギリシアの「ガロス(小魚の意)」、古代ローマがこれを受け継いでラテン語で「ガルム」と呼んだものに触れないわけにはいかない。ラテン人はこれとは別に「ムリア」をつくっていたが、その語源はアッカド語の「ムラトゥム」で、ジャン・ボテロはこれを「塩辛い」と訳している。ガルムやムリアは地中海沿岸において、ベトナム料理のニョクマムに相当するものである。古代ギリシア・ローマ人は乳酸発酵した魚の汁で、料理やいくつかの飲みものに味をつけていた。

古代ギリシア・ローマ人は魚のソース(魚醤)に目がなかった。当時の食通たちはそれを食べることを無上の喜びとしていた。ギリシア人はエジプト人からそれを教わり、エジプト人自身は、前四〇〇〇年紀頃にメソポタミアに定住したシュメール人から受け継いだ。イェール大学の倉庫で偶然見つかった、前一七〇〇年から前一六〇〇年にさかのぼる、楔形文字の刻まれたいくつかの粘土板から、その時代の料理について詳しいことがわかってきた。粘土板には三五のレシピが書かれていたが、その大半は肉と野菜のブイヨン、ポトフのようなもの、粥、パイ類であった。また、シックという、乳酸発酵した魚のソースについての記述も見つかった。それは魚料理やブイヨンの材料となり、また、セモリナなどの穀物の粉といっしょにこね、香辛料や油脂を加えて生地がつくられた。その生地は、発酵パンや、ブイヨンで煮込んださまざまな鳥の肉を詰めたパイの皮になった。▼190 以上のレシピはじつに念入りにつくられており、星つきのレストランのメニューにのっていてもおかしくないほどだが、いまから四〇〇〇年ほど前のものなのである。

魚を発酵させる方法はメソポタミアから東方へ伝わったのか、それとも太古の昔から存在する交易路をとおって東方からメソポタミアへ伝わったのか不明である。さらに、南北アメリカやオセアニアでも同じ方法が見つかることから、原産地の謎はますます深まる。ヨーロッパ文明と接触する以前に、マヤ人は、塩をふった小エビを天日で干していた。ポリネシア人は、ヨーロッパ人が進出する以前から、海水とすりつぶした小エビを調合したものに魚を漬けて発酵させ、ファファルをつくっていた。その漬け汁は食べものに塩味をつけるために使われた。いわゆる未接触部族のやり方は、驚くべきことに、アジアの魚醤や、古代ギリシア・ローマのタリコスやガルムとよく似ているのである。

地中海沿岸には何種類ものガルムが存在していた。最高級品はおもに「スコンブロス」、サバでつくられた。魚の血やはらわたといった、本来なら捨てられてしまう部分を塩漬けにする。もっとも評価の高いものは、ガルム・ソキオールム、スペインのガルム、黒ガルム、ないしはガルム・ノビレと呼ばれ、魚の血と内臓だけでつくられている。この最高級のガルムにつけられた「ソキオールム」は、「企業」という意味で使われる「ソサエティー」のことで、これはおそらく商標、ある種の品質ラベルだったようだ。[191]産業のはしりともいえるこのソキオールムの存在は、専用の漁場と製塩所全体にたいする使用料を支払うことで、ローマ国家に莫大な富をもたらした。ソキオールムの存在は、ガルムという製品がいかに重要であったかを示している。それは、これまでに知られるもっとも高価な食材であった。セネカ、イシドルス、マルティアリス、ホラティウス、プリニウスの著作に、いかに高価であったかが書かれている。途方もない価格になるのは、ガルムづくりにかなりの専門知識と技術を要するからである。現在のワインの銘酒や本物のモデナのバルサミコ酢が大金に値するように、それにはテロワール(産地)の概念もかかわっていた。現在のAOCワインのように原産地が明記された、小さなアンフォラで運ばれたのである。サバはモーリタニア沖で獲られた。このガルムを産出するおもな中心地はカルタゴノヴァの「スコンブラリア」という島にあった。この島の名は「スコンブロス」、サバからきている。南スペイン、ヘレスポントス［訳注❖ダーダネルスの古名］のパリオン、ポンペイにも生産拠点があり、ポンペイでは火山灰に埋もれたガルム製造用の甕が、こんにちまで残されている。それらの甕に残っていたものから、考古学者はヴェスヴィオ山が噴火した月をほぼ特定できた。その年の魚は獲られて間がなく、ガルムは発酵を終えていなかったのである。

サバ以外のハゼ、スズキ、カタクチイワシが使われたものは低級品のガルムになった。さらに庶民向けのムリアは、おもにマグロからつくられた。値段が安いため、サバのガルムよりはるかに広まり、やがてガルムに取って代わるようになる。

ガルムとムリアのつくり方が書かれたものがいくつかこんにちまで残されている。[192] それは現在のアジアにおける魚醤のつくり方とまったく同じである。液を漉したあとに残った固形物はアレックと呼ばれる。プリニウスはそれを、熟成にいたらなかったガルムの澱[193]、つまり魚が完全に液化する前のものであると書いている。アレックは当初、下層民の食べものだった。養魚池の魚のエサにもなった。ローマの領主たちは、自分の土地を耕す人々の食べものとして、アレックと酢を支給していた。[194] しかしながら、この固形物は徐々により高級な食べものと認められるようになった。マルクス・ガウィウス・アピキウスは、ローマの食通に人気の高い魚、ヒメジの肝臓を原料にして、非常に洗練されたアレックのレシピを紹介している。最高級のガルム・ソキオールムにヒメジを生きたまま入れる。ヒメジが死んだらその肝臓をすりつぶし、少量のワインを混ぜれば、とびきり上等の調味料になる。

ヒメジの肝臓とともに、カキやウニ、さまざまな甲殻類といった人気のある食材だけでつくられた上等のアレック[195]は、美食の頂点をきわめた逸品とされていた。美食家でなくても、ウニやナマコ、イカでつくる「塩辛」のことはご存じだろう。乳酸発酵した海の幸の内臓は、日本の通にとってまさに珍味である。

ウフ・アン・ムーレットとニョクマム

中世アラブ料理には乳酸発酵した魚のソースがあった。それがムリで、古代のムリアが転じたものである。ムリのつくり方は、イブン・ラジン・トゥジビが書いた料理書『食卓の喜び』と一三世紀のイブン・ルユンの農書によって、こんにちまで伝わっている。ガルムとは少し異なるカタクチイワシのムリも存在していた。というのもこちらはアルコール発酵させるからである。新鮮なカタクチイワシに同量のブドウ液を混ぜる。全体を攪拌して漉してから、濾過液を甕のなかで「ぶつぶついう音が静かになるまで」発酵させる。これをつくることが禁じられていることを、著者は言外ににおわせている。実際、ムスリムの文明にアルコールを含んだムリのあることに、驚かれるかもしれないが、一三世紀のアラブ＝アンダルシアは寛容な多文化社会だったため、スペインではワインの生産が非常にさかんだった。スペインで酒酔いの撲滅が叫ばれたのは、ワインが飲まれていた証拠である。▼196

ガロスとムリアは、一六世紀の地中海沿岸東部でまだ広く使われていた。ピエール・ブロンによれば、コンスタンティノープルの魚市場では釣られたばかりの魚のフライが売られていたが、魚の内臓やえらはすでに塩水に漬けられ、「リクアメン」になっていた。

> ギリシア人とラテン人が管轄する地域ならどこでも、塩を使わない国はなく、それは二重の利益をもたらしている。つまり、内臓と骨を取り除いたら、大きな容器でそれらと塩を混ぜ合わせ、古代人がガルムと呼んだ汁をつくるのである。レヴァント諸国の人々は毎日、われわれがマスタードを使うように、それを使っている。▼197

だが、ピエール・ブロンが「リクアメン」を珍しいものとして語っていることから、その食品がルネサンスの西ヨーロッパでかなりすたれてしまっていたと考えられる。

しかしながら、ムリアの記憶が残るフランス料理のレシピも存在する。フランス語で「ウフ・アン・ムーレット

シンガポール、中国

オイスターソース

◎約50mlのソースにたいして、干しガキ40g(アジア食品店で手に入る) ◎生ガキ2ダース ◎中国の米の醸造酒または日本酒大さじ2 ◎海塩小さじ2分の1 ◎赤砂糖小さじ1

—

干したカキと生ガキでつくるこのソースは海の風味が凝縮している。冷所で数か月保存でき、時間がたつほどおいしくなる。

—

干しガキは洗って水を切り、冷所でひと晩、250mlの水につけておく。生ガキを開け、貝殻から身をはずす。生ガキの身は250g必要である。手早くミキサーにかけるが、身は細かくなればよく、どろどろにしてはならない。生ガキを鍋に入れる。干しガキを細かく切り、漬け汁といっしょに鍋に加える。酒、塩、赤砂糖を入れる。鍋が沸騰したら、蓋を半分開け、15分間、ときどき鍋を動かしながら煮立てる。灰色の泡ができるが、取り除いてはならない。それがソースの味になるからである。さらに、目の細かい漉し器で漉しながら、カキの汁を別の鍋に移す。香りのよい煮汁がすべて出るように、残ったカキを強く押しながら漉すようにしよう。カキの汁を弱火で沸騰させ、分量が4分の3になるまで煮詰める。煮汁は最初、濁った緑灰色をしているが、茶色くなって(多少)澄んでくる。密閉できる小瓶に移し、冷所で保存する。沈澱物ができたら、使う前に瓶をよく振る。

このソース数滴で魚料理の味がぐっと引き立つが、アジアでやるように、米料理や焼き鳥の味つけにも試していただきたい。漉し器に残ったかすは捨てずに、ラビオリにしたり、魚の詰め物に加えてもよい。

(卵のムーレットソース)」と呼ばれ、ブルゴーニュやロワール川流域で食べられている料理だ。それは赤ワインのポーチドエッグに、塩(塩水)に漬けたブタの脂身を添えたものである。ムーレットは「塩水」を意味する古フランス語のmuireからきているが、料理の語源は謎である。「塩水の」ソースでは意味をなさないからだ。一五世紀初頭の定義では、「ムーレット・ド・ポアソン」は「魚を煮るソース」である。現在のレシピでウフ・アン・ムーレットは、ワインのなかで加熱されるのであって、塩水のなかではない。だが、このmuireをmuriaと考えれば、その汁はただの塩水ではなく、発酵魚からつくられる調味料であると理解できる。現在の東南アジアで見られるような、多くの料理の仕上げに用いられる調味料である。ゴドフロアの『古フランス語辞典』[198]には以下のような定義が見られる。「ミューレット、女性単数、ソース　リクアメン、ミューレット・ド・ポアソン（サラン古語辞典）」つまり、ムーレットは一五世紀以前、魚に味をつけるためのソースではなく、「リクアメン」、魚のソース（魚汁）とまさしく同義だったということだ。このふたつはまったく異なるものである。ブルゴーニュの方言で「ムーレットを嗅ぎつける者」とは、食事をたかる人のことである。それは本来、軍隊についてくる従僕や歩兵、傭兵を意味した。軍隊のおきまりの食事に味をつけ、水で薄めれば飲みものにもなる、貴重な、しかしにおいのきついムリアをローマ軍が持参していたことを知れば、「ムーレットを嗅ぎつける」の皮肉な意味が理解できよう。それは要するに、「おいしいもののにおいを嗅ぎつける」ということなのである。ウフ・アン・ムーレットはどうやら、もとはムリアのなかで加熱した卵だったようである。

ウフ・アン・ムーレットの現存する最古のレシピは、二世紀にガレノスが伝え、七世紀にアイギナのパウルスがふたたび取り上げたものである。そのレシピは、こんにち私たちがウフ・ココット（型入れ半熟卵）と呼ぶものに似ている。皿に卵を割り入れ、ムリアと少量のオリーブ油を注ぎ、湯煎鍋で、卵に火がとおりすぎないように加熱し、半熟卵をつくる。現代においてこのレシピを正確に再現するには、ムリアをニョクマムに代えればよい。古代ローマ人が朝食になにを食べていたかがわかるだろう。

ムリアとガルムは消えてしまったわけではまったくない。二一世紀になってもなお、ギリシアとトルコの一部の地方で「ガロス」を見つけることができる。それは珍しい食品であり、奇跡的に生き残ったものだ。イタリアでは、サレルノに近いチェターラでつくられる「コラトゥーラ・ディ・アリーチ・ディ・チェターラ」が、ガルム直系の古い食品である。このカタクチイワシの魚醤は、漁師たちによって代々伝えられてきた。かつては貧者の食べものと

地中海沿岸

アンチョビの塩漬け

［1ℓ入りのボトルにたいして］

◎新鮮なアンチョビ（カタクチイワシ）500g ◎海水の粗塩500g ◎ローリエの葉数枚、クローブ、トウガラシはお好みで

—

古代のタリコスの現代版である。ギリシア人は食事の初めに、タマネギや酢を添えてタリコスを食べていた。仕込んでから1年後に出てくる茶色い汁がまさにガルムである。

—

全体的に輝いて目がぱっちりした、とびきり新鮮なアンチョビを使うことが絶対に必要である。頭をねじって取り、はらわたの一部と2枚の小さな腹びれを取り除く。残りはそのままにし、とくにアンチョビを洗ってはならない。大型の広口瓶の底に、1cmの厚さに塩を敷き詰める。尾を中心に向け、魚同士をくっつけるようにして、一段目のアンチョビを並べる。中心には、アンチョビを1匹丸めて置く。塩でおおい、あいだに香辛料をはさみ、たっぷり塩をしながら並べつづける。一段並べるごとに、そして最後の段もしっかり押し、魚のあいだにすき間ができないようにする。そのあと48時間、さらに何度も手で押し固めてから、瓶を閉じる。数日後、アンチョビの水があがってくる。表面に油が浮いていたら取り除く。油がいやなにおいをつけることがあるからだ。アンチョビはやがて、たっぷりした液体につかるようになる。少なくとも3か月、冷所にねかせる。長く保存すればするほど、アンチョビの味はよくなり、塩気は強くなる。液体がつねにアンチョビをおおっているか注意しよう。アンチョビの塩漬けは数年保存できる。使う前に洗い、身を開いて中心の骨を取り除く。30分間、冷水に浸して塩抜きをする。

されていたが、こんにちではチェターラの名産品となり、品質ラベルがつけられている。

　ニースのピサラの名は「塩魚」、peis salatからきているが、これもガルムを直接受け継いでいる。さまざまな香辛料とともに塩漬けしたイワシでつくる、このどろどろしたソースは、甕のなかで数週間、発酵する。これは有名なピサラディエールの原料である。ピサラディエールとは魚のペーストを塗ってオーブンで焼いた平たいパンで、すでに古代においてローマ人のごちそうになっていた。一九世紀初頭、ニースでは十軒ほどの家でピサラがつくられていた。J・B・ルブールがそのレシピを

紹介しているが、[199] プリニウスが伝えるレシピとまったく同じである。[200] それはこんにち、一部の愛好家にしか知られていない秘密の食品である。アンチョビのピュレを塗っただけの通俗的なニース風ピサラディエールは、伝統的なピサラとはまったく別物である。

いっぽうマルセイユに近いベール湖の特産品メレは昔の味を保っている。これは三月から五月末にかけて獲れる、カタクチイワシの仲間の幼魚、メレットでつくられる。つくり方はピサラと同じで、香辛料だけが異なる。メレは祭りの食べもので、美食の観点からいっても重要な食品である。

初期シュメール人のシック以来、魚の乳酸発酵は世界中に広まった。アジアでは、同じやり方で、ブラチャン(マレーシア、シンガポール)やトラシ、カピ(ラオス)などと呼ばれる発酵した小エビのペーストがつくられている。発酵に熱心な土地柄のラオスには、カニのペースト、ナンパーもある。液体の魚醤はニョクマム(ベトナム)、ナンプラー(タイ)、ンガピ(ミャンマー)と呼ばれる。それと似たものに、カンボジアのプラホック、タイのプララー、マレーシアのブドゥ、韓国のエクチョがある。日本にはいしり、またはいしるという、有名な魚醤がある。これはイカやイワシの内臓でつくられている。アレクと同様に、ラオスのパーデークは固形物と液体からなる。フィリピンでは発酵したイワシの液体部分をパティス、固形部分をバゴオンと呼んでいる。こんにち中東では、ボラなどの魚からフェシクがつくられ、調味料として使われている(エジプト、スーダン)。ペルシア湾岸諸国には、ニョクマムに近い魚醤マヒヤークがある。

ガルムがもっとも新しく変化をとげたものに、イギリスのウスターシャーソース(ウスターソース)があり、これはイギリスによるアジア諸国の植民地化の記憶ともいうべきものである。このソースにも発酵したイワシが入っており、タルタルステーキとブラッディー・マリーの味を引き立てる。

第七章　発酵飲料の世界

発酵飲料にはアルコールを含むものと含まないものとがあり、穀物、果実、蜂蜜、ときにミルクからもつくられる。茶、コーヒー、チョコレートも発酵飲料であることを忘れてはならない。発酵飲料は現在、世界中いたるところにあり、歴史をつうじてこの状況は変わらなかった。さまざまな原料を発酵させて生活をより心地よくしてくれる飲みものを手に入れることを、初期の人類はどのようにして思いついたのだろうか。

酔っ払ったサルとハトの木

パナマのある島のジャングルで、酩酊状態にあるサルを観察したバークレー大学のダスティン・スティファンスとロバート・ダッドリーは、二〇〇四年に「酔っ払ったサルの仮説」を発表した。そのサルはよく熟したヤシ（*Astrocaryum*）の実を食べたところだった。二〇分間で、人間でいえばワイン二本分に相当するアルコールを摂取したことになる。極度に熟した果実、穀物の種子、糖分を含むすべての野菜は、その表面に付着している野生の酵母によって自然にアルコールを生成する。高温多湿の気候であれば、発酵はなおさら早く、容易に進むが、それはまさに熱帯地方で起きていることである。アルコールの軽い分子はすぐに空中に拡散するから、そのにおいで、熟した果実のありかが容易にわかる。そのためサルは、ちょうどいい具合に熟した果実を嗅覚で探し当てることができ、彼らにとって理想的な成熟度に達していない果実には目もくれない。つまり、エタノールのにおいに動物が引きつけられ、動物がそれを嗅ぎ当てる嗅覚をもつことは、食べものを見つける有効な手段なのである。サルたちは、熟してすでに発酵し始めた果実を毎日何キロも食べる。彼らが好むのは、アルコールがわずかに含まれた、つまり糖分がまだ残っている果実であり、まだアルコールを含まない十分に熟していない果実や、熟しすぎてすべての糖分がアルコールに変わってしまった果実ではない（熟しすぎた果実には最大四パーセントのアルコール分が含まれている）。アルコールは刺激物であり、摂取する量が少なければ健康に役立つが、多すぎると毒になる。

人類の遠い祖先も、もともと果実を常食としていたが、進化の過程でエタノールへの本能的欲求を発達させ――その欲求をもつ個体はそうでない個体より食べものを手に入れることができる――、それによってより確実に生き延びることができたのだろうか。この仮説はまだ検証する必要がある。現在の人間がアルコールを好むのは、それが遺伝子に組み込まれているからだという研究もある[201]。進化のごく初期から、人間は自然に発生するアルコール飲料に魅力を感じていたのかもしれない[202]。だとしたら、なぜ、アルコールへの欲求がこんにちの人類に先天的に備わっていないのだろうか。喉が渇くと、人はむしろ水を探して渇きを癒す。人間の共同体ができるのも、つねに泉や水場の近くである。さらに、旧石器時代にさかのぼる、非常に古い人工的な井戸も存在しており、原初の時代から水の近くで暮らしていたことがわかる。そればかりか、一般に子どもはアルコールの味を好まず、世界のすべての社会で、成人式をすませた大人が酒を飲む。

いずれにせよ、サルの観察によって、発酵した果実を求めることは人類進化のごく初期に始まった可能性のあることが明らかになった。初期の人類は、熟しすぎた果実を食べて幸福感に満たされるのが好きだったのかもしれない。その状態はすでに、ある種のキノコや精神作用のある植物を食べたときに経験していたであろう。先史時代の墓から、そのような植物の種子がたびたび見つかっている。やがて彼らは、もう一度そんな状態になりたいと思ったことだろう。最近まで農村では、熟した果実が木の下に落ちて発酵し始めたものをジャーに保存し、一種の酒造用果汁や果実酒をつくっていた。ありとあらゆる夏の果実を砂糖、ときにブランデーとともに漬け込んだ、「独身男のジャム」は、このやり方を思い起こさせる。ブランデーを加えるようになったのは後世のことだとしても、大昔の発酵とはこのようなものでなかったかと思わせるのである。先史時代に行われていたことがずっとつづいていることを、それは暗示しているのではないだろうか。

　アルコールの始まりは偶然によるもの、というよりむしろ自然の状況を観察したものであると、伝説は語っている。ラオスの伝説はかなりの説得力がある。ある日のこと、スラという名の狩人が、幹が三本の枝に分かれた木を見つける。木の中心にうろがあり、雨水がたまっていた。その上にタマリンドとソンモ(sommo)の木が生えていて、ソニモの実がうろに落ちていた。水がいっぱいたまったうろに、ハトたちが水を飲みにきて、そのくちばしから、田んぼでついばんだ米粒が落ちた。それから数か月たった暑い季節に、狩人は、水を飲みにきた動物たちが木の下でぐっすり眠っているのを見つける。好奇心をそそられた狩人は、うろにたまった液体を飲み、いい気分になる。そしてたちまち酔っ払う。彼はその液体をもち帰り、王に報告した。王はその液体をたくさんもってくるよう命じた。木まで何度も往復するのに疲れたスラは、自分で飲みものをつくろうとする。水を入れた甕のなかで、タマリンドの樹皮、ソンモの果実、米粒を発酵させた。こうして人間は初めてアルコール飲料をつくった。[203] この伝説は、近年の考古学研究とも矛盾しない。これまでの研究によれば、最初の発酵飲料は穀粒と果実でつくられ、ときに蜂蜜や香草が加えられた混合飲料だったというのである。

蜂蜜酒から先史時代のカクテルまで

新石器時代以前から人類は、あらゆる気候のもと、発酵する糖分を含んだ天然の原料を利用していた。ベリー類や野生の果実、ヤシ、カエデ、シラカバのような樹木の皮、蜂蜜や動物のミルクである。そうした産物のうち季節によってとれる時期が決まっているものは、蓄えておかなければならない。たとえば、北ヨーロッパの人々は初春にシラカバやカエデの樹皮を大量にとっていたことが知られている。一部はそのまま食べられたが、残りは革や木、石の容器に保存された。小アジアでは、野生のブドウを搾った果汁が甕や革袋で保存された。熱帯地方では、ナツメヤシの樹皮が集められた。アメリカでは集められたカカオの実の果肉や、糖分の豊富なトウモロコシの茎だった。

あるとき、ベリー類の果皮やさまざまな植物にもともとついていた酵母によって、貯蔵してあった果汁や樹液が自然に発酵したということは、おおいにあり得ることである。▼204 そういったことは、糖分を含む野菜、果実、穀物、植物の茎で起こる。さまざまな植物を原料とする伝統的な発酵飲料は、いまでもつくられているが、その起源は旧石器時代にまでさかのぼる。フレネット［訳注❖フランスの家庭でつくられていた健康飲料］は、アブラムシが分泌する蜜液に含まれる糖分によって自然に発酵したセイヨウトネリコの葉を煎じたものである。シラカバやカエデの樹皮も自然に発酵する。

明確な意図をもってつくられた最初の発酵飲料は、蜂蜜酒（ミード）だったようである。人間は旧石器時代から蜂

エチオピア

蜂蜜酒、タジ

［1ℓ分］

◎蜂蜜500g ◎塩素を含まない水700ml

—

もっとも普遍的でもっとも簡単につくれる発酵飲料。柑橘類の皮、ハーブ、スパイスなどを香りづけに加えてもよい。

—

ゴムのパッキングと金属レバーの開閉装置のついた広口瓶で蜂蜜と水を混ぜる。瓶の口までいっぱい入れないように気をつけよう。瓶の口を布巾でおおい、暖かい部屋に置いて、1日に1回か2回かき混ぜる。5日から7日たつと細かい泡ができ、少し「ワインの香り」がするようになる。それ以上空気が入らないように、金属レバーで密閉する。約4週間発酵させてから、金属レバーの開閉装置のついた丈夫なボトルに、口までいっぱいにならないように入れる。ときどき数秒間レバーをゆるめて圧力を下げる。この蜂蜜酒は若いうちに飲む。ボトルに入れて3か月たつと、泡立ちがよく香りのよい、ごく軽いアルコール飲料ができ上がる。ワインセラーで熟成させてもよい。ただし時間がたつと、非常に変わった味の酢になってしまう。

蜜を食べており、蜂蜜酒はもっとも簡単につくれる発酵飲料であった。蜂蜜は自然発酵しないが、水七、蜂蜜三の割合で混ぜれば、数日で軽いアルコール飲料になる。木から落ちたミツバチの巣に雨水がたまることもある。ラオスのスラの伝説のように、数日後、巣に蓄えられた蜜は自然に発酵する。人間たちがそれを飲んで気に入り、やがて革袋に液体を入れるなどして、そのプロセスを再現したのである。すべての大陸で、先史時代の蜂蜜酒の痕跡が見つかっている。

それ以外にも、きわめて古い遺跡から発酵飲料が見つかっているが、それらはすべて、蜂蜜、穀物、ブドウなどの果実、植物をミックスした飲みものである。これまでに知られた世界最古のアルコール飲料はアジアのものである。中国北部の河南省賈湖《ジアフー》遺跡で、前六二〇〇年から五六〇〇年につくられた墳墓のなかから、男性の人骨を囲むように置かれた陶器の壺が見つかった。分析の結果、ひとつの壺に入っていた黄色っぽい残滓は、蜂蜜、米、ブドウ、セイヨウサンザシの実でつくられた発酵飲料であることが判明した。ワインとビールと蜂蜜酒を混ぜ合わせたような飲みものである。[205]果実と穀物を原料とした同じような飲みものは、アジア大陸でこんにちまでつくられている。麻黄、大麻、ケシのような多少とも精神作用のある植物が混ぜられることも、しばしばあった。トルクメニスタン、中央アジアのステップ地帯、アナトリアでの発掘により、果実や蜂蜜、穀粒を発酵させ、前述の植物を加えた飲みものが、新石器時代に飲まれていたと考えられている。[206]

　中国で約八〇〇〇年前の飲みものが発見されたことから、文明の発祥地は中近東であるという考えに疑問が投げかけられている。賈湖《ジアフー》の酒づくりは非常に洗練されていた。というのも、米に含まれる糖分が発酵するには、デンプンが単糖類に変化しなければならないからだ。それには何種類かの方法がある。ひとつは麦芽(モルト)をつくること、つまり大麦を発芽させて炒る方法で、こんにち、すべての工場製ビールと職人の手づくりビールでこの方法が用いられている。もうひとつ、デンプンを糖に変える最古の方法は人が咀嚼することである。唾液に含まれる消化酵素アミラーゼが穀物を糖化するのである。古代のビールや現在の原始的ビールの多くがこのように、穀粒や砕いた塊茎を噛んでから吐き出すことによってつくられている。咀嚼された穀粒や塊茎は、そのあと数日にわたって発酵する。西インド諸島のパイウリ、アマゾンのキャッサバのチチャ、ギアナのキャッサバでつくられるカチリと紫色のヤマノイモでつくられるカラルは、このようにして醸造される。[207]ブラジルのツピ族は女性たちが噛んだキヌアでビールをつくる。アマゾンのアララ族においては、ピトというほとんどアルコールを含まない飲みものが、女性たちが噛んだ甘いキャッサバでつくられている。[208]日本や台湾の一部の地域では、いまでも、年老いた女性たちが輪になって座り、米粒を噛んでは容器に吐き出して、婚礼用の酒を発酵させている。アフリカではソルガムとアワの伝統的なビールが、いまでもそのようにしてつくられている。[209]この技術は一九世紀まで、ヨーロッパと中央アジアの境界地域でまだ用いられていた。

ときがたつにつれ、穀物と果物の混合飲料は、純粋な穀物の飲みもの、それに植物やブドウ果汁で多少香りをつけた飲みものに入れ替わった。中国人が飲みものの発酵においてとくに貢献したのは、穀物の糖化を促すために麹《こうじ》を用いたことである。麹は、アスペルギルス属、リゾプス属、モナスクス属のいくつかのカビからなる。麹のおかげで発酵が容易になったため、蜂蜜や果実で糖分を補給したり、麦芽をつくったり、咀嚼したりする必要がなくなった。麹を用いる方法は前六〇〇〇年紀から前二〇〇〇年紀のあいだ、おそらく夏王朝の時代に登場し、やがて極東アジア全域に広まった。昆虫によってカビが運ばれ、あるいは木材の古い梁からたまたま甕のなかにカビの胞子が落ちることで、自然に菌がつくこともあった。先史時代の中国では、中国原産の穀物であるキビや米の培地で麹が培養された。中国と日本ではいまでもこのやり方で酒がつくられている。

コウジカビ。培地である蒸米や蒸麦のデンプンやタンパク質を分解し生成するグルコースやアミノ酸を栄養源として増殖する

それら先史時代のカクテルには、多少とも薬効や精神作用のある植物が漬け込まれており、欧米人には非常にエキゾチックに見えるが、それほど珍しいものではない。なるほど、こんにちのビールは一般に、ホップを除いて香りがつけられることはないが、植物の入った飲みものはいまでもヨーロッパに存在しており、食前酒《アペリティフ》として飲まれるワインやビター［訳注❖苦味の強いリキュール］、ベルモットなど、発酵飲料にあらゆる種類の植物や香草が入れられ

ている。リンドウ、アンジェリカ、ニガヨモギ、カンゾウ、キンコナといった、アペリティフや一九世紀に流行したヴァン・キュイ「訳注❖加熱ワイン、加熱して濃縮したブドウ液でつくった甘口ワイン」に使用される植物は、薬用植物そのものであった。アブサン「訳注❖ニガヨモギで味をつけたリキュール」のように、精神に重大な影響をおよぼすものさえあった。そもそもベルモット（vermouth）の語源は、ニガヨモギ（アブサン）を意味するドイツ語のヴェルムート（Wermut）であった。アメリカーノ「訳注❖ビターオレンジをワインで浸出させたリキュール」のような食前酒を手にして、これが青銅器時代初期のカクテルと直接つながっていると、だれが思うだろうか。

ニガヨモギの博物図。

先史時代のビールから現在のビールまで

前六〇〇〇年頃に実用的な陶器が出現したことにより、発酵飲料はそれ専用につくられた容器に入れられ、広まっていった。中央アジア、中近東、アフリカ、ヨーロッパで、新石器時代か古代のあいだに、さまざまな穀物を原料にして発酵させたビールが日常の飲みものになったと見られる。そうしたビールには、蜂蜜や香草ないしは薬草が混ぜられた。シュメール人は大麦のビールをつくり、社会のあらゆる階層で大量に飲んでいた。ビールはエジプト人の食べものの重要な一部であった。食べものというのは、自然発酵して濾過されないビールはパンよりも栄養価が高かったからである。エジプト人とシュメール人は、ビールを「液体のパン」とみなしていた。さらに、ピラミッドの労働者には、一個か二個のパンに加えてビールがたっぷり支給された。一日に四リットルから五リットルという量は、私たちには多すぎるように思えるが、重労働をする人々には必要だった。ビールはもっとも日常的な飲みものであり、ファラオから庶民まで、社会のあらゆる階層で飲まれた。アフリカ大陸ではこんにちでも、ビールは概して水より衛生的であるため、完全に食品とみなされており、食事で摂取するカロリーの約半分がビールでまかなわれている。

スーダンと黒人アフリカ地域に近い上エジプトには、非常に古いビール醸造所の遺構がある。ヒエラコンポリスの前三五〇〇年から三四〇〇年頃につくられたビール醸造用の建物には、ボイラー装置がそなわり、麦を発芽させて麦汁《モルト》をつくるのに使われる、蓋のない大きな容器が何列も並んでいた。そこでビールの原料が湯に浸されたのである。当時、その醸造所は毎日一〇〇〇リットル以上のビールを供給できたと、パトリック・マクガヴァンは見積もっている。[210] 建物の隣には製パン用の窯がある。つまり、前四〇〇〇年紀には、穀物の収穫と貯蔵からパンとビールの製造まで、穀物を一括してあつかう集団組織が存在したのである。[211] アビドスにある同様の施設との比較調査も行われている。前三一〇〇年にさかのぼるその施設には、レンガ造りのコンロの上に、五〇〇リットル入りの同じ形をした大甕がいくつも置かれていた。もっとも驚くべきは、これら先史時代のビール醸造所と同じ設備が、現在のブルキナファソでも使われていることである。[212]

一九世紀のエジプト学者がジトゥムとかジトス［訳注❖いずれもラテン語で古代エジプトのビールを指す］などと呼ぶビールの発酵方法は、ケルトのセルヴォワーズのやり方と異なる。ケルトのやり方は現代のビールとほぼ同じである。麦芽を加えて加熱した穀物をかなり液状になるまで発酵させるのである。古代エジプトでは、小麦や大麦の穀粒を臼で挽いて粉にしてから、水を加えてパン生地をつくり、酵母（発酵用に残しておいた前日の生地の一部）を加えて低温の窯で表面だけ焼く。そのため、パンの内部は湿り気が残っており、酵母と酵素は破壊されることがない。つぎにパンを水のなかで細かく砕き、粥状のものをつくる。そのどろどろした液体を漉してから、あたためた甕に注ぐ。最後に麦汁を発酵用の甕に移す。ナツメヤシやブドウの実の天然酵母や、前日のビールを少々加えるなどして、麦汁に種菌をつけることもある。

これはまさに、一九世紀の旅行者たちが記述している方法、[213] いまもカイロの市場やスーダンやモロッコで売られているブーザと同じつくり方である。淡い黄色の濃厚な飲みものは、酵母のにおいと甘酸っぱい味がする。アルコール発酵する前に乳酸発酵しているからである。アルコール度数は低く、濾過の有無や発酵温度によって、三パーセントから五パーセントといったところである。五〇〇〇年前と同じくいまでも人気の飲みもので、多くの種類がある。イギリスの探検家ブルースは、エチオピア、スーダン、西アフリカ、南アフリカといったアフリカ各地でこれがつくられているのを確認している。[214]

現在、アフリカ大陸には、アワ、ソルガム、キャッサバ、シコクビエ、トウモロコシ、小麦、バナナ、サツマイモ、その他地元の根菜を用い、さまざまな香草を混ぜた、多種多様な地ビールが存在し、大きな経済活動を生み出している。あまりに数が多く、それらをすべて挙げることはできないが、一八世紀の旅行者たちは数百種類のビールがあると語っていた。[215] いくつか例を挙げると、ブルキナファソのドロは赤いソルガムのビールで、古代エジプトのものとそっくりな大きな陶器を用い、ドロづくり専門の女性たちの手でつくられている。チャドにはビリビリ、カメルーンにはビルビルというビールがある。南アフリカのカフィアビールはバンツービールとも呼ばれ、ソルガムを原料とし、ベルギーの「ランビック」の自然発酵を思わせる方法でつくられる。これは発酵して、ぷつぷつ泡立っているところを飲む。それぞれの地域で、手に入る植物を使った独自のビールがつくられている。アフリカにはまた、ヤシやバナナ、ナツメヤシのワイン、また、エチオピアのタジのような蜂蜜と植物からつくる飲みものなど、ビール以外の飲みものも豊富にある。[216] それらアルコール飲料の「レシピ」は、先史時代に、サハラ以南のアフリカからエジプトへ、そしてエジプトからメソポタミアへ伝わったと思われる。

イラン北部のゴディン・テペにある前四〇〇〇年頃の遺構から、原シュメール人と原エラム人がその地に育った穀物から大麦のビールをつくっていたことが明らかになった。このビールは蜂蜜で甘み、いくつかの植物で香りがつけられていた。それはアッカド語で「酔わせる液体」を意味する「シカル」と呼ばれるビールだった。シュメール語では「カシュ」と呼ばれたが、その語源は不明である。ビール醸造にかんする語彙は土着のものでないため、その技術もよそから伝わったと考えられている。[217] この言葉はロシアの「クワス」と比較せずにはいられない。「クワス」という語は一〇世紀以降に存在していたことが確認されている。これは麦汁とライ麦パンからつくるビールで、東ヨー

ロシア

クワス

［**ボトル2本分**］

◎ライ麦（または小麦）のパン500g ◎熱湯3l ◎生イースト10g ◎砂糖または蜂蜜60g ◎干しブドウ6粒 ◎ミントの茎2本（またはお好みの香草） ◎無農薬レモンの皮

—

パンからクワスをつくる方法は、シュメール人や古代エジプト人の技術を受け継いだものである。非常に泡立ちのよい、度数2%程度の低アルコール飲料ができる。

—

パンを薄く切ってプレートに並べ、180℃のオーブンで色がつき始めるまで乾燥させる。焼いたパンを大きな容器に入れ、上から熱湯を注ぐ。室温で8時間つけておく。液体を布巾で漉しながら別の容器に移し替える。パンを強く押してすべての水分を抽出する。スプーン数杯の水でイーストを溶かし、スプーン1杯の砂糖を加え、20分置いてから、全体をパンの水に注ぐ。ミントの茎1本を加える。布巾でおおい、室温（20〜25°c）で48時間発酵させる。セラミックの栓と金属レバーのついた750ml入りのボトルを2本用意し、それぞれに干しブドウ3粒、ミントの葉2枚、レモンの皮1切れずつを入れる。クワスを漉し、ボトルの口までいっぱいにならないように注ぐ。ボトルを密閉し、室温で3、4日置いておく。干しブドウが水面に上がってきたら、ボトルを冷蔵庫に入れ、冷たいものをいつでも飲める状態にしておく。クワスは冷所で数週間保存できる。

ロッパの家庭でまだつくられている。古代エジプトやシュメールと同じように、発酵させてから濾過するという方法で醸造される。ジャン・ボテロによると、メソポタミアには何種類かの醸造法があり、味、アルコール度数、品質の異なる多種多様なビールがつくられ、それは、銘醸酒から並みの製品まである現在のワインの状況にやや似ているという。それらのビールにはさまざまな名がつけられ、その完全なリストが見つかっている。▼218

前三〇〇〇年紀にワインが入ってくるまで、古代ギリシアの国民的飲料はスペルト小麦のビールであった。ヨーロッパの残りの地域も同じで、新石器時代から非常に長いあいだ、ヨーロッパ大陸全域で、蜂蜜と穀物を原料とした発酵飲料がつくられていた。中央アジアの先史時代のカクテルと同様に、それらの飲みものには、精神作用のある植物、ときに幻覚を引き起こす有毒な植物が加えられていた。スペインのバルセロナ周辺の複数の遺跡（カン・サドゥルニ、ヘノ、コバデル・カルバリ、ロマ・デ・ラ・テヘリアの洞窟）、さらにスペイン中部の前五〇〇〇年紀から西暦初期にかけての遺跡（バジェ・デ・アンブローナとラ・メセタ・スール）で出土した桶やカップから、大麦と小麦のビールの残滓が見つかっている。それらの飲みものには、蜂蜜やヒトツブコムギの粉とともに、ニガヨモギ（*Artemisia vulgaris*）のような薬用植物が加えられることがあった。

スコットランドではファイフのアッシュグローヴの墓群で、前一七五〇年から前一五〇〇年につくられた桶の底から黒っぽい残滓が見つかった。分析の結果、蜂蜜か植物そのものに由来するさまざまな花粉が含まれていることがわかった。そのうちヒースは、ビールの香りづけに用いられる伝統的な植物のひとつである。[219] そこからほど近い、テーサイド近郊のストラットハランにあるノース・メインズのヘンジ［訳注❖環状周溝］では、前四〇〇〇年紀半ばにさかのぼる容量一〇〇リットルの桶と、嫌気性の発酵に用いられる蓋が複数発見された。テーサイドの残滓には、穀物の花粉とともに、ヒヨスやベラドンナの花粉も含まれていた。いずれも精神作用のある有毒植物として知られており、のちに魔女の薬の原料となった。イギリスの考古学者アンドリュー・シェラットによれば、それらの飲みものには、トルクメニスタンの前二〇〇〇年紀の飲みものと同様に、大麻やケシの実の汁が加えられていたという。[220]

オークニー諸島のメインランド島のバーンハウス、アラン島のマクリー・ムーア（前一七五〇－一五〇〇）、ヘブリディーズ諸島のラム島の遺跡（前三〇〇〇年紀末）でも、同じような発見があった。それらの出土品によりヨーロッパでも、中央アジアの先史時代のカクテルと同じような、蜂蜜と穀物を原料としてさまざまな植物で香りをつけた発酵飲料が飲まれていたと考えられている。アイルランドには、「フロクトフィーア」と呼ばれる、ケルト以前の青銅器時代につくられた奇妙な建造物があるが、それらはおそらく、ビール醸造に使われた建物であろう。[221]ビールは大陸ケルト人の飲みものでもあった。女神ケレスに由来する名をもつセルヴォワーズは、ガリア諸部族の国民的飲料であったと、カトーは明言している。プリニウスは数種類のビールを挙げている。オロシウスという人物が後五世紀に書いたイベリア半島の歴史には、モルトによる醸造技術が記されているが、それは現代の技術と非常によく似ている。[222]タキトゥスの描くゲルマン人は大麦と燕麦からつくる飲みものを飲んでいたし、ユリウス・カエサルは、ゲルマン人は野牛の角杯でそれを飲むと語っている。ドイツの泥炭地における考古学的発見により、科学者たちは、そうした角杯のなかに残っていたものを分析することができた。杯に入っていたのは蜂蜜酒と、発芽させた穀粒を原料とし、野生の酵母で種菌をつけたビールであった。[223]

ワインのほうが優位に立っていたにもかかわらず、中世のあいだもビールは飲まれていた。ビールは家庭で、女性によって醸造されていたが、その後は徐々に職人がつくるようになり、男性の仕事となった。教会がビールの製造と流通の主導権を握ろうとしたとき、多くの修道院がビールづくりを専門に行っていた。修道士たちはギリシアとエジプトの技術が書かれた古い写本を手に入れ、醸造の知識に磨きをかけていった。[224]発酵飲料にたいする教会の統制は、本格的な政治と宗教の争いへと発展

16世紀のビール醸造所。

した。

古代、そして中世においても、ビールの香りづけに使われたのはホップではなかった。ケルト諸部族がつくっていたビール、セルヴォワーズは、大麦や混合麦（小麦とライ麦を混合したもの）、ときに燕麦を原料とし、さまざまな植物が加えられたが、ホップは使われなかった。ブリテン諸島のエールはその双子の姉妹にあたる。このような植物の混ぜものはグルート、マテリアないしはピグメントゥムと呼ばれた。使用された植物はじつにさまざまで、数十種の植物がリストに挙げられている。醸造者それぞれに独自のレシピがあり、自分のビールに特別な味をつけていたし、そのレシピを門外不出にしていた。グルートの成分に入るものには、ナツメグ、シナモン、アニス、ミント、ショウガ、アンジェリカ、ニガヨモギ、オレガノ、ネズ、キャラウェー、トウヒ、カエデの樹液などがあった。これら無害な植物とともに、ケシ、クロヒヨス、ギンバイカ、セイヨウノコギリソウなども使われた。それらは薬用植物だったが、魔術的な植物でもあった。グルートは飲みものの酩酊作用を強め、向精神薬的な効果をもたらす。それらの混ぜものは強壮剤や性的興奮剤にもなるとされていた。

カロリング朝の時代に皇帝がビールの独占権を手中にしたが、それはビールの醸造ではなく、グルートの製造と販売にたいしてであった。結局同じことだ。ヤチヤナギが生えるような非耕作地は皇帝の所有となっていたので、ビールをつくろうとすれば、つまりグルートを使おうとすれば、使用料を払わなければならない。それは主要な国王特権とみなされていた。年月がたつにつれ、グルートの権利はいくつかの司教区に譲り渡された。[225] グルート製造の独占権に等しいこの権利を、修道院、そして都市が、徐々に手に入れていった。九九九年にユトレヒト司教が権利を獲得したのち、ヤチヤナギが一面に生えていたマース川沿いのボメルの町、そしてドルトムントやディナンなどがそれにつづいた。皇帝はグルートの権利を与えることで、自らの権力と領土にたいする独占的支配を再確認した。

一〇〇〇年代に入ると、司教と領主はそこから大きな収入を得るようになった。ビールをつくろうとすれば、どうしても、宗教的権威や長年の支配者からグルートを買わなければならない。自分でそれをつくるのは不可能だった。グルートの成分は極秘にされていたからで、こんにちのコカコーラみたいなものである。

グルートを使わずにビールを醸造することもできなかったようだ。これは発酵の「種」と同義であった。当時、酵母菌の作用は知られておらず、液体を発酵させるのは植物の添加物であると信じられていた。一〇世紀のあいだ、修道院はそのようにして、北東ヨーロッパ全域でビール製造の主要な管理者となっていた。一二世紀に神聖ローマ帝国の権威が低下すると、その権利はたんなる領主権となり、それに対抗するものがつくられるようになった。ホップの使用はそのひとつの形である。ホップが大量に使われるようになると、カトリック教会はそれを禁止しようとした。一三六四年、ユトレヒト司教は伝統に反するという理由で、ホップの使用を禁じた。ケルン大司教は一三八一年四月一七日、ビールを醸造しようとする者は司教区のグルートを買わなければならない、となりのウエストファリアからホップ入りビールを輸入することを禁じる、さらに、ホップ入りビールをケルンでつくったり売ったりした者は厳しく処罰するとの布告を出した。かなり厳しい状況だったことがわかる。ビールジョッキ一杯で破門になる恐れがあるのだ。

ビール製造を独占的に支配しようとする教会への反発から、プロテスタントの宗教改革が始まると、ホップへの移行はますます加速した。そうすることで、本物の薬物を公衆に売って懐を肥やしているカトリック聖職者に反撃するいっぽう、性欲をかき立てたり精力をつけたりするより、心を落ち着かせて眠気をさそう植物を使うことで、節度を守らせることができるからだ。それに、防腐剤であり保存剤でもあるホップを加えることで、アルコール度数の低いビールをつくれるようになる。ブルゴーニュ公爵にしてフランドルとアルトワの伯爵ジャン一世（一三七一－一四一九）、通称「恐れ知らず」のジャンは、プロテスタントの改革に好意的で——改革の細かい点はさておき——、それらの地方でホップの使用を義務づける勅令を出した。それによって、フランドルのビール醸造業者はグルートの使用料を払わずにすんだ、つまりカトリックの修道院の支配から解放されることになった。そればかりか、ジャン一世はホップを紋章に取り入れ、一四〇六年に「ホップ組合」を創設した。[226]

一五世紀のあいだにホップの使用は広まった。ビール醸造業者たちは昔ながらのグルートの権利を徐々に清算し、司教たちが反対したにもかかわらず、グルートの使用をやめてホップで醸造するようになった。[227] 一五一六年の有名な「ビール純粋令」は、ビールの原料として大麦とホップと水しか認めていない。バイエルン公ヴィルヘルム四世はこの法律により、ビール醸造にたいする税制上の支配権を取りもどした。その後、これと同様の法律がつぎつぎと施行され、たとえばストラスブールでは一七三六年に法律が成立している。[228] 一八七一年にバイエルンがドイツ帝国に併合されるときに出した条件のひとつが、ビールの純粋さにかんする法律を守ることであった。その法律によりバイエルンは、ドイツの他の地域との競争から自国の醸造業者を保護できたのだった。この法律がドイツ全土に拡大されたのは一九〇六年になってからである。第二次

ウィリアム・ホガースの『ビール街』（1751年）。ビールを飲めば健康で、神に祝福されるいう光景が描かれている。

世界大戦後、とくに輸出用ビールにかんする欧州の規則を理由に、この法律は緩和された。しかしながら、品質保証として、またトウモロコシのような他の穀物でつくられることもある外国産ビールとの差別化をはかるために、地元の生産者の多くがこの法律をまだきちんと守っている。このように、こんにち大半のビールがホップで香りをつけているのは、教会と国家、カトリックとプロテスタントの対立に端を発するのである。

ビールは世界でもっとも広く飲まれている飲料である。アメリカ、アフリカ、アジア、オーストラリアと、ヨーロッパ人は行く先々で工場生産のビールを広め、それらのビールは伝統的な土着の飲みものに取って代わった。ビールづくりの伝統が確認できない地域は、サハラ以北のアフリカ、エジプト東部、アラビア半島、そして極寒の地であるアメリカとアジアの極北地域だけである。オーストラリアについての調査はほとんど手つかずだが、ポリネシア、ニュージーランド、タスマニアでは、樹皮や塊茎を原料にした発酵飲料が飲まれていたという確かな証拠がある。オーストラリアのアボリジニにそれが見当たらないとすれば奇妙である。パトリック・E・マクガヴァンによると、世界に広まっているほど、それはより古い飲みものである。だからビールはほぼ間違いなく、人類の起源と同じくらい古い起源をもつ飲みものなのである。

世界を制覇したブドウのワイン

技術的には、糖分を含むどんな果実からもワインをつくることができる。「リンゴのワイン」であるシードルは、フランスの四分の一を占める北西部一帯、そしてドイツとケベックに存在している。フランス東部にはスグリやルバーブのワインの伝統もあり、かつてはヨーロッパ北部全域で、さまざまな漿果《しょうか》［訳注❖外皮が薄く水分を多く含む果実」を原料にした発酵飲料がつくられていた。ブドウは糖分をもっとも多く含む漿果のひとつで、簡単に発酵する。おそらくそのために、他の漿果をほとんど駆逐してしまったのだろう。

旧石器時代の人類はランブルスカ、つまり小さな黒い実をつける野生のブドウを食べていた。五〇万年前の人類が食べたと思われるブドウの種子が見つかっている。[229] 野生のワイン用ブドウ、ヴィティス・ヴィニフェラ・シルヴェストリス(*Vitis vinifera sylvestris*)は、人類が出現するはるか以前、すでに地中海周辺と西アジアに自生していた。それはアメリカにも生育していた。レイフ・エリクソンが一〇〇〇年頃にノヴァスコシアとおぼしき土地に到達したとき、そこを「ヴィンランド(Vinland)」と呼んでいるのである。

二〇〇七年のこと、アイルランド人とアメリカ人とアルメニア人からなる考古学調査隊が、アルメニアのアレニ遺跡で、まだ脳が残っている頭蓋骨、食事の痕跡、そしてブドウの種がいっぱい入った壺を発見した。そこで六〇〇〇年前にワインがつくられていたと推定された。ワインづくりの痕跡としては世界最古のもののひとつである。この驚くべき発見を受けて、ナショナル・ジオグラフィック協会が資金を提供し、二〇一〇年にふたたび発掘調査が行われた結果、その遺跡が前四一〇〇年から四〇〇〇年のあいだにつくられたワイン醸造用の複合建築物であることが明らかになった。アレニ1洞窟からは、ワインの赤色のもとになる植物色素マルビジンが一面に付着した粘土の鉢[230]が見つかったが、それはブドウの破砕器であった。鉢に刻まれた溝をとおって、ブドウ液は容量五四リットルの発酵桶に流れ込む。ブドウの種、砕かれたブドウの残り、干からびたブドウの粒、プラムやクルミ、陶器類、それに、飲用に使われたと思われる、ワインの残滓が付着した角製のカップや陶器も見つかった。[231] 遺跡のふもとにあるアレニ村は、いまでもブドウづくりで有名である。見つかったブドウの種の形から、それはヴィティス・ヴィニフェラ・サティヴァ(*Vitis vinifera sativa*)であると同定された。すなわち栽培種のブドウである。前五〇〇〇年紀にすでに完璧な設備があり、地中海沿岸全域でも一九世紀末まで、足でブドウを破砕するのに同じような道具が使われていたのである。

しかしながら、アレニで破砕器が発見されても、ザグロス山脈のイラン、イラク、トルコの境にあるハッジ・フィルズ・テペで発見された容量九リットルの甕六個の優位は動かなかった。それらはいまでも世界最古のワインづくりの痕跡とされている。甕の内側に付着していた黄色っぽい物質や赤っぽい物質を分析したところ、そのワインは前五四〇〇年から五〇〇〇年のあいだにつくられたものであることが判明したのだ。その後の調査で、黄色と赤の色素は間違いなく白ワインと赤ワインであると同定された。一般住居にあったこの先史時代の「厨房」に、五四リットルものワインが保存されていた。ワインボトル七二本分に相当する量で、こんにちでもそれだけあれば、個人用としては立派なワインセラーである。ハッジ・フィルズ・テペは、野生のブドウが分布する地域の西の境界近くに位置している。大量のワインが保存されていたということは（遺跡のすべての家に同量のワインが保存されていたとすると五〇〇〇リットル以上になる）、この地の住民がブドウを栽培していたことを示している。野生のブドウではこれほど多くのワインをつくれないと思われるからだ。

栽培化されたブドウが中東へと移植されるのに、一〇〇〇年ほどしかかからなかったと見られる。ヨルダン川流域では、ワインづくりがカナン＝フェニキア人のもとで本格的な産業になっていた。前四〇〇〇年期に、エリコの丘、ガザ地方、ヨルダン渓谷、ベカー高原は、ブドウ畑におおわれていた。のちにローマ人はベカー高原にバッカス神殿を建設する。ヨルダン川流域は古代におけるワイン生産の最大の中心地であった。

前四〇〇〇年紀末頃、フェニキア人がブドウ栽培をエジプトに伝えた。アビドスにある初代のファラオ、スコルピオン一世の墓の葬室には、七〇〇個ものワイン壺があり、これは約四五〇〇リットルのワインに相当する。気候の厳しいエジプトではブドウが育たなかったので、このワインはエジプト産ではなく、ヨルダン川流域、おそらくガザやペトラのある地方から輸入されたものだ。壺の粘土と壺を封印していた粘土の産地がそのことを示している。いくつかの壺にはブドウの種子が入っていた。イチジクが入っている壺もあった。生のイチジクを加えたのは、その皮に付着している天然酵母で発酵を促すのが目的だったと見られる。糖分も増やせると考えただろう。ワインはまた、キダチハッカ、セイヨウヤマハッカ、コリアンダー、ミント、センナ、サルビア、ニガグサ、タイムで香りをつけてあった。

ワインはやがてクレタ、ギリシア、地中海周辺一帯を席巻したが、そこでとどまることはなかった。前五〇〇年にインドでもブドウは栽培され、前二世紀の中国人はワインをたいそう好んだ。西ヨーロッパ人の祖先ゲルマン人についていえば、前六世紀にギリシア人によってマルセイユの植民市にワインがもたらされた。つぎにローマ人が、ガリア属州にワインを広めた。ガリア諸部族も、低温と北国の気候条件に耐えられるブドウの品種を育て、ブドウ栽培の拡大に一役買った。さらに彼らは木製の樽を発明し、それはいまでもワインの発酵と熟成に使われている。こうしてブドウの木は、ロワール川の北側とライン川沿いまで到達したのである。

酢、ワインの最終的運命

酢はワインと同じくらい古くからつくられていたと想像できるだろうか。それは「だめになった」ワイン、より正確には発酵の最終段階にあるワインなのである。ワインは空気に触れると細菌がつき、その細菌がアルコールを酢酸に変化させる。ワインづくりが始まったときから、ブドウ液を追加し、密閉した容器に保存するなどして、ワインから酢への避けられない変化を阻止しようとしてきた。ハッジ・フィルズ・テペとアビドスの残滓の分析で、テレビンノキ(*Pistacia atlantica*)の樹脂が加えられていたことが判明した。地中海沿岸一帯にたくさん生えている木からとれるこの樹脂には、薬用成分と防腐・抗酸化作用がある。ギリシア人ものちに、防腐剤としてこれを利用し、樹脂入りワイン(レッチーナ)をつくっている。

酢が食べものの腐敗を遅らせ、あるいは阻止することを、古代の人々は発見していた。シュメール人が酢を使用していたのは確実で、古代エジプトでも使われたと聖書に何度も書かれている。ついでにいうと、クレオパトラは真珠を酢に溶かして飲み、マルクス・アントニウスを魅惑した。ローマ人も例外ではなく、調味料として、また狩りの獲物を保存するために、酢を使っていた。

酢はハーブやスパイス、花で香りがつけられ、それを水で割ったものは、古代においてもっともよく飲まれた清涼飲料であった。大カトーはその農業論で、オリーブ摘みの報酬は塩漬けオリーブとたっぷりの酢であったと伝えている。甘口ワインを海水と酢で割り、樽にねかせたものは、冬のあいだの飲みものとして使用人に与えられた。▼232 ローマ軍は水で割った酢を飲んで喉を潤した。この強壮作用のある清涼飲料はポスカと呼ばれた。日本の武士も同じようなものを飲んでいた。十字架にかけられたキリストに与えられたのは、酢をベースにした飲みものであったと言われている。

酢は前二一八年にアルプスを越えたハンニバルの伝説にも登場する。高い山に行く手をはばまれたカルタゴ兵は、盛大に火を焚いて岩を熱し、そこに酢を注いで岩を砕いたというが、これは完全なほら話である。なぜなら、ごく弱い酸にすぎない酢を注いでも、実際に山の岩を砕くことなどできないからだ。山の岩を砕くとは、さぞや大量の酢が必要だったろうと、人々は想像した。この伝説は、acetum「酢」とacies「はがね」の写し間違いから生まれたと思われる。火とはがねの道具で山に穴を開けたということなのだ。[233]けれども、この伝説を伝えるティトゥス・リウィウスとユウェナリスにとって、移動中の軍隊がそれほど大量の酢を運ぶことは決してあり得ない話でなかったと、指摘しなければならない。

アルコールを含まない発酵飲料

私たちがむさぼるように食べたり飲んだりしているチョコレートも発酵食品である。六〇〇〇年前のアメリカ先住民は、板チョコも、チョコレートソースも、牛乳と砂糖を入れたホットチョコレートもつくっていなかった。彼らはチョコレートで、まさしくアルコール飲料をつくっていた。カカオの実にはジューシーな白い果肉があり、糖分と脂肪がたっぷり含まれているので、サルや鳥などの野生動物を多く引きつけている。いっぽう、その種子は非常に苦くて渋いので、動物たちは好まない。果肉だけ食べて種子を地面に残し、そこから芽が出て、新しい木になる。

よく熟したカカオの実が地面に落ちると、実が割れ、果肉が自然に発酵し始め、やがて液体になる。スペインの年代記作者たちは、グアテマラの先住民たちがカカオの果肉をすりつぶし、カヌーのなかにたまった水に浸して発酵させ、飲みものをつくっていたと述べている。それは、アルコール度数が五パーセントから七パーセントにもなる、苦くて甘い清涼飲料であった。[234]初期のアメリカ人たちがカカオの木を栽培化したのは、その飲みものに惹かれたからであった。もっとも古い痕跡は、ホンジュラスのプエルト・エスコンディードで出土した陶器から見つかった。前一四〇〇年頃のもので、当時、その地域にはオルメカ人が暮らしていた。[235]そこからほど近いウルアの谷は、現在知られているかぎり、カカオが初めて栽培された場所であると推定されている。

スペインの征服者たちが描くマヤ人とアステカ人は、ベニノキの染料で赤く色づけし、蜂蜜で甘みをつけ、トウガラシやヴァニラなどのスパイスと植物で香りをつけた、泡立つカカオを飲んでいた。

食事が終わると、手の込んだカカオの飲みものがいくつも出された。柔らかい果実でつくられた非常に美味なもの。蜂蜜を入れたもの。ウェナカチリ(*Cymbopetalum penduliflorum*、イアフラワー)を入れたもの。さらに、柔らかいウルコチル(ヴァニラ)を入れたもの。赤いものや鮮紅色のもの、オレンジ色、黒、白いものもあった。

ベルナルディーノ・デ・サアグンが一五四〇年頃、『ヌエバ・エスパーニャ事物総史』にこう書いている。[236] 当時の飲みものはアルコールを含んでいたのだろうか。確実にそうだとは言えないが、サアグン神父の文章をいくつか読むと、アルコールを含んでいたのではないかと思われる。「実が新しいとき、それを飲み過ぎると酔っ払う。しかし節度をもって飲むならば、爽快な気分になる」[237]

スペインの征服者たちはその飲みものを気に入り、本国にもち帰った。チョコレート飲料がその後どうなったか、ご存じのとおりである……。二一世紀になっても依然として、チョコレートは発酵している。それは香りをよくするためであって、それからつくられる飲みものに、もうアルコールは含まれていない。アステカ人以来、ヴァニラで香りづけされているが、そのうっとりするような甘い香りをさらに引き出すために、ヴァニラビーンズも発酵させている。

コーヒーについては、それがどこから来たのかよくわかっていない。エチオピア起源と思われるが、野生のコー

フランス

ニワトコの花の発泡酒

［750mlのボトル2本分］

◎ニワトコの散形花序［多数の小さい花が放射状についた部分］、中くらいのもの4つ ◎水2l ◎砂糖200g ◎無農薬レモン2個

—

このニワトコの「シャンパン」は、ニワトコの花が咲く春につくる清涼飲料である。泡立ちがよく（ボトルを開けるとき注意！）、数年間保存するうちに味がよくなる。

—

ニワトコの花は洗わない。広口瓶に花と輪切りにしたレモン、砂糖を入れ、水を注いでかき混ぜる。瓶の口を小さな四角い布でおおい、輪ゴムでとめる。毎日かき混ぜながら、5日から6日、日に当てる。5、6日たつと、小さな泡ができ始める。液体を漉し、ゴムのパッキングと金属レバーのついたボトルに入れる。ボトルを立てた状態で、少なくとも2か月、涼しい室温の日の当たらない場所に保存してから飲む。

ヒーノキは赤道アフリカのセネガルあたりまで生育しており、一五世紀の写本によれば「太古の昔から」存在していた。[238]

コーヒーを飲む習慣がイエメンを経由してアラビアに入ったのは一五世紀になってからである。だから、十字軍の兵士たちはコーヒーを知らなかった。イスラム教によって飲酒を禁じられた国々で人気を博し、この飲みものは大発展を遂げる。コンスタンティノープルに、そして一七世紀後半には西ヨーロッパにも伝わった。紅海沿岸のモカの港から、ヴェネツィア商人によってヨーロッパに輸入されたのである。[239] オランダ人は一七世紀末にインドネシアとスリナムにコーヒー栽培を根づかせた。のちにフランス人がコーヒーノキをレユニオン島とサン

赤く熟したコーヒーの実。

ト・ドミンゴに移植し、サント・ドミンゴでは黒人貿易によって、コーヒー栽培が大きな富をもたらすようになる。コーヒーがブラジルに到達したのは一九世紀初頭、コロンビア、熱帯アフリカ、ベトナムへ入ったのは二〇世紀になってからである。コーヒーが広まったのはかなり遅かったが、こんにちでは世界中で飲まれている。

もうひとつ、世界中で親しまれている茶も発酵食品である。摘み取られた茶葉は、高温多湿の屋外に広げられる。発酵すると茶葉は黒ずみ、とりわけ香りが深くなる。茶葉が黒いほど、発酵がすすんでいる。緑茶は発酵していない。

中国における茶の最初の痕跡は前二世紀のものだが、伝承によれば、茶が飲まれるようになったのはそれより二〇〇〇年も前だという。もともと茶は粉にされ、レンガ状に固められていた。必要に応じてそれを砕き、塩と、ときに香辛料を加えた湯で煮立てる。茶は、共用の大きな椀で回し飲みされた。茶のブロックは貨幣にもなり、ウマと交換されて、モンゴルに茶が伝わった。モンゴルではつねに塩を入れて煮立て、ミルクを加えて飲まれる。

その後、一〇世紀から一二世紀頃になると、中国人は、粉末の茶を湯のなかでかき回して飲むようになった。そうした文人たちの飲み方が日本に伝わって茶の湯となり、泡立つまでかき回してから飲まれた。しかし一三九一年になって明王朝の始祖が、茶葉で茶を煎れなければならないと定め、そのときから煎茶が飲まれるようになった。急須と銘々の茶碗が出現

中国のプーアル茶。コウジカビで発酵させる「熟茶」と、経年により熟成させた「生茶」に大別される。

したのもこの時代である。茶はその間にも、シルクロードを経由してロシアとインドに伝わったが、インドで茶が栽培されることはなかった。一六世紀にポルトガルが、マカオの植民地経由でヨーロッパに茶を伝えた。一七世紀になってようやく、イギリスに茶が伝わり、イギリス国王とポルトガル王女キャサリン・オブ・ブラガンサとの結婚を機に、人気の飲みものとなった。キャサリン王妃はティーセットと乾燥茶葉のケースを持参して嫁ぎ、ポルトガルの喫茶の習慣をイギリス宮廷の女性たちに広めたのである。

だが、茶が重要な役割を担ったのは、たんに上流階級で飲まれたから、あるいは味がよいからではない。茶は世界中で、経済と政治の大きな争いに巻き込まれた。イギリスとオランダは茶の輸入にたいする独占権を争った。一七世紀と一八世紀をつうじて、彼らはすでにポルトガルから茶貿易の独占権を奪っていた。エリザベス一世が創設した東インド会社は、一九世紀まで茶貿易を独占しつづける。イギリスは中国とのあいだで阿片と茶の三角貿易を繰り広げ、巨額の利益を上げていたが、それは二度にわたるアヘン戦争を引き起こした。この戦争をきっかけに、中国はヨーロッパに門戸を開くとともに、イギリスがホンコンを支配するようになる。一九世紀に茶の栽培をインドに移入したのもイギリスだった。それは、東インド会社が中国茶の輸入独占権を失ったのちのことである。お茶好きがもたらした政治的影響はマイナスの面ばかりではなかった。一七七三年のボストン茶会事件で、アメリカの入植者たちはイギリス製の茶の箱を海に投げ込み、植民地への課税に抗議した。この出来事はアメリカ独立戦争の端緒となったのである。

第八章　ポップコーンからパンへ

人類の大多数が食べている基本的食料に六種類の穀物がある。小麦、大麦、ライ麦、燕麦、米、トウモロコシである。最初の四つは温暖な地域、あとのふたつは熱帯地方の植物である。以上の穀物すべてが粒食ないしは発酵させて、また飲みものや固形食の形で食べられている。

人間が栽培化した最初の穀物は大麦だったようで、大麦の栽培は中東ではなく、もっと東のチベットに近い中央アジア地方で始まったと考えられている[240]。初期の大麦畑は少しずつ、その地域の雑草であった他のイネ科植物に侵食されていった。それがこんにち小麦、燕麦、ライ麦などと呼ばれるものである。何世紀もたつうちに、交雑や変異によって、それらの穀物も徐々に栽培化された。その間にも大麦の栽培は西へ広まっていった。

粥は食物の母

人間がいつ穀粒を粉にし、穀物からパンをつくるようになったのか、正確なところはおそらく永遠にわからないだろう。穀粒をそのまま食べることと、穀粒を箕《み》であおってから砕いたりすりつぶしたりし、ふるいにかけて粉にし、それをこねて焼くまでには、いくつかの段階が存在する。考古学者たちは世界各地で炒られた穀粒を発見している。そのことから、人間が食べた穀物の最初の形は「ポップコーン」ではなかったかと考えられている。穀粒の堅い外皮を取り除くため、炉で炒ったのである。穀粒ははじけ、ぐっと噛みやすくなった。生の穀粒の苦みも同じ作業で除かれた。また炒ることによって、はじけない穀粒の外皮も簡単にはがれ、より楽にすりつぶせるようになる。同じようなやり方をしている例が、インド、アメリカ、スコットランド[241]、中東に存在する。中東ではまだ青い麦粒シャウィが、祭りや憩いの場で、アメリカのポップコーンのように炒って食べられている。

人間はやがて、そうして炒った穀粒をすりつぶし、できた粉に水を混ぜて粥にすることを思いついた。液状の飲める粥もあれば、ペースト状の食べられる粥もあり、つぎに、ペースト状の粥を使って発酵していないガレット(平焼き)、そして最後に発酵したパンがつくられた。熱いプレートの上で焼かれる粥は、まさにクレープやガレットの生地となった。穀物を最初に発酵させたものはパンでもビールでもなく、粥であった。それはオートミールとも呼ばれ、それほど多くの原料も、炉も、大きな桶も必要としなかった。焼く前に、この粥を室温で放置しておけば、自然に発酵する。肥沃な三日月地帯や中央アジア諸国のような暑い国であれば、それだけ早く発酵することになる。

穀物やイモ類からつくられる粥は、新石器時代の代表的な食べものである。粥は大きく変化することなく、数千年を経たこんにちまで食べられている。バルカン地方のコリヴァは小麦の穀粒をすりつぶし、ドライフルーツを混ぜただけの粥で、こんにちではもっぱら葬儀の食べものになっている。ダン・モナーによれば、それこそ粥の歴史の古さを物語るものである。新石器時代初期(前七〇〇〇–六〇〇〇年紀)の壺のなかから見つかったかさぶた状のものは、そのような粥の残滓であると見られている[242]。こんにちの葬儀では、発酵させずに早く食べることになってい

スコットランド

ポリッジ

［**2人分**］

◎オートミール80g ◎塩素を含まない水500ml ◎プレーンヨーグルト大さじ2 ◎塩ひとつまみ

—

この燕麦の粥は伝統的に朝食で食べられる。生クリーム、蜂蜜、砂糖、メープルシロップ、シナモン、生のフルーツを添えてもよい。

—

オートミール、水250ml、ヨーグルトを混ぜる。布巾でおおい、暖かい場所で24時間、発酵させる。残りの水と塩を加えて鍋に入れ、かき混ぜながら沸騰させる。火を落として約5分間、濃度がつくまで煮る。5分間置いてから、お好みの付け合わせを添えて出す。定期的にポリッジを食べるなら、つぎにつくるときのスターターとして一食分をとっておくことをお勧めする。分量を2倍にし、混ぜ合わせたものの半量（塩と残りの水を加える前に取り分けておく）を広口瓶に入れて常温で保存する。次回ポリッジをつくるときは、必要な量のオートミールと水を加え（この場合ヨーグルトは不要）、レシピどおりに発酵させる。次回分にその一部をとっておくことを、つねに心がけるようにしよう。

るが[243]、昔は日常生活で発酵させて食べていたことがうかがえる。

　ブールグールも同様に、小麦の穀粒を煮て天日乾燥させ、さらに細かく砕いたものである。中東ではこれを煮て、ざらっとした粥にして食べる。ヨーグルトを混ぜ、数週間発酵させたものがキシクで、乾燥させて細かく砕き、スープのとろみをつけるのに用いられる。

　アメリカではスペイン征服以前のインディオが、トウモロコシを発酵粥の形で食べていた。ハワイのポイはタロイモの粥を発酵させたもの。ニュージーランドのマオリ族は、数週間発酵させたトウモロコシ（かつては在来種の塊茎）を粉に挽き、それでカンガピラウと呼ばれる粥をつくって朝食に食べる。極東のコンジーは、ひと晩水に浸した米を長時間煮た粥である。インドのアンバリはキビと米を発酵させた粥。フィリピンのプトは発酵した米の生地を蒸したもの[244]。スーダンのアセダはソルガムのポリッジ（オートミール）である。ケニアのウジはトウモロコシかキビ、ソルガム、キャッサバの粥を発酵させたもので、液状の粥を、ヒョウタンを半分に割った器で飲む。

アフリカ原産の雑穀はしばしばトウモロコシに取って代わられた。西アフリカのオギは、トウモロコシかソルガム、ないしはキビの粥。フフとガリは発酵させたキャッサバでつくられる。キャッサバは発酵させなければ有毒で、アフリカ、南アメリカ、カリブ海の島々、アジアに多数のキャッサバ料理がある。[▼245] 南アフリカのマヘウはトウモロコシからつくる発酵粥。ガーナのケンケないしはバンクーは、発酵したトウモロコシのペーストを玉状に丸め、トウモロコシの皮に包んだもの。やはりアルカリ処理したトウモロコシでつくるメキシコのポソルに似ており、粥や飲みものをつくるのに使われる。ベネズエラの標高が高く、十分に加熱できない地方では、米を発酵させてから煮ている。

粥は香港の朝食の定番となっている。

古代の地中海沿岸、そして中部ヨーロッパでも、さかんに粥が食べられていた。細かく挽いた粉でつくる粥は新石器時代中期(前五〇〇〇年紀)に登場したと思われる。ギリシア人がローマ人を「粥食らい」と呼んでいたことを思い出そう。とはいえ、ギリシア人自身も大麦の粥をつくっていた。大プリニウスが伝えるレシピは以下のとおりである。

> それをつくるにはいくつかの方法がある。ギリシア人は大麦を水に浸して、ひと晩乾かし、翌日炒ってから

粉に挽く。もっとよく炒って、ふたたび少量の水で湿らせ、それを乾かしてから粉に挽く者もいる。［……］どのような方法でつくるにしても、大麦二〇リブラにたいして亜麻の種子三リブラ、コリアンダー半リブラ、塩一アケタブルムを用意し、最初に炒ってから、混ぜ合わせたものを粉に挽く。より長く保存したければ、新しい陶器の壺に粉とふすまを入れておく[246]。

ソバ粉の粥は一九世紀まで、フランス西部の農村の重要な食べものであった。ブルターニュではむしろヨドケルクという、ひと晩発酵させた燕麦の粥が好まれ、二〇世紀まで食べられていた。世界各地に同じような食べものが見られる。ロシアではソバ粉のカーシャ。イタリアのポレンタは、トウモロコシが入ってくる以前は雑穀でつくられていたが、これはフランス南西部のミヤスやジュラ地方のゴードと同じものである。以上はすべて、シュメール人が食べていたセモリナの粥を直接受け継いだものである。

ブリテン諸島では、ひき割りにした燕麦（オートミール）でポリッジがつくられていた。最低でもひと晩、粉を水に浸してから煮るのが、伝統的なつくり方である。このように発酵させることで、ポリッジに特有の軽い酸味がつく。カナリア諸島の先住民グアンチェ族は、一五世紀にスペイン人が到来するまで、小麦とライ麦の粥、ゴフィオをつくっており、それが彼らの基本的食料になっていた。この粥は北アフリカのベルベル人を起源とし、モロッコでもつくられている。同じ方法で発酵させるブラガないしはジュルは、ポーランドからバルカンを経てシベリアまで、東ヨーロッパ全域に広まっているが、かつては水に浸した雑穀の粥でつくられていた。そうしてできたかなりゆるいペーストを加熱し、二四時間発酵させ、どろどろした不透明な飲みものやスープをつくる。これは漉してから出されるが、一パーセントから二パーセントの弱いアルコール分が含まれている。どの家にも、ジュルを発酵させるための炻器《せっき》［訳注❖砂のまじった陶土でつくられる堅くしまった焼き物］の壺がある。使用した壺は洗わず、翌日の発酵に使う分を少し底に残しておく。ルーマニアとバルカン諸国ではライ麦を発酵させたジュルが、こんにちでもスープの香りづけに使われている。

ロシアのキセルないしはキシェルは、こんにち、果実を原料とし、デンプンでとろみをつけたデザートだが、もとはジュルよりも濃厚な、発酵した穀物粥であった。最初にこれに言及しているのは、一一一一年に成立したネストルの年代記で、九九七年の出来事として語られている。この年代記によると、キセルは燕麦、小麦、フスマを桶の水に浸してつくられる。[247] キセルの名はロシア語で「酸っぱい、酸味のある」を意味するkislyに由来する。ジュルもフランク語のsurに近い語で、こちらはドイツ語のsauer、英語のsour、フランス語のsur［訳注❖いずれも酸っぱいという意味］のもとになった。こうした語源は、それがまさしく発酵していたことを示している。この栄養豊富な飲みものは「ビールの化石」とみなされており、パンとビールの共通の祖先であった先史時代の料理の生き残りといえる。[248]

ガレットからパンへ

同様にして粥から生まれたパスタは、すでにシュメール人のあいだで存在していた。濃厚なペーストのかけらや削りくずを熱湯に入れ、ゆでていたのである。[249] こんにちそれは、いたるところに見られる。液状の粥をあらかじめ炉で熱しておいた瓦や平たい石の上に流せば……ガレットになる！　ウクライナのブリニからインドのイドリやドーサまで、それはブルターニュだけでなく、ヨーロッパ、そして世界で特産品となっている。イドリとドーサは

インド

ドーサ

［**4人分**］

◎米300g ◎赤いレンズマメ200g ◎フェヌグリーク［マメ科植物で種子に芳香がある、コロハともいう］ひとつまみ ◎塩小さじ1

—

このクレープはパンの代わりに、野菜やサラダを添えて食べられ、朝食にも出される。インドでは皮をむいた黒いレンズマメ（ウラド・ダル）が使われるが、手に入れやすい赤いレンズマメでもつくることができる。

—

米を常温の水で洗って容器に入れ、塩素を含まない水を米の5cm上まで注ぐ。赤いレンズマメも同様にし、フェヌグリークを加える。ひと晩、水に浸しておく。翌日、両者を別々にミキサーにかける。ミキサーを動かすのに必要最低限の水を加えながら、ふたつの生地をつくる。生地はかなり濃くなければならない。ふたつの生地を混ぜ合わせ、塩を加え、あたたかい場所で12時間から48時間発酵させる。生地は2倍にふくらむので、それを計算に入れて大きめの容器を用意しよう。水をたっぷり加えて液状の生地にし、少し油を引いたフライパンでクレープを焼く。チャツネなどを添え、焼きたてをいただく。

レンズマメと米粉でつくるガレット、つまり小さなパンケーキで、生地を発酵させるためにホエー(乳清)を加えることもある。[250] フランス南部のソッカやパニスはヒヨコマメでつくるガレット。モロッコのムスメンやバグリールは、小麦粉かセモリナのクレープに蜂蜜をかけたもの。南インドとスリランカのアッパーは米とココナツのガレットである。[251] 以上の食品はすべて、焼く前に発酵させている。

濃厚な粥であれば炉の石の上で焼いて、簡単にガレットをつくれる。ギリシアの大麦のガレット、マーザはその古代版である。ギリシア語のフォクス「炉」という言葉から、イタリアのフォカッチャ、フランスのフガスやフアスができた。ガレットの一族には多くの子孫がいる。アメリカ先住民のトルティーヤからインドのナンやチャパティ、エチオピアのインジェラやコチョ、スリランカのアッパー、スーダンのキスラ、北京ダックといっしょに食べる中国の小麦のガレット(薄餅《バオビン》)、さらに中東、中央アジア、北アフリカのすべ

ブルターニュ　中部ヨーロッパ、ウクライナ、ロシア

ソバ粉のクレープ｜ブリニ

ソバ粉のクレープは20世紀までブルターニュの基本的な食べものだった。クレープにバターを塗り、好みのものをのせて食べる。このレシピでは伝統どおりに発酵させるが、子どもでもつくれるシンプルな料理であり、時間をかけてもつくるだけの価値はある。

—

◎ソバ粉500g ◎水1.25l ◎塩小さじ1

—

ソバ粉に500mlの水を混ぜ、濃い生地をつくる。さらに500mlの水を加える。水は生地と混ざらないよう、お玉杓子の背で流し入れ、生地をおおって空気にふれないようにする。布巾でおおい、24時間常温で発酵させる。生地を使うときに塩を加え、生地が液状になるまで残りの水を加える。クレープを焼き、好みの具をあしらう。

—

ブリニは、同じくソバ粉を使った厚くて小さなクレープだが、こちらはビール酵母で発酵させる。燻製にした魚と、酸味のある、すなわち発酵したクリーム（サワークリーム）を添えるのが、伝統的な食べ方である。

—

◎生イースト20g ◎牛乳300ml ◎ソバ粉150g ◎小麦粉200g ◎卵3個（白身と黄身を分けておく） ◎塩小さじ1 ◎濃厚な生クリーム250g ◎プレーンヨーグルト大さじ1

—

細かく砕いたイーストをあたためた牛乳半量で溶き、ソバ粉に混ぜる。布巾でおおい、あたたかいところで1時間休ませる。その間に、小麦粉を大きなサラダボールに入れ、卵の黄身、塩、残りの牛乳、クリーム、ヨーグルトを加え、生地がなめらかになるまでよく混ぜる。ソバ粉の生地が落ち着いたら、小麦粉の生地と混ぜ合わせ、さらに2時間発酵させる。ブリニを焼くとき、泡立てた卵白を生地に軽く混ぜ合わせる。小さなフライパンを強火にしてブリニを焼く。

ての平たいパン。ドイツのフラーデンブロートやスカンジナビアの平パンもそうである。

ガレットからパンへ、急いで話を進めよう。パンはおそらく肥沃な三日月地帯で生まれ、ヨーロッパ全域とアジアの大部分に広まった。いまもなお中央アジアは、世界でも伝統的なパンづくりが行われている地域である。極東でも、小麦粉の発酵生地が米という伝統的な穀物と共存している。前二〇〇〇年紀にさかのぼるメソポタミアの粘土板には、二〇〇種以上のパンが

挙げてあり、粉の種類、こね方、さまざまな原料の添加物、味や香り、焼き方にしたがって分類されている。[252] 現在の多くのパン屋に並んでいるパンよりずっと種類が豊富なのである。香辛料や卵、動物性油脂やオイル、蜂蜜、果実を加えた菓子パンやブリオッシュのたぐいも、いまから四〇〇〇年前にすでにつくられていたことがわかる。また、こんにちでも中東やヨーロッパ北部に見られるような薄くのばした生地でつくる平パンが、ふくらんだパンとすでに共存していたことも、指摘しておこう。ガレットは数時間生地をねかせておくだけで発酵する。いっぽうふくらんだパンは、少量のビールやスープ、酸っぱくなった粥といったパン種を外から加えることで発酵する。[253] インドではこんにちでも、発酵乳やヨーグルトでナンの生地に種菌をつけている。

それらのガレットは、炉の石の上に置き、あるいは、まだあたたかい灰の下にじかに入れておけば、すぐに焼けた。粘土でできた円筒形の大きな窯、チヌルで焼かれるものも多かった。これは、こんにちでも北インドでナンが焼かれているタンドールの先祖で、アフガニスタン、イラン、カフカス地方、中央アジア南部でも、このような窯を使ってパンを焼いている。鐘型のおおいや丸天井のついた焼成レンガの窯でも焼かれたが、現代のパン窯の先祖であるこのような窯は、新石器時代から南ヨーロッパに存在していた。

世界最古のパンとその後

一般に広まっている考えでは、発酵パンを発明したのは古代エジプト人ということになっている。それは偶然の出来事で、置き忘れたガレットの生地が発酵したというものだ。エジプトで見つかった製パン所の遺構とパンの遺物から、彼らがパンづくりと菓子づくりの技術をきわめ、何十種ものパンをつくっていたことが明らかになっている。卵や油脂を加え、ナツメヤシの実などの果物の詰め物をしたパンもあり、カイロ博物館でそれを見ることができる。それらのパンは、いまでも現地の村で行われているように、天然酵母で発酵させたと思われる。新しい生地の種にするため、生地をこねた容器に水を注いで生地の残りをはがし、粉を少々加え、つぎにパンを焼くまで常温でねかせておく。

培養酵母を添加する方法は少なくとも前一五〇〇年にさかのぼる。ビールをつくるとき、パン職人がその酵母を採取したと思われる。パンとビールは同じ場所でつくられることが多かったからである。[254] 使われた粉のせいで、古代エジプトのパンはヨーロッパのパンのようにふくらまなかった。エンマー小麦と大麦はグルテンが少なく、多くの場合、固くしまったパンができる。

実のところ、ふくらんだパンのこれまでに知られる最古の考古学的痕跡はヨーロッパで見つかっており、発酵パンは前五〇〇〇年紀のヨーロッパに出現したと考えられている。金石併用期（前五〇〇〇～三〇〇〇年紀）にバルカンからウクライナまで、農業がおおいに発展した。ルーマニアで発見された当時の住居から、改良が施された粉挽き車、丸天井型の窯、大きな穀物貯蔵庫が見つかっている。貯蔵庫は最高二トンまでの穀物を、種類や大きさで分け、サイロに保管できた。[255] 生地のなかの穀粒が判別できるキビの丸パンも出土した

ポンペイ遺跡のパン屋。

が、それはガレットとパンの中間のようなパンだった。同じ丸パンでも粘土の型で成形されたものは、儀式に使われたに違いない。同じルーマニアのスチダヴァ・チェレイの墳丘からは、前三〇〇〇年紀の炭化したパンの残骸が発見されたが、それは厚いガレットの形をしていた。パンの身のなかに大麦と亜麻の種子が混じっているのが、はっきりと見てとれた。細かい空洞ができているので、発酵パンであるのは明らかである。

だが、スイスのヌーシャテル近郊のモンミライユ遺跡で、これまでに知られる最古の発酵パンのかけらが複数見つかっている。年代は前三七一九年から三六九九年のあいだである。もうひとつ、ビエンヌ湖に近いドゥアンで発見されたパンは、丸ごと一個が完璧に保存されていた。細かく挽かれ、ふるいにかけられた小麦粉と、酵母から、このパンがつくられたのは前三五六〇年から三五三〇年のあいだであると判明した。丸くふくらんだパンは窯で焼かれ、現在のパンとそっくりである。[256]

「パンの形とつくりからいって、いまもアルプス地方、とくにヴァレー州に存在している発酵したパンと変わらないようである」

パンを分析したマックス・ヴェーレンがこう書いている。[257] 同遺跡では、大麦のパンと、粥をつくるためにひき割りにされた穀物も見つかっている。

ドゥアンのパンは天然酵母で発酵しているようだった。前日の酸っぱくなった生地のかけらを再利用して、新たに焼くパンに種をつけたか、あるいは先述したように、練り桶の削りくずで生地をつくったのである。ギリシア人とローマ人は、ワイン用のブドウ果汁をベースにした発酵剤を使っていた。プリニウスがそのつくり方を伝えている。

キビはおもにパン種として使われる。ブドウの搾り汁でこねたものは、一年間もつ。上質な小麦粒のフスマでもパン種がつくれる。このフスマを三日たった白ブドウの搾り汁でこね、天日で乾燥させ、小さな練り粉の形にしたものを水でのばしてパンをつくる。［……］この種のパン種はブドウの収穫期でなければつくれない。だが、大麦と水のパン種はいつでも好きな季節につくれる。それで重さ二リブラの塊をつくり、高温の炉か、灰と炭火の上に置いた陶器の皿で焼く。こんがりきつね色に焼けたら、酸っぱくなるまで壺に入れておく。そうやってできたパン種を水でのばして使用する。▼258

彼らは経験上、ブドウの皮の表面に付着している微生物フローラにサッカロミセス・セレビシエが含まれていると気づいたのである。それはまぎれもなくビール酵母、つまりイーストであった。

だが天然酵母も使われていた。

いまは粉そのものでパン種がつくられている。粉をこねて塩を加え、粥状になるまで煮たものを、酸っぱくなるまでねかせておく。だが普通は、煮ることもしない。前日の材料をとっておき、それを使うだけですませる。

プリニウスは以上のようにつけ加えている。最後の方法は、一八世紀までヨーロッパのすべてのパン屋に採用され、こんにちふたたび見直されている。ケルト人は、発酵桶からビール酵母を採取して使っていた。プリニウスはケルトの軽いパンを絶賛している。「ガリアとイスパニアでは、かの地に育つ麦で飲みものをつくり、凝固した酵母をパン種にしている。だから、かの地のパンはよそのものより軽いのである」[259]ビール酵母の技術はキリスト教が広まってから消滅したが、ビールがずっと自家用に醸造されていたゲルマン諸国は別だった。一七世紀にアンリ四世とマリー・ド・メディシスが結婚したとき、その技術がフランスで復活したが、そのことは論争を巻き起こさずにはいられなかった。ビール酵母を使用することはパンの衛生上、問題があるとされ、そのような酵母を使用しないよう、医学アカデミーが勧告するほどだった。ビール酵母を使用したパンは「ふんわりしたパン」とか「女王風のパン」などと呼ばれた。天然酵母でつくる伝統的なパンより白く、ふっくらとしたパンは、干からびるのも早かった。より密度が高く、酸味があって白くないパンにたいし、こちらは贅沢なパンとみなされた。

パンづくりは古代からほとんど変化しておらず、二一世紀になっても四〇〇〇年前と同じやり方でパンがつくられている。天然酵母も、イーストの使用も、パンの種類も、なにひとつ変わっていない。丸いパン、長いパン、型に入れてつくるパン、さまざまな穀物を単独ないしは混ぜ合わせてつくるパン、平たいパンやふくらんだパン、詰めものをしたパン、ロールパン、種子や果実の入ったパン、油脂や蜂蜜を加えたパンなど、ありとあらゆるパンがすでに存在していた。唯一の技術革新は機材にかんするもの、電動混捏《こんねつ》機や温度自動調節機能つきの発酵室といったところである。ここで言っているのはもちろん手づくりパンのことであり、工場製のパン

天然酵母のカンパーニュ。

にはさまざまな添加物、とりわけパンの身をより白くするための添加物が使われている。

ブリオッシュも四〇〇〇年前に存在していた。「卵やミルク、さらにはバターを加えて（パンを）こねる者もいる。こういったことを考え出すのも、平和な国ならでは、である。国が平和になれば、人はさまざまな種類のパンをつくることに気を回せるようになる」[260]プリニウスはその百科事典的書物に現存するすべてのパンを記載するのをあきらめている。伝統的に北はイースト、南は天然酵母でつくられるヨーロッパのパンや菓子パンから、マグレブや中東の平パンまで、世界には多種多様なパンがあり、私たちはそれ以上のパンをつくれないだろう。パンは数千年前からインドや中央アジアに広まり、そこにも平たいパンやふくらんだパン、ときにはチーズや肉をはさんだり詰めたりしたパンなど、じつにさまざまなパンがある。パンづくりは中国にも伝わり、イーストを使ってふくらませたパンの多くが蒸されている。最近では日本でも、非常に柔らかい独特なパンがつくられている。アメリカ大陸でも入植者たちが、サンフランシスコの天然酵母パン、ボストンのパン、ハンバーガー用の小さな丸パンといった、アメリカ独自のパンの文化をつくり上げたのである。

第九章　チーズ──乳製品の最高峰

乳製品は発酵食品の大きな部分を占めている。一九八一年にアンドリュー・シェラットが唱えた「二次産物革命」の理論によれば、牧畜の二次産物（肉は一次産物）の利用、つまり毛、ミルク、卵だけでなく、牽引や運搬など、動物を殺さずに利用する方法は、前四〇〇〇年紀にメソポタミアで始まり、前三〇〇〇年紀にヨーロッパ、北アフリカ、そしてアジアに広まったという。このとき、農耕、車輪の発明、ウマやロバの利用が、中東そしてヨーロッパに出現したと考えられている。[▼261] しかしながら、それより古い時代のチーズの水切り用漉し器の遺構が存在する。

ウシを飼育する以前にどうやってミルクを飲んでいたか

食物史家たちはこの数十年来、新石器時代初期に動物のミルクが利用されていたはずがないと考えていたようである。それにはいくつか理由がある。第一に、雌ウシ、雌ヤギ、場合によっては雌ラクダも、子どもがいなければ乳を出さない。母ウシが乳を出すためには、子ウシが乳を吸いつづけなければならないが、子ウシと人間の両方に飲ませるほど十分乳があったとは思えない。第二に、牧畜を行うにはそれなりの知識や組織が必要だが、当時の人類には不可能とされたのである。
そのような思い込みは、近年の考古学的発掘でくつがえされた。中東で、五〇〇〇年前にさかのぼるチーズの水切り用漉し器と凝乳の型が発見されたのである。ウバイドで見つかった前三五〇〇年頃のシュメールの浮彫り「乳製品加工場のフリーズ」は、雌ウシの乳搾りと乳の凝固を表している。[262] 古代エジプトでも、前二〇〇〇年紀の墓の浮彫りに、乳搾りの様子が描かれている。ルーヴル美術館所蔵の、第一一王朝のカウイトの石棺や、[263] メテティの墓を飾っていた絵画にも、それと同じものが見られる。パキスタンでは前三〇〇〇年紀にさかのぼる住居の発掘で、穴が開けられ、ヤギの乳製品の残滓が付着した壺がいくつも出土した。[264] アナトリアとリビアの発掘調査でも、前六〇〇〇年紀から前五〇〇〇年紀のミルクの残滓が見つかっているが、それがチーズに加工されたかどうかは確認されていない。[265]
こうした発見以降、西ヨーロッパでさらに古い遺構が続々と見つかっている。ローザンヌ大学地球化学研究所が行った分析により、コンスタンツのボーデン湖畔にある前四〇〇〇年紀の「農場」の遺跡から出土した陶器に、ウシやヤギやヒツジのミルクの残滓が付着していることがわかった。ミルクが単独ないしは穀物とともにそれらの容器で加熱され、粥のようなものがつくられていたことも明らかになった。さらに、前五〇〇〇年紀の乳製品の残滓がイギリスで大量に見つかり、カルパチア地方では前六〇〇〇年紀にさかのぼるものまで発見されている。スイスのジュラ地方、ルーマニア、ハンガリーでも、チーズの残りが付着した、前六〇〇〇年紀の陶器製の漉し器が見つかった。ブリストル大学の研究論文にも、前六〇〇〇年紀にポーランドでチーズがつくられていたと書かれている。[266] 乳製品はいまから八〇〇〇年前にすでに食べられていたのである。
もっと驚くのは、人間は家畜の肉を食べる前にミルクを飲んでいたかもしれないことだ。パリ＝ベルシーにある前四〇〇〇年紀の新石器時代の遺跡[267]で見つかった動物の骨から、研究者たちがその動物の死亡年齢を調べたところ、そのうち何頭かは四歳か五歳であることがわかった。肉用の動物としては妥当な年齢である。だが大半の骨はもっと若く、六か月から九か月といったところで、夏の終わり、すなわち授乳が終わるまでに殺されていた。子ウシの臼歯の象牙質は乳を吸っていたか草を食べていたかで異なるので、そのことがわかったのである。ごく若いウシを殺していたことに、研究者たちは首をかしげた。実のところ、当時は子どもを取り上げられたら、母ウシはもう乳を出さない。だから、春から秋まで乳が出るあいだは、子ウシが母ウシから引き離されることはなかった（現在、雌ウシや雌ヤギが一年中乳を出すのは、ホルモンを投与されているからである）。授乳期間が終わると、子ウシや子ヤギ、子ヒツジは「不要」となるので殺された。なんの役にも立たない動物にエサを与えることはできない。気候がよくないときの蓄えに、肉はしばしば塩漬けにして保存された。こういったことはいまでも農村で行われている。

つまり、ミルクを搾るためにヤギやヒツジを飼うことが、地中海沿岸のキプロスや中東では前八〇〇〇年紀初め、西ヨーロッパでは前六〇〇〇年紀初めから行われていた証拠が存在するのである。それらの村落で行われていた牧畜のシステムは、肉とミルクの両方を利用する複合型で、肉だけをとる牧畜は見つかっていない。フランス、バルカン地方、イタリア、中東では、ウシの飼育が新石器時代初期から中期にさかのぼることも判明している。それは本格的な「農耕牧畜民」というより、「家畜を飼育している狩猟農耕民」であった。

初期のウシやヤギはまだ本格的に家畜化されていたわけではなかったが、彼らはそのミルクを利用するための組織や技術を発展させていた。家畜の数と蓄えを管理し、将来を予想し、技術と方法を受け入れて伝達することができたのである。

それは、「新石器革命」以前の最後の狩猟民にかんするイメージの再考をせまるものだった。彼らは技術的にかぎられた手段しかもっていなかったと考えられていたからである。ミルクは肉食の二次産物であるという考えも問い直された。若いうちに殺したウシの肉は、乳製品の副産物なのであり、その逆ではないからだ。実際にミルクを得ることが、最初にヤギとウシが家畜化され、地中海沿岸にその子孫が広まるきっかけになったと思われ、肉を食べるために動物を家畜化し、その二次的な結果として乳製品が食べられ、やがてその「風習」が広まったというわけではなさそうだ。[268]

もうひとつの論点はジャン＝ドニ・ヴィーニュによって提起された。それは、狩猟民が狩猟をやめて牧畜を始めるには、牧畜が狩猟に比べて、量というより質の点で「利益をもたらす」ようにならなければならない、というものである。居住地の炉の周辺で見つかる哺乳類のサンプル数を調べると、家畜にたいして狩猟獣が減少するスピードはゆるやかだったことがわかった。家畜の数が狩猟獣を上回るのは、ようやく、前七〇〇〇紀半ば頃になってからにすぎない。それは、まずミルクを含む二次産物のために動物が飼育されるいっぽう、狩猟が肉の需要の大部分をまかないつづけていたことを示している。

さらに、古遺伝学の研究により、はるか昔のこの時代、人間がまだ成人年齢でラクターゼを合成できなかったことが明らかになった。ラクターゼは哺乳類の小腸のなかで生成される酵素で、ラクトース(乳糖)をグルコース(ブドウ糖)に変えて消化しやすくする。この酵素はあらゆる種の赤ん坊において、母親に依存する年齢まで、つまり乳の消化が生存にとって絶対欠かせないあいだ生成される。成人はもはやラクターゼを生成せず、ラクトースにたいして不耐性になる。だから新石器時代の人間は、最初にミルクを飲んだとき、たびたび消化不良に悩まされたはずだ。

遺伝子の突然変異により、人間は成人になってもラクターゼを分泌しつづけることができるようになった。現在九〇パーセントのヨーロッパ人がこの突然変異に由来する遺伝子をもつと推定されている。だが、たとえば東アジアの人々にはほとんどこの遺伝子がない。しかし、この突然変異は動物の家畜化のあとに起こったのであり、その前ではない。場所によって時期はさまざまだが、カフカスとサハラ以南のアフリカの遊牧民では一万年前、中東と北ヨーロッパではもっとあとに起こっている。北ヨーロッパの人々にもっとも共通する変異型はカフカス起源であり、約六〇〇〇年前に数度に分けて入ってきたようである。これは収斂進化のプロセスであると、科学者たちは語っている。

これよりずっとのち（前一四〇〇年から三〇〇〇年のあいだ）に起こったもうひとつの突然変異は、ウラルの西とカフカスの北に位置する特定の地域の住民に生じたものである。また、この突然変異が起こった遺伝子は、中央アジア、カフカス、パキスタンから、モンゴル、中東、サハラ以南のアフリカまで、つまり非常に古いチーズの伝統をもつ住民のなかに存在する。さまざまな遺伝子を調べたところ、同じ型の突然変異をもつ人々は、歴史をつうじて同じチーズと乳製品の文化を共有していることが明らかになった。同じ対立遺伝子をもつ人々は、同じ動物を飼育し、同じ文化層に属しているのである。▼269

それまで、ミルクの生産を目的とした動物の飼育は突然変異のあとに始まったのであり、その自然な結果であると考えられていた。理由はよくわからないが、人類はある日突然「変異」し、ラクトースを消化するようになった。その結果、ウシやラクダなどを飼育するようになったというのだ。しかし実際は、それと反対のことが起こっていた。乳製品を日常的に食べることが、遺伝子の突然変異に有利にはたらいたのである。だが、そうであるなら、人間は体に悪い食べものを、どうしてこんなに長く食べつづけていたのだろうか（突然変異は短期間に起きるのではなく、人間が乳製品を食べ始めたときから、理論上、なんの問題もなくそれを消化できるようになるまで、五〇〇〇年を要したともいわれ

中東、トルコ、インド

ラブネ、ヨーグルト、ダヒ、ラッシー、アイラン……

［1ℓ分］

◎牛乳1ℓ ◎プレーンヨーグルト大さじ1

—

ヨーグルトの仲間は多く、バルカン半島からトルコ、中東、中央アジアを経てインドまで広がっている。ヨーグルトをつくる技術はどこも同じだが、ヨーグルト種は地域によって異なる。ここでは市販のヨーグルト、できれば農場製のヨーグルトを使おう。「ビフィズス菌入り乳飲料」などではなく、パッケージに「ヨーグルト」とはっきり書かれているか確認していただきたい。

—

鍋に牛乳を入れ、沸騰したら火を落として5分から15分、軽く煮立てる(沸騰している時間が長いほどヨーグルトは固くなる)。火を止め、55℃までさます。コップ1杯分の牛乳をボールにとり、大さじ1杯のヨーグルトを入れ、よくかき混ぜる。そのヨーグルト種を残りの牛乳に注ぎ、泡立て器で丁寧に混ぜる。容器に移して蓋をし、屋内のあたたかい場所に置く。熱が逃げないようにおおいをして、3時間発酵させたら、冷所で保存する。

アラブのラブネ、レバノンのラバネ、インドのパニールをつくるには、でき上がったヨーグルトにひとつまみの塩を加え、ガーゼを二重にした漉し器に流し入れ、重石をして数日、水切りをする。脱水時間によって固さの異なるフレッシュチーズができる。

インドのラッシー、トルコのアイランをつくるには、ヨーグルト2にたいし冷水1とひとつまみの塩を加え、泡立て器で混ぜる。ミキサーにかければ泡立ちがよくなる。できたてをいただく。

る)。ごく単純にいえば、彼らは突然変異が生じる前に、発酵のプロセスをわがものにしていたということだ。実際、発酵によってラクトースは完全に消化吸収できる乳酸に変わるので、人体はラクターゼを必要としないのである。

要するに、最初の人類は生乳を飲み、ウシを家畜化する前に、ヨーグルトとチーズを食べていたのである。発酵が最初から動物を飼育する人々のあいだに存在していたのは▼270、それが必要だったからだ。発酵がなければ、大人になってミルクを飲食できなかったのである。

遊牧民の発酵

いまから一万年前に中央アジアの遊牧民のあいだに生まれたチーズの伝統は、前六〇〇〇年紀にアフリカと西ヨーロッパに伝わった。当初、チーズづくりは乳酸発酵によって行われた。乳酸発酵はしばしば自然に起こり、ミルクを凝固させるのに酵素を加える必要はない。ミルクに種菌を植えつけるのは、その場の空気中、動物の乳房、ミルクを凝固させる革袋にすみついている細菌だった。前回つくった分の残りでほとんど際限なく、次回の分に種をつけられただろう。この方法は、動物の群れが自然に移動するのにしたがって自らも移動する狩猟採集牧畜民の遊牧文明によって始められ、いまでも中央アジアの遊牧民のあいだで行われている。つくるのも運ぶのも容易であり、貯蔵する必要がないことから（脱水して熟成させる固いチーズではこうはいかない）、発酵乳はアジアを移動する民族にとっても、北アフリカやサハラ以南のアフリカの遊牧者たちにとっても、理想的な食べものとなった。アジアを旅したヘロドトスは、この栄養豊富で健康によく、人に活力を与える発酵乳について語っている。大プリニウスは以下のように伝えている。「乳で生きる未開の民族は、何世紀ものあいだ、チーズの利点を知らずにいたか、あるいは無視していた。だが彼らは、乳をさわやかな酸味のある液体や、脂肪たっぷりのバターに変えるすべを知っていた」▼271

モンゴルの原点にさかのぼれば、いまも昔も食べものは動物中心で、夏はミルク、つまりミルクや発酵クリーム、バターやチーズ、冬はその多くが発酵した肉であるのがわかる。使用されるミルクの性質にしたがって、乳製品はふたつのカテゴリーに分けられる。ウマのミルクと、それ以外の動物のミルクである。

ウマ以外のミルクはタラグというヨーグルトになる。ウマのミルクの脂肪を部分的に取り除き、前回分からとった菌株で種を植えつけてから加熱する。それを布袋で脱水し、テントのなかで保存する。一部のタラグは二回発酵させる。二回目の発酵は、革袋か、野生の菌が付着している特別な木の容器で行われる。数日間ねかせたミルクを、白い泡が立つまで振り動かす。ミルクは酸味のある、軽いアルコール飲料になり、それを蒸留して、ウォッカと同じくらい強いアルコール飲料、アルヒがつくられる。

ウマのミルクは、もっと象徴的で価値の高い飲みものアイラグになる。このアルコール飲料はこんにちなおモンゴルに広まっているが、少なくとも前一〇〇〇年紀から存在していた。[272] これは一種の「ミルクのワイン」、というより、泡立つので「ミルクのシャンパン」である。野生の乳酸菌株の「種」でミルクに菌を植えつけ、凝固したのち、ウマの胃でつくった革袋で空気に触れないように熟成させる。毎日飲む分を抜き取ったら、一日に数回、新しいミルクを皮袋に注いでおく。菌株はいつも同じなので、永遠に発酵しているようなものだ。しっかり発酵するよう、革袋をときどき振り動かす。革袋はテントの入口に置かれ、テントに入る者はだれでも、革袋のなかにつねに入れてある攪拌棒でミルクをかき混ぜなければならない。ぷちぷちとはじけ、さわやかで軽い酸味のある、度数の低いアルコール飲料は、食べものにも飲みものにもなる。子どもも乳離れをしたらすぐに、これを飲む。

アイラグに近い飲みものとして、ロシアのクミスがあり、ゴビ砂漠ではラクダのミルクを発酵させてウンダやホールモグがつくられている。トルクメニスタンではチャル、カザフスタンではシュバトが飲まれているが、これも、前回つくられたもので種菌をつけたラクダのミルクを革袋や素焼きの壺で発酵させる。ラクダのミルクからは、表面に浮かんだ発酵クリーム、アガランもとれる。カフカスでは、ヨーグルトと薄い塩水をベースにした乳酸飲料のアイランがつくられ、クルド人はこれをダウェ、アルメニア人はタンと呼んでいる。牧童たちは、野生の菌を使い、密閉したヤギの革袋でミルクを発酵させる。革袋は決して洗わず、凝固したミルクを新鮮なミルクに入れ替え、これを繰り返す。ときがたつにつれて、菌株が革袋の内壁に、タンパク質と多糖類が凝集した粒子《グレイン》を形成する。これには生きた微生物が豊富に含まれ、常温でも新たなミルクに種をつけ、大量の炭酸ガスを発生させる。この粒子は世代から世代へと——こんにちまで——受け継がれる。それがケフィアと呼ばれるものである。

モンゴル人は発酵乳から、固く圧縮され、乾燥させたチーズもつくっており、そのまま食べたり、動物の腸に保存したりする。冬に凍結させたものはアールツと呼ばれる。ビャスラグはヒツジやヤギのミルクからつくられる、リコッタやセラックと同じタイプのフレッシュチーズである。また、ヤギやヒツジの凝乳に酸っぱいホエーを加えて加熱し、脱水し、強く圧縮してから天日乾燥して、アーロールやエーズギーというチーズをつくる。いずれも酸味が強くて固いチーズである。フレッシュな状態で食べられるものはホロート、「指」と呼ばれる。▼273 チーズは乾燥しているあいだに二度目のカビ発酵をするため、きわめて独特の味がする。ペースト状のものに香草やスパイスを混ぜれば、さらに風味が増す。それはパンのような基本的食料となっている。削ったり砕いたりして毎食食べられ、イタリアのパルメザンにやや近い。

これら固くて乾燥したチーズの起源は非常に古く、いまもアフガニスタンにいたる中央アジア全域に乾燥チーズが見られる。こうした円くて平たいモンゴルのチーズを示すクルトという語は、現在のアフガン語にも存在するが、かつては中央アジアの乾燥チーズ全体を指していた。発酵乳、乾燥チーズ、バター、酸味のある発酵クリーム(サワークリーム)をつくることで、冬中、雌の家畜が乳を出す時期以外でも、生きることができたのである。

ジャン・フロックは、中央アジアの遊牧民や半遊牧民がつくりあげた乳酸発酵の技術が伝播したメインルートを明らかにしている。それは北東アジアから、ペルシア、オスマントルコ、アラブ諸国を経由して、西アフリカにまでおよんでいる。[274] そこから先へはさまざまな経路をたどる。ロシア、アナトリア、トルコからさらに南の中東、エジプトへ。イランからインドへ、そして西へはブルガリアを経由し、さらに北のラップランド、フィンランド、スカンジナビア諸国全域へと広まったのである。北の国ではウシのミルクに、冷温でもミルクにとろみをつける菌が接種される(高温を必要とするブルガリアタイプのヨーグルトとは異なる)。フィンランドの伝統的な発酵乳ヴィリは、前回つくった分の一部で種菌がつけられる。そのあと一八度で二四時間ねかせると、発酵乳の質に重要な役割を果たすカビが表面にできる。このミルクはどろっとして、粘り気と弾力性がある。ピーマと呼ばれる発酵乳は液体で飲まれる。スウェーデンのフィルミョルク、デンマークのイメール、アイスランドのスキルも挙げておこう。北国の湿地に生える食虫植物、ムシトリスミレ(*Pinguicula vulgaris*)をミルクに入れて凝固させることもある。そうしてつくられるのが、ノルウェーやスウェーデンのどろどろしたヨーグルト、テッテで、一八三七年にリンネが『ラップランド植物誌』にこのヨーグルトについて記述している。[275]

チーズが中央に描かれたファン・ダイク『静物』(1613年)。

先述したチーズ製造技術の伝播経路にあたるすべての国が、乳酸発酵のチーズをつくっており、同じ文化的起源に属している。私たちはみなヨーグルトを知っているが、これもその直系にあたるのである。インドでは一種の濃厚なヨーグルトが料理に使われ、それで肉をマリネしたり、脱水してラッシーという飲みものをつくったりする。もうひとつの例は、やはり酸味のある栽培植物を加えて凝固させるギリシアのフェタである。同じようなチーズが多数、バルカン地方、トルコ、東地中海の大きな島々でつくられている。中東のレバン、ラバン、ラブネは液体のこともあれば、布で脱水してもっと濃厚なチーズにすることもあり、地域によって多種多様である。

エジプトでは、固有の微生物をもつラミー(白いイラクサの一種)の布で、凝固させたミルクを漉していた。ちなみにラミー布は、何世紀にもわたってチーズの脱水に使われていた。脱水してペースト状になったチーズは、玉状や平たい円盤状に成形され、あるいはアナトリアで行われているように、ヤギ革の袋に充塡された。ペルシアのチーズ、トゥルム・ペニール、トルコのトゥルム、ハンガリーのフルトも同じ手法でつくられる。トゥルムは皮袋、ペニールはチーズを意味し、ペニールはインドのパニールになった。クレタ島のトゥルモティリ・クリティスはこれとよく似ている(トゥルミもクレタ語の「革袋」、ティリは「チーズ」を意味する)。これらのチーズはずっとなめらかで、酸敗しない。密閉した革袋に守られ、空気に触れることがないからである。革袋のなかに存在する酵素の働きで、発酵するあいだにタンパク質が分解され、酸味の強いチーズになる。『オデュッセウス』の第六歌でひとつ目の巨人ポリュペモスは、ヒツジのミルクを数日間革袋に貯えてチーズをつくる。私たちはここでも、発酵食品に共通する伝説に出会う。

アフリカの遊牧民もチーズづくりの古い伝統をもつ。サヘル地域、アフリカ北東部、アフリカ南部全域で、ミルクを発酵させ、ときに攪拌させている。サハラ以南のアフリカ、サハラ南部からスーダンにいたる一帯では、ウシ

モロッコ

スメン

［1ポット分］

◎水500ml ◎乾燥オレガノ（ザータル）40g ◎バター500g、室温でやわらかくしておく ◎塩大さじ2

—

スメンは「すえたバター」などと呼ばれるが、不適切な表現である。これは、オレガノ水で洗ってから1年間発酵させたバターで、モロッコ料理に欠かせないものである。チーズに近い、強く奥深い味がする。

—

水を沸騰させ、オレガノを入れる。5分間煮立たせたら水を切り、さましておく。スプーンの背でバターを平らに広げ、表面全体にまんべんなく塩をふる。よくさましたオレガノ水を注ぎ、両手でバターをこねる。水とバターが分離し、バターはクリーム状になる。水を捨て、バターをポットに詰める。ポットはガラスの広口瓶がよい。バターの層のあいだに気泡ができないよう注意して、ポットを密閉する。1年後にタジンやクスクス料理に使うときは、レシピに指定された塩の分量を減らしたほうがよい。数年間保存でき、古くなるほど味がよくなる。

や小さな反芻動物（ヤギやヒツジ）が一種類、あるいは数種類で使用されている。現地のフランス語でそれらの乳製品はレ・カイエ、「凝固したミルク」と呼ばれているが、誤解を招く表現である。その名称は酵素を使って凝固させた「凝乳《カイエ》」を連想させるが、実際には酸味のある発酵乳で、加熱されるものもあれば加熱されないものもあり、ミルクのなかに自然に存在する菌で発酵させることもあれば、乳を搾ったあとで種菌が加えられることもある。エチオピアの粒々のある白いチーズ、アイブは、発酵したホエーを加熱するという伝統的な方法でつくられる。アレラは攪拌したミルク、エルゴは全乳［訳注❖搾ったままで脂肪を抜き取らないミルク］でつくられる。セネガルのカッチないしはコッサム・カーダムは全乳、ムバンニクは攪拌したミルク。チャドではアラブ語のロアバ、プール語のペンディダムが全乳、ライブが脂肪を除いたミルクでつくられる。マリのバンバラ語でフェネ、セネガルやベナンのプール語でケトゥンゴルと呼ばれる発酵クリームも存在する。発酵乳は、マリのデゲ（バンバラ語）やセネガルのラー（ウォロフ語）のようなアワの粥をつくるのに使われている。また、発酵乳を攪拌し、あるいは発酵乳の上澄みをとったあとのクリームを攪拌して、バターがつくられる。

気候の制約により、バターの多くは液体（バターオイル）の形で売られており、「ウシの油」、チャド・アラブ語でディーンバガール、プール語でネバム・ナイと呼ばれている。エチオピア南部でイチツ、ケニア北部でチェカムワカと呼ばれる濃縮発酵乳も存在する。脱脂乳でつくるフレッシュチーズ、アウールスはサハラのアハガール山脈、脂肪分の多いチーズ、ギブナボイダないしはワガシはスーダンの特産である。▼276

これまでに挙げたすべてのチーズが乳酸発酵でつくられている。サハラ以南で唯一、酵素を加えてチーズをつくっているのは、スーダンとトゥアレグ族の居住地にまたがる地域で、後者では反芻動物の第四胃が使われている。そのような乳製品のひとつがマリ北部のタマチェクで、これはヒツジ、ヤギ、ウシの新鮮なミルクに種菌をつけたチーズである。小ヤギか小ヒツジの第四胃からとった凝乳酵素《レンニン》を棒につけ、それでミルクを攪拌する。出来上がった凝乳をむしろの上で水切りすると、薄いチーズになり、それをすのこや木の枝で乾燥させる。アルジェリア南部のアハガール山脈に暮らすトゥアレグ族の牧畜民は、ウシやヒツジやヤギの全乳に子ヤギの第四胃で凝乳酵素を添加し、これに近いチーズをつくっている。二〇世紀初めに、フーコー神父がこのチーズの製造技術について述べている。この技術はハウサ族やプール族のようないくつかの民族に取り入れられている。ニジェールにはチュクという、ウシかヤギのミルク、あるいは両者を混ぜ合わせたものからつくられる乾燥チーズがある。このチーズも反芻動物の第四胃の汁で

ポーランドのトゥファルクチーズ。軽く熟成させたフレッシュ・チーズ。

凝乳酵素が添加される。ベナンではボルグ地方のプール族が、二種類のチーズをつくっている。ミルクの酸性度を高めてから静置するものと――柔らかくて美味な凝乳ができる――、*Calotropis procera* という植物の凝固剤を使うものである。後者のウォーガシという柔らかいチーズは女性の手でつくられる。[277]

以上、遊牧民の文明から生まれた乳製品はすべて、動物や植物に含まれる酵素を利用して乳酸発酵させたものだが、それらに共通する特徴は、重い道具を使わなくてもつくれるということである。乳製品をつくったら、すぐに食べてしまう。さらに宿営地を引き払うときは、液体の形で革袋に入れて運ぶか、乾燥させて小さなサイズにする。したがって、移動するあいだに在来種の菌が混入するので、乳製品のフローラは非常にヴァラエティーに富んでいる。

定住民の発酵

定住民であるシュメール人はチーズづくりを産業化した。産業化といっても、当然ながら、現代のものに比べれば規模は小さい。ワインをつくる施設、ビール醸造所、パンを焼くための製パン所がつくられたように、彼らはミルクを加工するための建物をつくったのである。

こうして、こんにちでいう「成形」された最初のチーズが生まれた。ある程度の大きさがあり、脱水され、型詰めされたチーズ。何キロも山積みにされ、何か月、あるいは何年も倉庫で保存できるチーズである。最初は乳酸発酵のみのチーズであったが、つぎに酵素を加えたものとのミックス、やがて酵素のチーズとなった。動物由来の酵素――子ウシの第四胃から抽出したレンニンなど――や植物の酵素を加えるようになったのである。たとえば、野生

ブルターニュ、ヴァンデ、シャラント

カイユボット

［6人分］

◎生乳1l ◎粗塩3粒 ◎お好みで赤砂糖 ◎凝固剤小さじ2分の1（薬局や一部のスーパーに置いてある） ◎香りづけにコーヒー、オレンジウォーター［オレンジの花を搾ってつくる精油］、コニャックなど好きなもの。

—

カイユボットはラブレーの本にも登場する歴史の古いデザートである。かつては家庭で夏につくられ、搾りたてのまだあたたかいミルクをチョウセンアザミ、野生のアーティチョークの花で凝固させてから、そのまま休ませておいた。こんにちでは凝固剤が使われている。かつてはできたてのカイユボットに、クリームと（または）赤い小さな果実を添えて食べていた。ヴァンデ地方では甘いアイスコーヒーがかけられた。

—

牛乳を37℃にあたためる。砂糖小さじ3と塩、さらに凝固剤を加え、大皿かラムカン型［訳注❖直系8～10cmの円形の焼き型］に流し入れ、固まったら冷やしておく。大皿でつくる場合は、凝乳をナイフで十字形に切る。ホエーが表面に上がってきたら、スプーンで取り除く。カイユボットに好きな香料をかけ、お好みで砂糖を加える。

のアザミ、イチジク、ムシトリスミレ、キイロカワラマツバ（アカネ科）のような在来種の植物から抽出されるフィシン、カルダミン、パパイン、ブロメリンといった酵素である。

こんにち世界中に広まっているような酵素によるチーズづくりは、ヨーロッパ大陸に特有のものだったようである。その方法は山岳地帯や平野部で、さまざまな展開をとげた。しかしながら、チーズの乳酸発酵のルーツは完全に失われることはなかった。チーズによって凝乳酵素で固める前かあとに、自然発生的にせよ人工的に行われるにせよ、菌株による種菌の植えつけは依然として必要である。現在の欧州産チーズの大半は複数回、発酵している。まず、凝乳酵素か植物の抽出液によってミルクを凝固させる。さらに、細菌や酵母、カビによる発酵がある。たとえばペニシリウム・ロックフォルティ（*Penicillium roqueforti*）というカビは、ロックフォールや、スティルトンからゴルゴンゾーラにいたるすべてのブルーチーズに使われている。こんにち、カビの胞子は外からもたらされるが、かつては、つくりたてのチーズに以前のチーズを混ぜて繰り返し添加していた。農場にいる家畜の数にしたがって、つぎつぎと乳を搾ってつくられるチーズが混ぜ合わされる。それは周辺の微生物フローラが加わり酸性になる。ジャン・フロックはシャプタル「訳注❖ナポレオン一世のもとで内相をつとめた化学者」の言葉を引用▼278しながら、かつてロックフォールの静脈のような青カビは取り扱いを誤ったことによる欠陥だとみなされていたと述べている。高級なロックフォールは白かった。同様にして、カンタルも乳酸菌とカビの発酵でつくられる。凝乳酵素で凝固させるが、製造の最初の工程でジェルルという栗材の桶に入れられ、桶のなかに自然に存在する細菌によって種が植えつけられる。その後、熟成するあいだに、熟成庫の細菌が残りの発酵を行う。カマンベールの現在の製造仕様書では、凝乳酵素を加える前に原料乳を二二度で二四時間「熟成」させ、最初の酸化発酵を行わなければならない。

遊牧民のもっとも古いチーズがもつすべての性質をあわせもったユニークなチーズが、ヨーロッパにまだ存在している。それは乳酸発酵され、圧縮され、植物で香りがつけられる。中央アジアの乾燥チーズと同様に、食事といっしょに食べられる。いくつかの料理やスープの皿に削って入れたり、バターに加えたり、パンに塗ったりして食べるが、それによってチーズの強い香りがまろやかになる。かつてそれは石臼で粉末にされていた。それが「シャプツィガー」、ラテン系の言語や英語で「サプサーゴ」と呼ばれるチーズである。このチーズはスイスのグラールス州でつくられている。非常に固いウシのチーズで、強い味と香りがする。緑色で、脂肪分はきわめて少なく、「酸っぱい」を意味するエッチャーと呼ばれる純粋な菌で種をつけた脱脂乳のホエーでつくられる。チーズは数か月熟成させてから砕かれるが、そのとき、メリロートやフェヌグリーク（*Trigonella caerulea*）などと呼ばれる植物の粉末を加える。そのためチーズは緑色になり、草の香りがつくのである。チーズと植物の粉末を混ぜ合わせたものは円錐台状に成形される。メリロートつまり「スイートクローバー」は小アジア原産の植物で、十字軍によってヨーロッパにもたらされ、ゼッキンゲン修道院の修道士たちによりスイスの高地の牧草地に植えられた。同じ植物は、スイス地方のいくつかのライ麦パンの香りづけにも使われている。この植物はチーズに香草の特別な香りだけでなく、ブロンズグリーンの色をもたらしている。

はるか一万年前のチーズの起源から現代のチーズ製造まで、伝統が途切れずにつづいていることに、改めて気づかされる。革袋に存在する酵素を利用した初期の乳酸発酵は、凝乳酵素を添加して乳酸発酵させる二一世紀のチーズにもそのまま受け継がれている。乳酸発酵こそが、チーズに独特の風味を与えるのである。

フランスの美食の花形であるフランス産チーズのルーツは、太古の昔にさかのぼる。それら独自のルーツは多種多様なチーズを生み出した。青カビの生えたもの、塩気の強いもの、乾燥したもの、フレッシュなものや熟成したもの、つやつやした外皮をもつもの、塩水などで洗ったもの、柔らかいものや固いものなど、数百種のチーズが存在しており、毎日食べても食べきれないほどだ。フランス人にはあまり知られていないが、イギリスのような他のヨーロッパ諸国でも事情は同じなのである。

第十章 驚くほど長もちする野菜と果物

捕食動物を観察すると、肉食獣が獲物である草食動物の胃の中身、その多くが植物である胃の内容物を好んで食べていることに気づく。また、生きている動物が消化しかけた食べものを吐きもどして子どもに与えることもある。人間の狩猟者も獲物を解体しているとき、すでに消化しやすくされた植物や小動物が内臓に残っているのを見つけた。胃には胃液があるので、植物はシュークルートと同じように乳酸発酵する。それは酸っぱい味がして、初期の人類はその味が好きになった。カナダの極北では、半分消化された良質な地衣類からなるカリブーの胃の内容物に血を加えたものが、冬期における唯一の植物性食品であった。

私は一度、アンゲーバの北東で、このペースト状の食べものを食べたことがある。色は怪しげな緑がかった黄色だが、その香りに怪しいところはみじんもない。少々苦いが、仲間の山岳民の説明によれば、この味はカリブーが夏に食べる北極の小さな柳の葉からきているとのことだった。

二〇世紀初頭に北極地方を探検したケベックの植物学者で民族学者のジャック・ルソーがこう語っている。▼279 また、ウサギの胃の内容物でつくる薄緑色のソースは、肉にかたよりがちな食事を補うものだと説明している。

世界各地の「酸っぱい草」

動物の胃のなかで発酵した草を食べているうちに、シュークルート（ザウアークラウト）のような乳酸発酵した野菜が生まれたのではないだろうか。乳酸発酵した野菜で食の工業化に抵抗している唯一の食品、シュークルートは、もともと、キャベツだけでつくられていたわけではなかった。語源が示すように、あらゆる種類の草が原料になっていた。ドイツ語のザウアークラウト(sauerkraut)は文字どおり「酸っぱい草」を意味し、草とはこの場合「葉菜」を指している。

大カトーは酢に保存したキャベツについて語っており[280]、伝承によると、発酵キャベツは前三世紀に中国の万里の長城を建設した人々の基本的食料になっていたといわれる。実際には、はるか昔の先史時代から、世界のいたるところで、多くの野菜、食用になる草や果実の乳酸発酵が行われていた。「シュークルート」という語の成り立ちはポーランド語の「バールシュチュ」と同じである。ただしポーランドでは、発酵した赤いビートを使い、ロシアでボルシチ、リトアニアでバルシチェイと呼ばれる野菜と肉のスープをつくる。だがそれも、言葉の成り立ちを知れば説明がつく。このスープの名は、セリ科の多年草berce(*Heracleum sphondylium*)に由来するのである。本来、このスープをつくるのに使われたのはビートではなく、ルリジシャやハナウドのような野草であった。私たちはここで、「酸っぱい草」というシュークルートの語源にもどってくる。そして時代をもう少しさかのぼれば、ウサギの胃の内容物を食べていた先史時代の狩人につながるのである。ラップ人はいまでも発酵した植物でシュークルートをつくっている。同様にして、かつてスイスのアルプス地方ではタデ科植物のギシギシ、ケラース地方ではスイバ［訳注❖酸《すい》葉《ば》、スカンポともいう］がシュークルートの材料になっていた[281]。

あらゆる気候のもとで、野菜が収穫できない時期には、発酵によって野菜が保存されている。ポリネシア人は西欧の植民地になる前、ココヤシの果肉やパイナップルを発酵させ、大きな穴に保存していた。オセアニアのいたるところで大昔から、塊茎、バナナのようなデンプン質の果物、パイナップル、キャッサバ、サツマイモ、クズウコン、ヤマノイモを発酵穴に保存していた。いくつかの塊茎の場合は、生の状態では有毒なので、どうしても発酵させる必要がある。エチオピアでは多種多様なバナナを、バナナの葉を敷きつめた穴のなかで発酵させる。全体に重石で圧力をかけ、コチョというペーストにすれば、長期間保存できるようになる。そこから必要な分をとり、天日で乾燥させ、粉に挽いて蜂蜜や砂糖、ココナツミルクと混ぜてから、バナナの葉に包んで加熱する[282]。このように穴で発酵させるタイプのものは、非常に古くからつくられていたと思われる。土器はなくても、発酵させ

富山県五箇山の赤かぶ。

ることは可能だからである。

塩さえも、どうしても必要というわけではない。一部の伝統的な発酵は、塩なしで行われている。ネパールではグンドルックという漬け物が、調味料やスープの材料に用いられる。それは緑黄色野菜として、デンプン質の食品が大半を占める食事を埋め合わせるものとなっている。[283] カラシナ、ホウレンソウ、カブ、カリフラワーといった葉菜を水につけて発酵させてから、天日で乾燥させる。そうすることで長期間、保存できるようになるのである。ヒマラヤのシェルパは野草でゴヤンをつくる。インド、ネパール、ブータンにはカブを発酵させたシンキがあり、調味料やスープの材料として用いられる。[284] カブを洗って数日乾燥させてから、穴か甕に入れて密閉し、常温で発酵させる。シンキはつぎに、タマネギやトマト、トウガラシとともに揚げ、米の煮汁を加え、別の料理につけ合わせるスープとして出される。日本の木曽地方では、大きな赤カブの葉ですんき漬けがつくられている。[285] 赤カブの葉を湯通ししてから、前年の乾燥させたすんき漬けと野生の小さなリンゴで種菌をつける。発酵は塩なしで、二か月間つづけられる。スーダンのカワルは、エビスグサ（*Cassia obtusifolia*）という、雨期にとれる野草でつくられる。[286] その葉を突き砕き、地中に埋めた甕に詰め込む。二週間発酵させると、材料は強烈なにおいを発するようになる。そのあとペーストを玉状に成形し、天日で乾燥させる。これはスープや煮込み料理に入れて食べられる。カワルは非常に栄養価が高く、タンパク質とアミノ酸がたっぷり含まれている。たびたび飢饉に襲われるこの国において、これは肉や魚と同じくらい貴重な食べものである。

ザワークラウトとソーセージ。

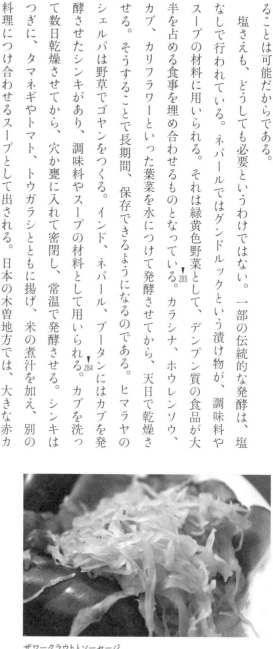

シュークルートとその仲間たち

すべての大陸で、野菜を保存する原理は同じである。野菜自体の水分であれ塩を加えた漬け汁であれ、野菜を液体に浸けておくと、野菜は空気に触れることなく、酸性の環境によって腐敗の原因となる雑菌の繁殖が抑えられる。極東で発酵に使われる陶器の甕は、シュークルートをつくるためにアルザスで使われている甕と同じ形をしているが、これには深いわけがある。おそらく別のやり方も存在したのだろうが、何千年も試行錯誤をつづけているうちに、甕に漬けて発酵させるという方法にたどりついた。この方法は百パーセント安全かつ健康にもよかったのだ。

シュークルートの遠い親戚はキャベツだけでなく、あらゆる種類の野菜でつくられている。「韓国のシュークルート」と呼ばれるキムチは韓国の国民食で、家庭を中心に、年間一〇〇万トン以上つくられると推定されている。ひとり当たりの一日の消費量は約二五〇グラムである。キムチは主として、トウガラシなどの香辛料とともにハクサイを発酵させたものだが、カブやその他の野菜でつくる、多種多様なキムチが存在する。タイのパッカードーンは、茶色いカラシナ(*Brassica juncea*)の葉を天日に干してから塩漬けし、発酵させたものである。[287] これは中国のキアムチャイと同じ漬け物である。中国南部で、この食品はフムチョイと呼ばれ、[288] 塩を入れた米のとぎ汁で発酵させる。[289] インドネシアではカラシナでサユールアシン、マレーシアではキアムチャイがつくられる。タイのパッシアンドーンは草本植物パッシアン(*Gynandropsis pentaphylla*)の葉を発酵させたもの。タケノコはノーマイドーン、赤タマネギはホムドーンになる。マレーシアでは、パパイヤやショウガといったさまざまな野菜を原料にしてジェルクがつ

フランス、中部ヨーロッパ

シュークルート

［4人分（500mlの広口瓶2本分）］

◎白キャベツ1kg ◎海水の粗塩10g ◎ネズの実とキャラウェーシード大さじ2

—

シュークルートはアルザス料理の定番である。都会暮らしでも、自宅で簡単につくれる。ゴムのパッキングと金属レバーのついた広口瓶があれば十分である。キャベツは洗わないようにしよう。シュークルートが発酵するには、キャベツの表面に付着している微生物が必要である。

—

塩は粗塩で、添加物E536が使われていないことを確認しよう。この添加物が入っていると保存食に苦みが出る。キャベツの外側の傷んだ葉をとり、きれいな葉を4枚とっておく。キャベツを四等分する。固い芯を取り除き、できるだけ薄くスライスする。キャベツの重さを量り、1キロにつき10gの塩を用意する。広口瓶に、ネズの実とキャラウェーシードをあいだにはさみながら、キャベツと塩を交互に入れる。キャベツを重ねるたびに強く圧縮して空気が入らないようにする。用意した塩が残っていたら、上からふる。最後にキャベツの大きな葉でおおい、さらに圧縮する。瓶の口までいっぱい入れないで、口の下約2cmのところまでにしよう。発酵が進むとかさが増え、汁があふれる恐れがある。瓶を密閉し、常温で1週間置く。その間に発酵が始まる。大量の汁が上がってきたら、涼しい部屋で保存する。冷蔵庫に入れる必要はない。3日たっても汁が上がってこなければ（収穫して時間のたったキャベツでこうなることがある）、瓶を開け、水1lにつき塩30gの塩水を加える。シュークルートは約3週間で食べられるようになる。少なくとも1年間、常温で保存できる。サヤインゲン、ニンジン、セロリ、コールラビー［キャベツの変種］、ビートなど、別の野菜でも同じようにしてつくることができる。

くられる。アフリカにもアジアにも、ニンジンやカブを発酵させた食品がある。タイでファチャイポー、中国でタイタンツォイと呼ばれるものである。北インドとパキスタンには、乳酸発酵した紫色のニンジンからつくる人気の飲みもの、カンジーがある。ニンジンをすりおろして水、塩、粒マスタード、トウガラシを混ぜ、ガス抜きの小さな穴のある甕で発酵させる。それから飲みものを漉し、数日のうちに飲みきる。日本で人気の高い糠味噌漬けは、野菜を米糠に漬けて発酵さ

韓国

ベーチュキムチ

[1.5l入りの大型広口瓶1個分]

◎ハクサイ1個 ◎海水の粗塩100g ◎ダイコン(またはカブ)250g ◎ネギ100gまたは新タマネギ(頭と軸が緑色のもの)100g ◎セロリ1本 ◎ニンニク2かけ ◎ショウガ20g ◎魚醤(ニョクマム)大さじ2 ◎砂糖小さじ1 ◎コチュカルという韓国の赤トウガラシの粉25g(アジアの食料品店で手に入る)

—

このハクサイキムチは「韓国のシュークルート」と呼ばれている。主原料が同じアブラナ科の野菜であるだけでなく、つくり方もよく似ているからだ。調味料だけは異なる。

—

ハクサイの外側の傷んだ葉をとる。ハクサイを洗わずに四等分する。固い芯を取り除き、葉をはずしておく。1lの水に塩を溶かす。ハクサイを塩水につけ、水をいっぱい入れた小さめのサラダボールを上にのせ、ハクサイ全体が塩水につかるようにする。水につかっているかときどき確かめながら、6時間塩水につけておく。薬味を用意する。ダイコンは皮をむいて薄切りにする。ネギを刻み、セロリは千切りにする。ショウガの皮をむいて薄く切る。以上の材料に魚醬、砂糖、トウガラシを加えて混ぜ、常温で置いておく。ハクサイを6時間塩水につけたら、きれいな水で葉を丁寧に洗う。水をはった盥にハクサイをつけ、少なくとも3回水を替え、味を見る。ハクサイの塩気は強くなければならないが、苦みが出ないようにする。ハクサイの葉を3〜4cm幅に切る。ゴムのパッキングの蓋がついた大きなガラス瓶に、ハクサイと薬味を交互に漬ける。あいだに気泡が入らないよう、重ねるたびに手でしっかり圧縮する。瓶の口までいっぱい入れてはならない。瓶を密閉し、夏は常温で5日間、冬は1週間置く。その後は涼しい場所で保存する。キムチは5日から7日で食べられるようになるが、発酵が進んで食べごろになるのは2〜3週間後である。封を切った瓶でも、涼しい常温で少なくとも1年はもつ。

せる。日本にはあらゆる種類の野菜の漬け物があり、一種類ないしは数種類の野菜に香辛料を加えて発酵させる。漬け物は日本の食卓に欠かすことができない。インドではカリフラワーでアチャールがつくられる。ラオスには、キャベツの一種ユウチャと火を通してから細かく切った豚足をいっしょに発酵させたソムパクティンムーがある。

フランスでこんにち工場生産されているピクルスは、小ぶりのキュウリをあらかじめ発酵させずに直接酢に漬けている。酢を使った瓶詰めの大半が一九世紀に登場したが、ピクルスは、アフリカ、ラテンアメリカ、中部ヨーロッパで見られるものと同様に発酵していた。ロシアの有名なピクルス、マロッソルはフェンネルの香りがつけられている。イギリスやアメリカのレリッシュソースは、ミックス野菜のピクルスからつくられる。ビッグマックのソースの材料にもなっており、ハンバーガーに特別な味をつけている。人々がハンバーガーに惹かれるのも、このソースの味と無関係ではないだろう。ネパールのカルピは、薄切りないしは円筒状に切ったキュウリを竹の容器に入れて発酵させたもの。[290]地中海諸国では、オリーブ、小タマネギ、ニンニクといった小さな野菜が酢漬けにされている。ギリシアとバルカン諸国では、塩漬けにして保存されたブドウの葉に米や肉を詰めたドルマがつくられている。ブドウの葉は古代から、同様の方法で加工されていた。プリニウスがそのつくり方を伝えている。「ブドウの木そのもの、つまり茎の先端も、ゆでたり酢や塩水に漬けたりして食べられている」[291]イタリアやリヨンにも一九世紀末までその名残が見られたが、こちらでは家畜のエサにされていた。[292]

スペインのエンクルティード［訳注❖野菜の酢漬け］も食卓に欠かせない食品である。中東とアフリカには、ピーマンを発酵させたトルシ・フェルフェルやナスを発酵させたトルシ・ベティンゲンがある。メキシコでは激辛のトウガラシ、ハラペーニョを酢漬けにする。東南アジアでは茶葉を発酵させて酸味のある調味料をつくっている。この食品はミャンマーでラッペ、タイではミヤンと呼ばれている。イランのトールシはキュウリ、ニンジン、カブといった野菜を塩水に漬けたもので、これはトルコからエジプトにいたる中東全域に広まっている。[293]ブルガリアとクロアチアでこの種の加工品はトゥルシーと呼ばれ、ピーマンやトマト、メロンも材料になる。

果物からつくられるのは果実酒だけではない

果物は糖分が多いので、自然に発酵してアルコールになる。だが果物に塩を加えると、酵素の働きが抑制され、アルコール発酵は乳酸発酵に変わる。東南アジア、インド、ネパールでは、グリーンレモンに香辛料、おもにトウガラシを加えて乳酸発酵させたものがつくられ、カレーの味つけに使われている。ラムーンマクブーは黄色いレモンを発酵させたものである。北アフリカにはこれと同じ黄色いレモンの発酵調味料があり、フランスの食料品店では誤って「レモンの砂糖漬け」などと表記されているが、現地ではムジルと呼ばれ、タジンやその他の煮込み料理の香りづけに使われている。マレーシアではドリアンの果肉を発酵させたタンポヤックがつくられる。▼294日本では、未熟な青ウメをシソの葉とともに発酵させた梅干しが、調味料や薬として使われている。アフリカ、アジア、ラテンアメリカでは、乳酸発酵した未熟なマンゴーが、香辛料のように酸味のきいた刺激的な調味料として人気がある。この調味料はフィリピンでブーロンマンガ、ダラクなどと呼ばれている。インドやスリランカではパンノキ［訳注❖クワ科の常緑高木］の果実を発酵させ、東ヨーロッパではスノキ［訳注❖ツツジ科の落葉低木］の果実、リンゴ、メロンが乳酸発酵で保存されている。

果物と野菜をいっしょに漬けると乳酸発酵して美味な調味料になる。その仲間にアチャール、チャツネ（チャトゥニー）、スリラチャなどのスパイスのきいたソースがあるが、そのうちもっとも新しく開発されたのがケチャップである。このようなソースはインドと東南アジア一帯で非常に人気があり、マンゴー、バナナ、ナス、カリフラワー、トウガラシ、ニンニク、キュウリ、トマトを使ったものがつくられている。塩をふり、香辛料で味をつけ、

アメリカ

ケチャップ

［250g入りの瓶3本分］

◎トマトのピュレ400g（ホールトマトで3kg） ◎ホエー35g（＋小さじ3） ◎リンゴ酢大さじ2 ◎辛口マスタード小さじ2 ◎シナモン小さじ2分の1 ◎クローブ4本 ◎乾燥トウガラシ2分の1 ◎オールスパイス小さじ1 ◎塩小さじ1 ◎蜂蜜50g

―

ケチャップのレシピが紹介されることはもうないが、工場製のケチャップしか知られていないのは残念である。本来の乳酸発酵したケチャップをぜひ試していただきたい。容器はゴムのパッキングのついたものを使おう。

―

ホエーは白チーズを水切りざるで脱水するか、ガーゼを二重にした漉し器でヨーグルトを脱水した液体を使う。トマトのピュレをつくる。3kgのトマトをミキサーにかけ、果肉を漉してから、3分間煮立てて水分をとばす。布巾を二重にした漉し器に流し入れる。布巾の四隅をまとめてぶら下げ、ひと晩、ピュレの水分を抜く。翌日、濃厚なピュレができている（液体はとっておいてポタージュにしたり、練り粉を煮たりするとよい）。トマトのピュレにすべての材料をまぜ（小さじ3杯のホエーを除く）、味を見て調味料を加える。瓶に入れ、小さじ1杯のホエーを各容器の表面に流し入れる。瓶の蓋をして、少なくとも5日間、常温で発酵させてから、冷所で保存する。3週間でケチャップは食べられるようになり、封を切っても数年もつ。

ときには蜂蜜や砂糖も加えて、陶器の壺で保存される。

ソースについては、メキシコやグアテマラでつくられているタバスコも挙げておこう。これはトウガラシをすりつぶして塩を加え、樽で発酵させたものである。[295] ケチャップはトマトと香辛料でつくられるが、ケチャップマニスというマレーシアの甘酸っぱい発酵ソースがもとになっている。現在のケチャップの味はもとの食品とはほど遠いが、調味料として使われている点は同じである。一九世紀末の製法では、ケチャップを特徴づける甘酸っぱい味を出すために数週間発酵させていた。工場生産では発酵の工程が省かれ、代わりに、別の発酵食品である酢が加えられている。

豆類とアジア

ヨーロッパでは豆類を発酵させることはまれである。ヒヨコマメからつくられる食品はいくつかあり、ソッカというクレープもそのひとつである。いっぽうアジアでは、ごくふつうに豆類を発酵させており、中東のヒヨコマメでファラフェルという揚げ物がつくられるし、インドのレンズマメや極東のダイズも発酵させる。ダイズは中国東北部の原産で、前三〇〇〇年紀から栽培されるようになった。ダイズは一般に生で食べられることはない。栄養阻害物質が含まれ、消化によくないからだ。とくに問題とされるのは、酵素阻害物質とフィチン酸塩である。カビや酵母でダイズを発酵させると、こうした不都合な点が解消されるばかりか、ビタミンが増加し、ダイズに含まれるタンパク質の消化吸収がよくなる。欧米のダイズの名称はダイズの発酵食品、つまり中国で「ジャン」、韓国で「ジャン」、日本で「ひしお」と呼ばれる醤に由来する。マメを示す漢字は、台と覆いのある容器を表している。これは神殿に奉納される発酵食品を入れた容器である［訳注❖高坏］。一七世紀に日本人が、「ショウユ」の名でヨーロッパにダイズソースを輸出した。醤油とは「発酵した油」の意で［訳注❖この場合の油はとろっとしたものの意である］、それが、この黒いソースの主原料にたいするヨーロッパの名称、soyaのもとになった。

藁苞納豆。雑菌処理のため藁を煮てから、蒸しあがった熱い大豆を盛って発酵させる。納豆菌は特に稲藁を好む。

発酵したダイズからは何種類かの食品がつくられている。液体ソース、味噌のようなペースト、インドネシアのテンペや日本の納豆のような豆の形を残した食べもの、である。これまでに知られるダイズのもっとも古い痕跡は前二世紀にさかのぼり、馬王堆の墳墓から発見されている。東アジアの食においてきわめて重要なダイズの発酵がどこで始まったかをめぐり、中国人と韓国人のあいだで論争が起きている。前三世紀の漢王朝期にさかのぼる証拠が存在することから、目下のところは中国が優位に立っている。[296] それはともかくとして、発酵ダイズのソースとペーストは、かつて、後七世紀に中国東北部から朝鮮北部を領有した王国、高麗において新婦の持参金の一部になっていた。その技術は最終的に海を越え、七世紀か八世紀頃、日本に伝わった。

発酵ダイズは国によって独自の進化を遂げ、ペーストとソースを表す名称も国ごとに少しずつ異なる。中国では「シ(豉)」と「ジャン」、韓国では「カンジャン」と「テンジャン」、日本では「ミソ」と「ショウユ」である。製法にはまだ

杉の醤油樽。

共通の基本が残っているが、食べ方は異なる。たとえば、韓国人と日本人にとって、発酵ダイズのペーストを溶いてつくるスープは日常の基本的食べものである。この場合の「味噌」は主要な食材であって、調味料ではない。中国にそのようなスープはない。もうひとつの違いは、中国では豆腐を発酵させて食べるが、日本と韓国ではそのようにして食べられることはない、という点である。ダイズの加工を初めて工業化したのは日本である。たまりはダイズのみのソースだが、醤油はダイズと小麦を混ぜてつくられる。たまりという語は「たまった汁」を意味し、一七世紀に書かれた日本語とポルトガル語の辞書『日葡辞書』にも出てくる。そこではこのソースを、竹で編んだ漉し器で漉した液体と定義しており、これと同じ道具は古代ローマ人がガルムをつくるのに用いていた。

ダイズソースは一七世紀にはもうオランダ商人によってヨーロッパに輸入されていた。当時、西欧では、このソースは肉のエキスからつくられたと考えられていた。フュルティエールの百科事典やディドロの『百科全書』の項目にもそのように書かれている。

> SOUIまたはSOI（料理）日本人がつくる一種のソースで、アジア人および、わが国にこのソースをもたらしたオランダ人に大変人気がある。これはあらゆる種類の肉、とくにヤマウズラやハムから抽出されたエキスの一種である。それに菌類の液、多量の塩、コショウ、ショウガ、その他の香辛料を加えることにより、非常に味が際立つとともに、食物が腐るのを防ぐ。瓶に入れてしっかり栓をしておけば、何年でももつ。普通の肉汁にこの液体を少量混ぜるだけで、味が引き立ち、うまさが増す。中国人もsouiをつくっているが、日本のもののほうが上等だとされる。中国より日本の肉のほうがはるかに味がよいからである。[297]

こうした誤りは一九世紀のラルースやリトレの辞書にも受け継がれた。しかしながら、一七九六年にラマルクが出版した『体系的百科事典』では以下のように修正されている。

> 日本人は日本の二八番目の種子（ダイズ）で一種のペーストをつくる。このペーストはバターの代わりになり、ローストした肉とともに出される有名なソースもこれからつくられる。彼らはペーストをMiso、ソースをSojaと呼んでいる。[298]

このような混乱が生じたのは、おそらく、タンパク質が豊富に含まれていることと、動物質の食品の特徴である複雑な味がすることによるのだろう。ダイズの加工品が日本に広まったのは、菜食主義を説く仏教が広まったことと関係がある。このソースは純粋に植物性であるが、ダイエットの観点からは肉の代わりとなる。一九世紀末に開発されたマギーブイヨンの香りは（その製法はコカコーラやビッグマックのソースと同じく企業秘密になっている）、酸性の環境で植物性タンパク質が加水分解されることで生じるのであり、そのプロセスはダイズソースが発酵する過程と同じである。マギーブイヨンは経済的な濃縮スープの素、肉のブイヨンの代用品として売られているが、多くの消費者は肉から抽出されたものだと思い込まされている。専門家はだまされない。いずれにせよ、時間をかけずに製造された低価格の代用品に、何年もかけて発酵させたソースの香りなど出せるはずがないのである。

中世アラブの料理には醤油に類似した食品が見られる。それは植物性の原料のみでつくられるムリで、大麦や小麦といった穀物を塩水に漬けて乳酸発酵させたものだ。この植物版ガルムは、ギリシア・ローマ文明には知られていなかったが、メソポタミアには存在していたようで、アッカド語由来の語源がそのことを示している。この乳酸発酵した古代のソースは、醤油および、豆類や穀物を発酵させた極東の他のペーストと同じタイプの食品である。ガルムと同じく、ムリには液体のものと固形のものとがあるが、もとは、同じ発酵の作用で同時にできたものである。竹か柳で編んだ籠を桶に入れ、液体と固形部分は別々に集められる。ムリはアラブ料理ではすたれてしまったが、一七世紀のアルジェリアにその名残が見られる[299]。これもまた、先史時代に影響を受け、接触をもったことが忘れられてしまったのか。あるいは、この食品の起源はあまりに古く、人類が地球上に拡散する以前から存在していたのかもしれない。原料がなんであれ、発酵は歴史のかなたに消え去ろうとしている……。

第二部

衰退と復活

第十一章 細菌は追い払ってもすぐにもどってくる

第一部と第二部では世界と時代をひとめぐりし、太古の昔からあらゆる種類の食材を発酵していた可能性のあることを確認した。だが、発酵している食物になにが起きているのか科学的に説明できるようになったのは、ここ百年ほどのことにすぎない。論理的説明が可能になるまでには、いくつかの段階があった。

発酵か腐敗か

伝統的なイメージでは、発酵は熱と結びつけられていたが、熱は腐敗も引き起こす。fermenter「発酵する」という動詞は、「酵母(fermentum)で変える」を意味するラテン語のfermentareに由来する。この言葉自体はfervere「沸騰する、泡立つ」からきている。発酵している液体には多量のガスが発生し、泡がいっぱいできて、表面でぷつぷつとはじける。それがまるで、液体が沸騰しているように見えたのである。体の熱を表す、ラテン語のfebrisは、かつて血が沸き立っているのだと考えられた。[300] 同じ系統の言葉はギリシア語にも存在する。zyme「酵母」という言葉は語源的にzeo「沸騰する」やzomos「泡」と同じ仲間である。

経験に頼っていた時代が数千年つづいたのち、古代の著述家たちは、どうして発酵が起きるのか考えるようになった。エンペドクレスはワインを「腐った水」であると記述した。ヒポクラテスとアリストテレスは、よどんだ水が熱の作用で腐敗し、粘り気が出るのではないかと述べている。[301] 発酵は、熱を普遍的な生命原理であるとする理論で説明された。そのためアリストテレスは、パン生地がふくらむのは、卵が大きくなるのと同じく熱が生じるからだと述べている。「パン種が大きくふくらむのは、個体部分が液化し、その液体がガスに変わるからである。これと同じことが、生物においては精神的な熱の作用によって、パン種の場合はそれに混じった液体の熱によって起こる」[302] キケロ、聖トマス・アクィナス、それからダンテも、太陽がブドウ果汁をあたためることでワインができると述べていた。[303] 昔のビール職人たちは発酵しているビールについて語るとき、麦汁が泡立つと表現した。いくつかの伝統社会にも、熱が発酵を引き起こすという考えが見られる。たとえばモンゴルでは、馬乳酒アイラグは「内部の火」で熱せられたものとみなされた。[304] 古代インドのヴェーダ文書では、発酵によって聖なる飲みものスラーが「加熱」されると考えられた。三日三晩スラーが発酵するあいだ、「アシュビン双神のために焼かれよ、サラスバティーのために焼かれよ、インドラのために焼かれよ」と唱えて神の加護を祈った。[305]

ようやく一八世紀になって、ラヴォワジエが発酵のプロセスを化学的に分析し、糖分がアルコールと炭酸ガスに分解されることを明らかにした。一九世紀にゲー＝リュサックとブーレがガスの膨張について研究し、アルコールとサッカロース（蔗糖）とグルコース（ブドウ糖）の化学式をつくり上げたが、発酵のプロセスそのものはまだわからなかった。けれどもオランダの博物学者アントニ・ファン・レーウェンフック（一六三二－一七二三）は、自作の顕微鏡で初めて微生物を観察していた。しかし一七八七年以前に、発酵を引き起こしているのが微生物であるとは、だれも考えなかった。その年にアダモ・ファブローニが、ワインの発酵はブドウ果汁に含まれる、生きている物質によって起こると主張したのである。[306] ところが、彼の説に耳を貸す者はいなかった。

それから二二年後の一八〇九年、『農学概論』[307]の発酵の項目で、パルマンティエやシャプタルといった名だたる学者を含む執筆者たちが、パン、ワイン、酢酸(酢をつくっている物質)の発酵のプロセスを、段階を追って詳しく記述した。だが、観察された現象の原因についてはまったく説明されなかった。パン種つまり酵母の役割はまだまったく知られておらず、その本にも、チーズや野菜の乳酸発酵についてはなにも書かれていない。執筆者たちは一七九六年のビール酵母の化学分析を引用して、それにグルテン、糖質、水が含まれているかのように書いている。そのグルテンこそが発酵を引き起こしているというのである。なぜなら、ビールのもとである穀物にもグルテンが含まれるからだ。ワインの発酵でも、穀物のグルテンと似たような物質がブドウの種子にあり、それが発酵を引き起こしていると思われていた。

> 一般に、糖が多くなるほど、ワインの生成物もより多くなる。この作用において、グルテンはまさに酵母の役割を果たしているように見える。グルテンが糖以外の物質に混じると、ワインの発酵はまったく起こらない。つまり、ワインの生成はおもに糖に依存している。ワインが発酵するのは、糖の性質によるのである。だが、ワインが発酵ないしは分解するには、グルテンの存在が必要である。[308]

ビール酵母を加えた実験により、ビール酵母もワイン果汁に含まれる糖分と結びついてワイン果汁を発酵させることがわかった。だが、酵母が生きていることは知られていなかったので、その酵母に含まれるグルテンが作用したのだと考えられたが、なぜそうなるかは不明だった。謎は謎のまま残された。

同じ『農学概論』の一八三六年版で、執筆者たちは当時の知見にしたがって発酵を定義しようと試みた。科学は大きく進歩したとはとうてい言えない。彼らの定義はまだ、どのような環境で発酵が生じ、作用するのかといった、発酵のさまざまな効能を記述するにとどまっている。けれども彼らは、発酵の原因は不明であると告白している。「少し考えただけでも、それがなんら満足のいく説明になっていないことに気づく。たとえば、酵母は実際にどのような役割を果たしているのか、なかなか明確に定義できないのである▼309」

それではなにがわかっているのか。執筆者たちは六種類の発酵を区別している。デンプンを糖に変える糖質発酵。アルコールをつくるワイン発酵。ワインを酢に変える酢酸発酵。植物を発酵させてインディゴやパステル［訳注❖タイセイの葉からつくる藍染料］をつくる染料発酵。パン生地のパン発酵。腐植土をつくる腐敗発酵である。結局のところ、そこから導き出される唯一の定義は、「自然に分解する」ということである。また以上のことから、古代以来「腐敗」と「発酵」とがはっきり区別されていなかったことがわかる。

実際に、腐敗つまり分解でも、食物の発酵でも、微生物は同じ役割を果たしている。いずれの場合においても、有機物が変化して新しい物質がつくられる。腐敗と発酵との区別は、生成された物質の性質とプロセスの目的によるのである。腐敗が物質の基質の最終的な破壊となるいっぽう、発酵はその保存へといたる。生成された物質が有害となるのは、炭素やアンモニアの硫化物の場合であり、そのプロセスは「分解」と呼ばれる。乳酸、アルコール、ビタミン、芳香性の分子といった、有用かつ健康に役立つ物質がつくられると、「発酵」と呼ばれる。このように、両者の区別は得られる結果しだいであり、最終的にはたんなる見方の問題となる。しかし、分解はプラスの現象であるという見方も失わないようにしよう。分解によって土壌は肥沃になるのだから、地上における生命活動の基盤とさえ言えるのである。

一九世紀半ばまで、科学界は発酵の原因の問題をめぐって、「自然発生」派と「生きている酵母」派に二分されていた。フランスの化学者ジャン＝バティスト・デュマは、酵母を生物であるとし、その活動は動物における栄養と同じであると考えた。一八三六年から三七年になってようやく、カニャール・ド・ラ・トゥールとパヤンが初めて、生きている酵母の性質とその正確な化学組成を記述した。だが、それによっても、科学者コミュニティーの意見が一致するにはいたらなかった。ドイツの化学者リービヒとスウェーデンの化学者ベルセーリウスは、酵母は触媒の役割を果たしていると考えた。酵母のはたらきによって物質が発酵するのは、物質が分解する動き、その振動が伝わるからである。

　パストゥールはカニャール・ド・ラ・トゥールとジャン＝バティスト・デュマの研究を発展させ、一八五九年、酵母はまさしく生きものであって、分解する物質でないことを示した。それらの生きものがいなければ、発酵は起こらないのである。いまでもアルボワの彼の研究室に行くと、「低温殺菌された《パストゥリゼ》」ブドウ果汁を見ることができる。それは微生物が入らないようにフラスコに密閉されており、一五〇年以上まったく発酵していない。こうして微生物は公式に、発酵の担い手となった。微生物は周囲の空気の「発生機能」によって自然発生するのではなく、どこにでも存在していることがわかるまで、さらに数年を要した。

　発酵は生命がなければ起こらないのであり、それこそが大きな特徴なのである。

> 発酵という化学的活動は、本質的に、始まっては最後に停止する生命活動に関連した現象である。［……］小さな球体、つまり、これまでに形成された球体に連なる生命が同時並行的に生まれ、成育し、増殖しなければ、アルコール発酵は決して起こらないと、私は考える。［……］乳酸発酵、酪酸発酵、酒石酸発酵、その他

発酵と名のつく多くの発酵について、同じことがいえる。

一八六〇年にルイ・パストゥールはこう書いている。[310] けれども、ベルセーリウスとリービヒの触媒理論は間違いではなかった。発酵に作用する微生物は、「溶解性の酵母」、「ジアスターゼ」、「酵素」などと呼ばれる非生物を分泌することで、それを行っているのであり、微生物はまさにその物質の運び屋なのである。モーリッツ・トローブとマルセラン・ベルトロはパストゥールとリービヒの研究を統合し、発酵を生理学的であり触媒的でもある混合的な活動として記述した。[311] パストゥールは哲学的な理由からこの理論に反対した。彼によれば、生物と無生物は、乗り越えられない壁ではっきり分けられているのだった。

発酵は現在、触媒となる特殊な酵素のはたらきによって一部の有機化合物が分解される生化学的プロセスと定義されている。それらの酵素はさまざまな微生物によって生成される。この反応によってエネルギーが生じ、さまざまな物質が生産されるが、その大半が有益な栄養素となる。このプロセスは一般に嫌気性、つまり酸素なしで行わ

低温殺菌法の最初の実験をおこなったルイ・パスツール(1885)。

れ、それがたんなる呼吸と異なる点である。パストゥールにとって、発酵は「空気のない生命活動」である。しかしこの定義は、厳密に生化学的なものである。発酵食品ができるまでのいくつかの工程では、微生物が活動するのに空気を必要とする。たとえば、酢やテンペやロックフォールの青カビをつくっている微生物は呼吸しているが、それも発酵であると認められている。

したがって発酵食品は、細菌、酵母、カビ、キノコ類といった微生物によって変えられた食品である。それらの生物は、現在の知見では地球上に最初に出現した生物であり、無数の種が存在している。それらの微生物は嫌われており、つねに防除の対象となっている。そのネガティブな面しか目に入らないことが多いためで、細菌は病気や重い感染症を引き起こし、カビは食べものを腐らせ、菌類は真菌症やアレルギーの原因となるからである。そうした病原菌は別として、私たちの体の内側と外側に無数の微生物がすみついていることが忘れられている。頭のてっぺんから足の先まで、そうした微生物がいなければ、私たちは生きられない。それら細菌の細胞は人体の細胞より十倍も多い。人はだれでも、そうした細胞を約二キロもっている。食品の発酵の大半を担っている乳酸菌は、私たちの消化システムが機能するのに欠かすことができない。皮膚や粘液のバランスを保つのに役立つ微生物もいる。要するに、微生物がいなければ、私たちは生きられないだけでなく、生命そのものがずっと昔に地球上から消え去っていたのである。

発酵の担い手とその役割

細菌(バクテリア)は大きさ〇・二から三ミクロンの単細胞生物で、いたるところに膨大な数が存在している。一グラムの土に四〇〇〇万個もの細菌が含まれているのである。細菌には球形のものもあれば、棒状、らせん状、コンマ形のものもいる。それは生化学のミニ工場で、栄養を摂取しては繁殖し、酵素のような複雑な分子をつくり出して有機物を変化させる。細菌はふたつに分裂して増える。条件がよければ、二〇分ごとに数が二倍になることもあると考えられている。条件がよくないときは、胞子の形に変化して、非常に長期間、生き延びることが可能である。それは実に、きわめて長い期間である。一九九九年、ラッセル・ヴリーランドとペンシルベニア州ウエストチェスター大学のチームは、ニューメキシコで、二億五〇〇〇万年前に海だった場所にあった塩の結晶のなかにバクテリアの胞子を発見し、その胞子を生き返らせることに成功した。[312]一九九五年にカリフォルニア州サンルイス・オビスポ大学のラウル・J・ケーノが琥珀に閉じ込められた昆虫の腹部から発見した胞子は、二五〇〇万年から四〇〇〇万年前のものだった。そればかりか、その胞子はつい最近生まれたばかりのように見えたという。[313]

カビは数千種もいる菌類の仲間で、細い糸の形で成長する。果物やパンにカビが生えることはだれでも知っている。カビは自然の分解者である。カビの胞子はアレルギーを引き起こすことがあり、食中毒の原因となる毒素をつくることもある。だがカビは、病原菌を破壊する力ももっている。ペニシリンもそのひとつで、ペニシリウム属のカビからとられ、抗生物質として最初に実用化された。チーズの皮についているカビは、チーズに豊かで微妙な風味をもたらすだけでなく、保存にも役立っている。アスペルギルス属のカビはチーズ以外にも、醤油や味噌、テンペの発酵に関与している。

パンづくり、ビールやワインの醸造に使われる**酵母**は、サッカロミセス属の単細胞の菌である（多細胞のカビもある）。細菌よりも大きく、六〜一〇ミクロンから最大で五〇ミクロンにもなる。酵母は空気のあるところで増える。空気のないところでエタノールと炭酸ガス、それ以外にも揮発性エステル、アルデヒド、酸、高級アルコールといった多くの物質をごく少量生産し、それも発酵飲料やパンにさまざまな味と香りをもたらしている。

　以上の微生物はすべて酵素を合成する。酵素はタンパク質からなり、発酵の化学的プロセスで触媒として働く。それが変化させる物質によって名前がつけられ、最後に-aseという接尾辞がつく。アミドン(デンプン)を単糖類に変化させる酵素はアミラーゼ、肉のプロテイン(タンパク質)を「柔らかくする」酵素はプロテアーゼ(タンパク質分解酵素)、マルトース(麦芽糖)に働きかけてブドウ糖に変える酵素はマルターゼである。酵素は多糖類の大きな分子を、細菌や酵母が摂取できる単糖類の小さな分子に変える。

　発酵の担い手である微生物は、その培地である原料の表面や内部に存在している。たとえば、ブドウを発酵させる酵母はブドウ粒の皮に、パン種の天然酵母は小麦粒にすでについている。植物が植わっている土のなかや、チーズの熟成庫、酒倉、麦汁が自然発酵する屋根のない納屋の空気中だけでなく、収穫や製造に使われる道具にも、菌は存在している。ミルクを凝固させて加塩するための栗材の桶にも発酵菌はいて、チーズに独特の風味をつけている。

　発酵菌が意図的に添加されることもある。ヨーグルトでは、前回分のヨーグルトを少し加えて菌を植えつけるし、伝統的なロックフォールではカビの生えたパンが用いられる(こんにちでは培養した菌がつけられる)。ワインを醸造するだけの十分な酵母がなければ、サッカロミセス・セルビシエ(*Saccharomyces cerevisiae*)の菌株から酵母をとって添加する。パン屋が生地に加えてクロワッサンやブリオッシュをつくるのも、これと同じ酵母である。

　微生物は集団で生活し、協同して作用する。これが細菌と酵母のコンソーシアム(共同体)である。チーズの皮や酵母パンには十種以上のコンソーシアムが存在することがあり、その固有の組み合わせにより以下のような効果が生じる。たとえば、酵母パンでもっともよく見かける菌叢《フローラ》は、ラクトバチルス属(*Lacrobacillus pantarum,L.casei,L.brevis,L.san franciscensis*)、ロイコノストク属(*Leuconosostoc mesenteroides*)、ペディオコッカス属(*Pediococcus cerevisiae,P.acidilactici,P.pentosaceus*)からなっている。乳酸をつくるだけの菌もあれば、乳酸と酢酸、アルコール、炭酸ガスをつくる菌もある。何年間も酵母を使いつづけることは可能だし、それで酵母の特性が失われることもない。だが、時間がたつにつれて乳酸菌フローラは進化し、古い酵母ではしだいに菌の構成が多様になる。古い酵母のほうが若い酵母よりパンがよくふくらむのは、そのためである。酵母は芳香性の化合物もつくり出す。それらのパンが必要とするだけの時間をかけて発酵させれば、芳香性の化合物もたっぷり生成されるのである。

ヨーグルトは、ストレプトコッカス・テルモフィルス(*Streptococcus thermophilus*)やラクトバチルス・ブルガリクス(*Lactobacillus bulgaricus*)といったさまざまな細菌で発酵する。細菌は互いにバランスをとりながら行動する。ひとつの細菌が優勢になると、やがて別の細菌に取って代わられる。シュークルートの発酵では、ラクトバチルス・メセンテロイデス(*Lactobacillus mesenteroides*)が乳酸をつくり始めるが、酸の強すぎる環境がその菌にとって不都合になると、ラクトバチルス・プランタルム(*Lactobacillus plantarum*)がそれと交代する。このようなコロニーは非常に安定しており、大昔から存在していた。これを培養するには、培地を提供してずっと生かしておくだけでよく、そのようにして何世紀も前から同じヨーグルト、同じパンがつくられてきた。ときには、そしてまさに驚くべきことに、何千年も前から共存し、協同行動をとってきた微生物が、固有の共生体となることがある。イギリス人はこれをSCOBY(Symbiotic Colony of Bacteria and Yeast「バクテリアと酵母の共生コロニー」)という頭文字で表現している。これまでに知られる最初のSCOBYはおそらくケフィアであろう。ケフィアのなかには三〇種ほどの細菌と酵母がおり、そのうちいくつかは名前もなく、製造場所によって構成は異なるが、いずれも粒《グレイン》の形をした多糖類を分泌した。そのケフィアグレイン全体が保持され、同じものが再生産されている。この微生物コンソーシアムは、発酵乳をつくる人間の活動があってこそ、存在しているのだ。なにもないところから新しい菌株をふたたびつくるのは不可能である。これはミルクという培地でしか繁殖しない。つまり、ミルクに種菌を植えつけるだけで、ケフィアがケフィアをつくり出す。したがって、現存するケフィアグレインは、六〇〇〇年以上前に中央アジアの羊飼いによって革袋から採取され、人間の「飼育者」と共進化をとげたケフィアグレインの、直系の子孫である。同様にして、数世紀を経た古いパン酵母も存在する。

熟成から酪酸発酵まで

たったひとつの食品の発酵でもけっこう複雑で、いくつかの工程を経なければならないことがある。たとえばチョコレートの場合、収穫したばかりのカカオの実はまず、果肉が溶けて種子を取り出すことができるまで発酵させる。高温多湿の気候によって種子は発芽し、内部の温度は五〇度に達する。五、六日発酵すると、種子の渋い味はより甘く、とろけるような味に変わり、チョコレートの風味が感じられるようになる。さらに一、二週間、天日で発酵させたのち、カカオ豆を炒ってからチョコレート業者に送られる。コーヒーも数回、発酵させる必要がある。比較的短い第一次発酵で、実のなかの種子を取り囲んでいる粘質物から種子がはずれるようになる。つぎに、果実の表面に付着している微生物フローラによって、種子が発酵する。ある細菌のはたらきで、ペクチンでできた種子の外皮が溶け、乳酸発酵が始まる。生成された有機酸も、別の嫌気性細菌によってしだいに減少する。この発酵によって生じる化合物が一二〇〇以上見つかっている。それらの化合物が、飲みものの最終的な香りに影響を与えているのである。▼314

一般には、発酵の結果、つまり微生物がなにを合成するかによって、いくつかの発酵に分けられる。

熟成は人類が初めて行った発酵のひとつで、旧石器時代にさかのぼる。スライスした肉を石の上に並べて天日に干すと、発酵のプロセスが始まる。肉を切ってから、水分が完全に抜けるまでのあいだに、肉の表面、死んだ動物の内臓、空気中に存在する微生物が増殖して、発酵を行う酵素を生成する。熟成(faisandage)は「キジ(faisan)」に由来するが、キジの干し肉はこのように処理することで味がよくなる。野鳥獣は内臓を出さず、数日間――さらに数週間――ねかせてから食べるのがよい。そうすることで、腸内フローラが肉の繊維に入り込み、タンパク質を分解するため、肉が柔らかくなって味もよくなる。

熟成と腐敗を混同してはならない。腸内フローラの微生物に毒性はなく、それどころか、肉を消化吸収しやすくする。どんな肉でも、動物を殺した直後に食べるとおいしくないが、かといって、傷んだ肉や長く置いた肉を熟成させても、ボツリヌス毒素のような有毒物質が生じるだけである。

乳酸発酵はいわゆる乳酸菌によって起こる。乳酸菌は原料に含まれるブドウ糖を食べ、乳酸に変える。ラクトコッカス属、ラクトバチルス属、ストレプトコッカス属の細菌によって起こり、もっぱら乳酸を生成するものを、「ホモ乳酸発酵」という。ロイコノストク属やラクトバチルス属の細菌によって起こり、アルコール、炭酸ガス、酢酸と結びついた乳酸を生成するものを、「ヘテロ乳酸発酵」という。ヨーグルト、発酵乳、チーズ、シュークルートやピクルスのような野菜の漬け物だけでなく、ソーセージ、塩漬け肉、キャビアやニシン、アンチョビのような魚の塩漬け、ニョクマムのような魚醤をつくるときも、乳酸発酵が関与している。このタイプの発酵は、パン種になる天然酵母のなかでも起きている。「ランビック」のような自然発酵ビールでも、アルコール発酵に加えて乳酸発酵が起きており、そのため通が求めるやや酸っぱい味になる。

食物についている細菌、シュークルートの場合ならキャベツの葉についている細菌は、自然な状態では腐敗を引き起こす。だが、空気がなく、病原菌の早期の発生を抑制する塩が少量あれば、ラクトバチルス菌が急激に増殖し、乳酸をつくり出す。塩は食物の水分を抜くことで、このプロセスの進行を早める。食品はしだいに酸性になり、それによって細菌の活動は阻害される。腐敗を引き起こす細菌でも、発酵を引き起こす細菌でも、それは同じである。つまり環境のバランスがとれた時点で、発酵は自然に停止する。そうなったところで、常温でも長期の保存が可能になるのである。

魚醤の場合は、タンパク質の自己分解が起きて、肉は完全に液体となる。これは腐敗ではなく、魚の内臓に自然に存在する細菌によって引き起こされた乳酸発酵である。このプロセスが始まった時点では、魚はまだもとの形を保ったまま、塩の浸透圧でしみ出した汁に浸っている。乳酸菌が魚肉を少しずつ消化し、魚肉はやがてどろどろした液に、そして完全な液体になる。発酵のプロセスは、人がつくろうとする最終製品が固形物か、どろどろしているか、液体かによって、さまざまな段階で停止される。発酵が停止しなければ、腐敗が始まる。そうなると食品はむかつくような、耐えがたいにおいを発するようになり、だれも食べる気がしなくなる。魚醤のいわゆる腐敗臭は、実際には腐り始めたときのにおいである。

アルコール発酵は、おもにサッカロミセス属の酵母によって起こる。これはアルコール飲料だけでなく、酵母パンをつくるさいの基本となるものである。果実の薄い膜をつぶして空気と接触させるだけで、アルコール発酵は起きる。果実の皮に付着している酵母や空気中を漂っている酵母が、数日のうちに発酵を引き起こす。微生物はブドウ果汁や麦汁をエチルアルコールや炭酸ガス、多くの芳香性化合物に変えるいっぽう、熱をつくり出す。アルコール発酵は人間が行った最古の発酵のひとつであり、普遍的なものである。人はこれを利用して、水で割った蜂蜜を発酵させて蜂蜜酒を、果実でワインやシードルを、穀物でビールを、植物の茎や葉や樹皮でヤシ酒、バナナ酒（バナナの水気の多い茎でつくる）、リュウゼツランのプルケをつくり、塊茎（サツマイモ、キャッサバ、ショウガ）まで使われた。

甘い果実（ブドウ、リンゴ）をつぶして常温で置いておけば、皮に付着している酵母によって自然に発酵する。穀物はあらかじめ発芽させてから焙煎し（麦芽《モルト》製造）、デンプンを発酵しやすい単糖類に変えておかなければならない。そうしないとアルコール発酵は起こらない。これが糖化と呼ばれるものである。その昔、いやこんにちでも世界の一部の地域では、穀粒を咀嚼することによって糖化が行われている。穀物を糖化する消化酵素プチアリンを、唾液腺が分泌するのである。パンの場合、酵母はアルコールと炭酸ガスをつくり出す。アルコールはパンを焼いているあいだに気化し、炭酸ガスは生地の気泡をふくらませる。高濃度のアルコールは、それをつくり出す細菌にとっても有毒である。アルコールが多すぎると、微生物は死に、アルコール発酵自体が停止する。

そのとき**酢酸発酵**が始まる。酢酸発酵は酸素のあるところで起きるまれな発酵のひとつである。パストゥールは酢酸発酵を引き起こす菌を発見し、ミコデルマ・アセティ（*Mycoderma aceti*）と名づけた。酢をつくっているのは菌類であると、信じていたのである。酢の場合、菌は液体の表面で、白っぽい皮膜となって成長する。これが「酢母《さくぼ》」である。酸化がすすむにつれ、酢酸菌は死んで樽の底に沈む。アルコールがなくなるまで、それはつづく。世間一般の考えとは違って、酢にアルコール分は含まれないのである。

マロラクティック発酵はワイン醸造において、一部のワインの酸味を和らげるために用いられる。それは乳酸菌、おもにオエノコッカス属の乳酸菌の作用で、ブドウ果汁に含まれるリンゴ酸を乳酸と炭酸ガスに変える。それによって、熟成させる良質のワインにいやな酸味をもたらすリンゴ酸を取り除くことができるのである。マロラクティック発酵は赤ワインにたいして、また白ワインを艶のあるまろやかな味にするために用いられる。だが、うまく制御しないと、乳酸の味がついてしまう。若く新鮮なうちに飲まれる白ワインでは、逆に、リンゴ酸がもたらす「青臭さ」が求められる場合もある。

貴腐は、秋に熟しすぎたブドウの表面で生育するボトリティス・シネレア(*Botrytis cinerea*)という菌類によって生じる。ハンガリー、ボルドーのソーテルヌ地区、アルザス、オーストリア、ドイツなどでは、その地方に特有の日照と湿度の条件により、ボトリティス菌が発生しやすく、通常ならブドウを腐敗させるはずのこの菌に、ブドウ粒に含まれる水分が取り込まれる。そのため果汁の糖分は凝集し、リキュールのような甘口ワインの馥郁たる香りを発するようになる。このようにしてつくられるワインの逸品が、古代ローマ人がブドウ栽培を伝えた国ハンガリーの「トカイ」である。戦争のためにブドウの収穫が遅れ、熟しすぎた状態で収穫されたブドウから、この素晴らしいワインが生まれたといわれる。

プロピオン酸発酵はプロピオニバクテリウム属の細菌によって起こり、プロピオン酸、酢酸、炭酸ガスを生成する。加熱チーズ(コンテ、グリュイエール、エメンタール)の製造に用いられ、加熱チーズ独特の風味をもたらすとともに気泡をつくる。

酪酸発酵はクロストリジウム・ブチリクム(*Clostridium butyricum*)という細菌で起こり、酪酸を合成する。それによって食品、とくにバターは酸っぱくなる。農産物加工業にとってはありがたくない存在だが、チベットやアラブ諸国のような一部の文化では人気があり、それらの国では、不適切にも「すえたバター」などと呼ばれている発酵バターがつくられている。いっぽう、ロイコノストク・シトロボルム(Leuconostoc citrovorum)やラクトコッカス・ラクティス(*Lactococcus lactis*)が生成するジアセチルは、バターにヘーゼルナッツのような香ばしい風味、いくつかのワインにフレッシュバターやキャラメルのような香りをもたらす。

科学を超えて

百年ほど前から発酵の原因は知られているが、ミルクや果汁、肉、穀物は、こんにちと同じく一万年前にも発酵していた。けれども微生物学者がそこにいて、発酵のプロセスを見ていたわけではない。それに、発酵を操る微生物がわかったからといって、発酵のプロセスを完全にコントロールできるようになったわけではない。西欧諸国でもワインやチーズづくりに関連した迷信や信仰がなくならないのは、発酵が生きものから生じるからである。成功するための条件は無数にあり、わかっていることもあれば、科学者にもまだわからないこともあり、現在も研究がつづけられている。どのチーズも、どのワインも、どのビールも、同種の食品に同じものはない。サンフランシスコ以外の場所でサンフランシスコの酵母を培養することはまだできないし、ミコデルマ・ビニ(*Mycoderma vini*)がどうして黄色いワインをつくるのか、同じ仲間のミコデルマ・アセティ(*Mycoderma aceti*)のようにどうして酢をつくらないのか、だれにもわからない。科学によって二一世紀に多くのプロセスが制御できるようになったが、まだ多くの謎が残されている。ましてや先史時代にどうであったか、想像するに難くない。

しかし、発酵というプロセスがどうして起きるのか、その原因についてなにも知らなくても、人類はさまざまな現象を観察するだけで、完全に発酵のプロセスへといたることができた。科学は、発酵食品の製造に大きな力となった。工場製品であれ、職人による手づくりの製品であれ、それは変わらない。たとえばワインの醸造では、なにかが不足したり、なんらかの欠陥が見つかったりしたとき、それをどのように修正したらよいかわかっている。それでも、ワイナリー経営者に尋ねれば、発酵を制御して数千種におよぶ成分からなる製品をつくるのに、どれほど経験が必要かわかるだろう。その成分のうち、これまでに知られ、リストに挙げられているのは、ほんの四〇〇種にすぎないのである。さらに、ワインの発酵が「自然に」停止して酢になるのを防ぐためにも、知識と経験が必要である。同様にして、チーズ製造業者に尋ねれば、皮にあれこれのカビをつけ、あれこれのトラブルを避けることがいかに難しいか、説明してくれるだろう。▼315 完全に制御するのは不可能だ。発酵は生きものなのである。

第十二章　健康を祝して！

加熱殺菌や冷凍が真価を発揮するようになってまだ歴史が浅いのにたいし、発酵食品は、数万年にわたって文明が獲得してきた経験の成果である。発酵食品は栄養価が高く、安全かつ健康によいことは、だれでもよく知っている。発酵食品のおかげで、人類は極限の状況でも生き延びてこられた。そのため発酵食品は、食べもの全体のなかで特別な位置を占めている。伝統的な考え方では、発酵食品こそ食べものの「真髄」である。つまりそれは、いつでも手に入り、栄養豊富で健康と長寿をもたらす、ほとんど理想的な食べものなのである。

私たちを守る微生物

二〇世紀になるまで、人間に百兆個以上の微生物が「すみついて」いるとは、だれひとり知らなかった。皮膚や粘膜の上、毛髪や口のなか、とりわけ消化器官のなかに、それらの微生物はいる。微生物相と呼ばれる人体にすみついた微生物群は、人体そのものを構成する細胞よりおよそ十倍も多いのである。医学研究における微生物相への関心はしだいに高まっている。それらの微生物は宿主《しゅくしゅ》の健康に影響をおよぼすからである。そうした微生物のなかで、病原性のものはごくわずかにすぎない。この生きているフローラ（細菌叢）のバランスがとれているかぎり、それは好ましからざる生物から自らの身を守るとともに、私たち人間も守っている。フローラは私たちの免疫システムの大きな部分を占めているのである。フローラが弱まると、感染症などのさまざまな病気、あるいは健康を損なう可能性のある体の不調にたいして、門戸を開くことになる。微生物相にいる細菌の多くは、食べものを発酵させる細菌でもある。カプセル入りのサプリメントとして、製薬会社から販売されているものもあり、そうした細菌はプロバイオティックスと呼ばれている。

しかしカプセルを飲む必要はまったくない。乳酸発酵した野菜、ヨーグルト、味噌、ワイン、殺菌されていないビールを摂れば、そのプロバイオティックスを体内にとり込み、すでにある微生物相の調子を整えることになるからだ。私たちはそれを豊かにし、「善玉菌」がつねに適切な割合で存在するよう手助けをする。そうすることによって、私たちの友である膨大かつ多種多様な細菌のなかに病原菌が入り込もうとしたとき、「善玉菌」が私たちを守ってくれるのである。それらの細菌は私たちの免疫系を強化するだけでなく、その一部となり、私たち自身の細胞と共生するように行動する。それらの細菌が壊されたら、私たちは生きられないのである。

二〇〇四年、多様な発酵食品を習慣的に摂っている人々を対象に、ある実験が行われた。▼316 科学者たちは、発酵食品を摂らずにいた場合の人体への影響を研究したのである。被験者の一部は、ヨーグルト、チーズ、バター、肉、魚、ワイン、ビール、オリーブを含む野菜、そしてもちろん酢を抜いた食事を摂ることになった。二週間後に分析したところ、腸内フローラのなかでもラクトバチルス菌と嫌気性細菌、それに消化管の働きによい影響を与える短鎖脂肪酸の数が減っていることが判明した。短鎖脂肪酸は結腸の炎症と運動機能に働きかけ、大腸の面膜を保護している。また、人体の免疫反応が実験以前に比べて落ちていることも確認された。実験参加者にたいする食事制限はさらに二週間つづけられた。グループの半数の食事にヨーグルトが加わり、ときおり、実験室でつくられたプロバイオティックスの菌株がヨーグルトに加えられた。その結果、強化されたヨーグルトか否かにかかわらず、ヨーグルトが部分的に、実験前の腸内細菌と血液成分を回復させることが明らかになった。強化されたヨーグルトはいくらか効き目があるという程度だった。微生物相が完全に回復したのは、多様な発酵食品がたくさん含まれる食事にもどったときであった。

この実験でわかるのは、多様な発酵食品をたくさん含む食事に存在するきわめて多様な発酵菌が、腸や免疫系の働きをよくすることである。細菌は共生し、協力して食べものを発酵させ、チーズの皮をつくり、ブドウ果汁をワインに変える。同じことは私たちの体内でも起こっている。多種多様な細菌がある種の生活圏《ビオトープ》を形成し、私たちが健康を維持するのに必要なバランスをつくり出している。製薬会社の実験室でつくられたプロバイオティックスが、食べものに自然に存在する細菌ほど効果のないことも、この実験で明らかになった。

より栄養のある食べもの

発酵は新鮮な食品を消化吸収しやすくすることで、食べものの栄養価を高めている。それは前消化［訳注❖咀嚼や唾液による予備的消化作用］として働くのである。肉や魚はより柔らかく、繊維は柔軟になり、デンプンは単糖類や多糖類に分解され、タンパク質の吸収はよくなり、ミネラルは有機物として利用できるようになる。食べものがこうして前消化されるあいだも、食べものに含まれるビタミンが損なわれることがないだけでなく、発酵によって、ビタミン、酵素、アミノ酸など、新鮮な食べものに含まれない、あるいはわずかしか含まれない栄養素が合成される。とくに増えるのがビタミンB群である。クロード・オーベールはそれをよく示す事例を紹介している。▼317 第二次世界大戦中、日本軍の収容所にいたイギリスの戦争捕虜たちは、白米と生のダイズをゆでたものを与えられていた。ダイズは非常に固く、消化に悪かった。オランダの捕虜たちは、オランダ領インドネシアで行われていたように、そのダイズをテンペにしてはどうかと提案した。彼らはありあわせの道具を使い、ダイズの皮をとって水に浸し、しおれたハイビスカスの花で見つけたカビで菌をつけた。四八時間後、弾力のある灰色のかたまりができた。それを油で揚げると、かりっとして美味な、そしてなにより消化によい食べものになった。タンパク質とビタミンの欠乏症も治ってしまった。要するにダイズを発酵させたおかげで、彼らは生き延びたのである。科学の分析により、テンペが発酵するとビタミンB群、とりわけB_{12}が指数関数的に増加することが明らかになっている。

乳酸菌がつくり出す酸性の環境では、糖質とタンパク質の消化がよくなる。乳酸菌はビタミンB群とK群、ビタミンCの含有量を増やす。それらのビタミンは生鮮食品では長く残らないが、発酵食品が酸性であることから、数か月もつ。キャプテン・クックの船団に塩漬けキャベツが積まれていたことは、よく知られている。二七か月におよぶ航海中、何度も嵐に襲われ、気温や気候の異なる海域を航行したにもかかわらず、帰国する船でポルトガル貴族のディナーに出された最後の樽は、航海初日に出されたものと同様に美味だったという。当時は壊血病によって

テンペはインドネシア発祥の、大豆などをテンペ菌で発酵させた醱酵食品で、ブロック状に固められている。

多くの船乗りが命を落としていたが、キャプテン・クックの航海で壊血病が蔓延したことは一度もなかった。発酵食品は一般に酸性で（日本の納豆、西アフリカのダワダワ、オギリ、スンバラのようにいくつか例外がある）、それが欠点といえるかもしれない。しかし、ヨーグルト、シュークルート、酵母パンを食べると、人体の酸性とアルカリ性のバランスが回復する。発酵によって、カリウムのようなアルカリ性のミネラルが消化しやすくなるのである。[318] ところで、酸性とアルカリ性のバランスは、おもにナトリウムとカリウムの割合によって決まる。[319] 発酵飲料もこの法則を免れない。エジプトのピラミッド建設者たちに与えられたビールは濾過されておらず、パンと同じくらい、いやそれ以上に栄養があった。タンパク質（酵母によってもたらされる）とビタミンB、アミノ酸がより多く含まれ、腸でのミネラルの吸収を阻害するフィチンはそれほど多くなかった。

健康的で安全な食べもの

発酵食品はきわめて安全な食べものである。このような食べもので食中毒になることはほとんどない。加熱殺菌や冷凍のような近代の保存方法と比べても遜色がない。もっとも驚くのは、発酵によって、新鮮な食品に存在する有毒物質が消えてしまうこともあることだ。つまり発酵によって、食べられるもののリストが増えるのである。ミルクからして、生の状態では先史時代の大半の人類には消化できず、いまでも乳糖に耐性のない多くの人々はそうである。いっぽう、チーズやバターやヨーグルトではそうならない。[320] 酵母パン、穀物の練り粉、発酵野菜の場合も同様である。それらも発酵によって、鉄や亜鉛、カルシウムのような必須栄養素が腸で吸収されるのを阻害するフィチン酸が除去され、人体がミネラル欠乏になるのを防いでいる。[321] 豆類に存在し、おなかの張りの原因となる物質も、発酵によって壊される。野菜に残留する硝酸塩系や亜硝酸塩系の化学肥料、一部の殺虫剤の影響も低減される。[322]

メソアメリカでは、トウモロコシを「ニシュタマリゼーション」という方法で処理してから発酵させ、トウモロコシの栄養素の吸収をよくしている。一九世紀にヨーロッパで発酵していないトウモロコシを食べた貧しい人々に、ペラグラ(ニコチン酸欠乏症群)という病気が蔓延した。キャッサバには青酸を生成する有毒物質が含まれるが、これも発酵で除去できる。マレーシアやシンガポールの料理に使われる殻のある木の実、ブア・クルアについても同様に、発酵という方法で青酸が除かれている。[323]オーストラリアのアボリジニも、マクロザミア(ソテツ)の実を水のなかで発酵させ、苦いタンニンの成分を取り除いている。油科植物や果実、穀物に含まれるミコトキシンというカビの毒素は、理論上、醤油のような菌類からつくられる発酵食品にも存在すると考えられる。しかし分析の結果、中毒のリスクは非常に低いことが判明した。まさしく発酵によって、ミコトキシンは壊されるのである。[324]

有毒な食品でもっとも危険なのは、間違いなくフグ(*Takifugu rubripes*)であろう。この魚は太平洋にたくさんおり、台湾と太平洋のすべての島々で食べられている。だが日本でフグを食べるには、厳しい規則にしたがわなければならない。フグの卵巣と肝臓には、テトロドトキシンという世界有数の猛毒が含まれ、これを摂取すると体が麻痺し、四八時間以内に呼吸困難で死にいたる。解毒剤はまったくない。フグの漁獲は国によって厳しく規制されてお

フグの卵巣には、毒素であるテトロドトキシンが含まれるが塩漬けにしたり糠漬けにしたりすることで毒素を抜き、珍味としている。

り、調理についても同様である。フグを店で出すことのできる調理人は、少なくとも十年間、魚をさばいた経験があり、さらに二年間、特別な訓練を受けなければならない［訳注❖資格要件は都道府県によって異なる］。そののち公的な資格を取得して、ようやく、毒のない身から有毒な部分を取り除いてフグを調理できるようになる。

雌のフグの卵巣は、一年のある時期に大きくなる。ものによっては重さが一キロにもなり、二〇人もの人を殺せるだけの毒が含まれている。それでもフグの卵巣の糠漬けは、石川県の特産品として全国に知られている。この贅沢な珍味（フグ料理は非常に値段が高い）がつくられるようになったのは最近のことである。江戸時代から存在していたが、一九世紀末に極上の料理となった。三年間、米糠のなかで発酵したフグの卵巣に、もはやまったく毒はない。

具体的にどのような作業が行われるのか見てみよう。フグから取り出した卵巣を、塩と交互に樽に漬けて一年間置く。卵巣は縮み、もとの大きさの二〇パーセントになる。つぎに卵巣を洗い、米糠と発酵促進剤の役目をする麴とともに、別の小さな樽に漬け、二年間、発酵させる。季節がめぐって貯蔵庫のなかの温度も変化するので、冬になると微生物の活動はにぶり、夏になるとふたたび活発になる。二年たつと、樽の蓋は赤くなる。これは微生物が分泌するカロチノイドによるものと思われる。このとき、テトロドトキシンの含有量は著しく低下している。一年塩に漬けると、一グラム当たりの含有量四〇〇から一〇〇〇ユニットだったものが三〇から五〇ユニットになる。三年後に一〇ユニット以下になったところで、衛生当局により、その製品は食用に適すると判断される。塩の浸透圧でしみ出た水とともに、毒は卵巣の外に排出されたと思うだろう。ところが、樽全体の毒性が下がっており、卵巣だけでなく、なぜか滲出液の毒性も低下している。これは謎である。発酵を担うラクトバチルス菌の影響だと考えられるが、高濃度の毒がどうして減少したのか、まだ科学的に解明されていない。先祖伝来の製法のおかげで、この驚くべき食べものはいまもつくられている。当然ながら、その製法はなにひとつ変わっていない。少しでも変えれば、まだよくわかっていないプロセスの効力は失われるのである。

有毒な食べものでもなんとかして食べようとする理由はなんなのか。ごく単純に、卵巣は捨てて魚の身だけ食べればいいのに、そうしないのはなぜなのか。おいしいからなのか。節約のため、なにひとつ無駄にしないのか。日本人が海産物を大切にあつかうことはよく知られている。一匹の魚に捨てるところはなく、骨から内臓まで、あますところなく食べる。だから、大きな卵巣を見て、それを捨てるより、なにか食べられるものをつくりたいと思ったのだろうか。だが、発酵すれば毒がなくなるだろうと、どうして考えたのだろう。最初にそれを食べて毒のないことを確かめた人は、なんと勇気のあることか。現在の知見では、こうした心をとらえて離さない疑問に答えることはできない。いまのところ、発酵したフグの卵巣を食べて中毒になった事例はひとつもない。味にうるさいグルメのためのとっておきの伝統食品として、それは生産地で売られている。[325] この事例からわかるのは、発酵によって、手に入る食品の質と価値を高めることができること。捨ててしまうような部分も食べられるようにすることで、食品の無駄を減らしていることである。

発酵食品が原因で食中毒が起きた事例はごくわずか報告されているが、それは発酵食品そのものに問題あったのではなく、外部の菌に汚染されたからである。たとえば保管されているときとか、あるいは低温殺菌の製品、つまり生きている発酵菌を殺してしまったときに、汚染が起きやすい。生乳のなかに存在するサルモネラ菌や黄色ブドウ球菌のような病原菌は、三日から五日発酵してヨーグルトやフレッシュチーズ、熟成チーズになれば、完全に排除される。[326] サルモネラ菌やリステリア菌で汚染された肉でつくられたソーセージが、発酵したあと無害であったことも、観察されている。[327] うまく発酵しなかった乳酸発酵の野菜に、病原菌が侵入することはある。たとえば空気に触れていたとか、温度が不適切だったのである。その場合、最終製品はあまりおいしそうに見えない。色が悪く、いやなにおいを発しているから、消費者には危険だとすぐにわかる。理論的には、原料がひどく汚染されていると、発酵食品にも毒素が広がっている可能性はある。だが発酵によって、有毒微生物も病原菌も、急速かつ完全に破壊されるので、伝統的な方法でつくられた「生きている」発酵食品で食中毒になった事例は知られていないと言うことができる。

カナダとアラスカでは毎年数件、ボツリヌス中毒の症例が報告されている。カナダでは年平均で一件から三件、おもにサーモンの卵や自家製の燻製を食べたことで発症している。発酵したサーモンの卵や頭、ビーバーの尾、アザラシのひれ脚は、ブリティッシュコロンビア州の西海岸に暮らすイヌイットのあいだで人気の高い伝統料理である。伝統的な発酵方法は集団ごとに異なっているが、共通の要素は存在する。地面に浅い穴を掘り、獲ったばかりのサーモンの卵を入れる。卵の温度が上がらないよう、そこは日陰でなければならない。卵をシバかコケでおおい、外気温の条件によって数日、発酵させる。卵が発酵したら穴から出し、常温で保存して数日のうちに食べる。

こんにちのイヌイットは困ったことに、そうした伝統的な食べものを伝統的でないやり方、つまりキッチンの室温でつくろうとする。屋外での発酵と違って、プラスチック製の密閉容器――つまり通気のない環境――は熱や湿気の影響を受け、ボツリヌス菌の胞子が増殖しやすい。そのようにして胞子が成長すると、致死性の毒素を出すようになる。食中毒の症例は例外なく、伝統的でない方法でつくられた発酵食品によるものであった。アラスカのアンカレジにある疾病予防センターが行った実験では、伝統的な方法で発酵させたサーモンの頭からボツリヌス毒素を検出できなかったのにたいし、プラスチック容器で加工されたサーモンの頭からはボツリヌス毒素が見つかった。目下のところ、ボツリヌス毒素の有無が発酵方法の違いによることを示す研究は存在しない。それでもこれは、有力な説と言えるのではないか。▼328

衛生が不確実だった時代、発酵食品を食べることは健康的で安全な食品を食べることであり、多くのリスクから守られることになった。一一世紀にフランドルで疫病が発生したとき、川の汚染された水をビールに変えたという聖アルヌルフの奇跡は、重要な意味をもっている。一説によれば、聖人は村人をビール醸造所に集め、桶に杖を浸してこう呼びかけた。「もう川の水を飲んではならない。ビールを飲みなさい」

すべての村人の病気が治った。この奇跡は、「ワインはもっとも健康的でもっとも衛生的な飲みものである」という、ルイ・パストゥールが言ったとされるワインの勧めを思い起こさせる。この言葉にはいまでこそ苦笑をさそわれるが、当時の時代背景に置き換えてとらえる必要がある。かつて、アルコールに関連した病気は、水が引き起こす病気に比べればたいしたことではなかった。アルコール依存症は強い蒸留酒の飲酒と結びつけられていた。生《き》のワインを飲むこともめったになく、水にワインを入れることが、水を消毒する方法であった。水のなかで微生物が増殖するのにたいし、ワインの発酵があらゆる有毒物質からワインを守っていることを、パストゥールは観察した。消毒がまったく存在しなかった時代、泉の近くに住まないかぎり、本当の意味での飲料水を手に入れるのは非常に難しかった。天然水の衛生は、先史時代からあらゆる人間集団の重大関心事であった。古代において、さらにその後も、王や皇帝は大規模な土木工事を命じ、ときには遠くから都市に水を引かせた。ポン・デュ・ガールやセーヌ川のマルリの水道橋はその一例である。塩気のある水や、人間や動物の排泄物で汚染された水もあれば、暑さで腐敗し、虫がわいている水もあった。コレラのような病気、ビルハルツ住血吸虫症、腸内寄生虫、サルモネラ感染症、腸チフスが、水を介して伝染した。

西欧では蛇口をひねればきれいな水が飲めるが、汚染された水によって世界で毎年何百万もの人々が死んでいる。ヨーロッパで飲料水の給水が普及したのは二〇世紀末であり、ごく最近のことである。というわけで、水を飲めるようにするために人間が見つけた最良の方法が、水をビールやワインに変えること、あるいはアルコールや酢（発酵食品）を少量加えて水を滅菌することだった。要するに、水ではなくワインのグラスをかかげて「健康を祝して《ア・ヴォートル・サンテ》（乾杯）」と唱えるのは、それなりの理由があったのである。

現代医療が民間薬に関心を示すとき

およそ地球上の国で、ほとんど奇跡のような長寿食をもたない国はない。多くの場合、それは発酵食である。実際にそうであるか、そう思われているにすぎないかはともかくとして、民間医療は発酵食品に利点があると認めており、しばしばそれを、本物の薬として用いている。現代の「機能性食品」にかんする概念はごく最近つくられたものである。しかしヒポクラテスは、「あなたの食べているものがあなたの第一の薬である」と言ったとされている。多くの発酵食品が伝統的に、赤ん坊の離乳食に用いられた。発酵食品は母親の乳の出をよくし、食欲を増進させ、体の弱った人や病人に力をつけ、腸の働きを改善し、傷を治す……。[329] エジプトのパピルスに、発酵した野菜やナツメヤシの果汁、蜂蜜が治療に用いられた形跡が見つかっている。ギリシアでもディオスコリデス（医者、植物学者、後四〇－九〇頃）が、発酵した赤いビートやキャベツで感染症を治療していた。彼の『薬物論』は、古代の薬用植物の使用にかんする主要な情報源である。

古代ギリシア・ローマ時代、ガルム、タリコス、ムリアは多くの病気にたいする薬として使われた。最高級のガルム、「ガルム・ソキオールム」には、塩分とタンパク質分解酵素が豊富に含まれ、傷を消毒し炎症を抑える作用があった。プリニウスはこれを、ヒツジの疥癬、火傷、犬やワニ（原文のママ）に咬まれた傷の治療薬として、また潰瘍、赤痢、口や耳の病気にも効果があると勧めている。[330] ガレノス、ディオスコリデス、アレタイオス、アイギナのパウルスなどの医者たちは、ガルム、タリコス、ムリアを下剤として、また傷や潰瘍、黄疸、咬み傷、いぼ、真菌症、さまざまな痛みの治療に処方した。そればかりか意識の朦朧とした状態にも効果があるとされたのである。コルメラとウェゲティウスは、家畜の病気にガルムを使うよう勧めている。[331] 一八三二年にケーラーはタリコスにかんする研究を発表し、以下のように指摘している。「こんにちでも国の内外を問わず、多くの病気の治療にニシンとその漬け汁が用いられている」二一世紀になってもオランダには、「ニシンの医者いらず」ということわざがある。脂ののった若いニシンを発酵させたマーチェスは塩漬けニシンの逸品とされ、北ヨーロッパでは健康食とみなされている。これにはタンパク質と、ビタミンA_1、B_1、B_2、B_6、B_{12}、C、D、Eが豊富に含まれている。コレステロール値を下げ、心血管系疾患のリスクを低下させるオメガ3を多く含む不飽和脂肪酸もある。脳と神経系にもよい効果をもたらす。民間療法では、六月にマーチェスを食べると体が丈夫になり、風邪をひかずに冬を越せるとされており、鉄分が不足したらこれを食べるよう勧めている。

スウェーデンの発酵ニシン、シュールストレミングも、同様の治療効果があるとされている。二〇〇九年にスウェーデンの製薬会社が、胃の病気に効くサプリメントとして、凍結乾燥させたシュールストレミングのカプセルを発売した。[332] この医薬品は現在、原料となるニシンに含まれるダイオキシンの濃度があまりに高いため、販売禁止になっている。同じく海産物では、クル病の予防に北ヨーロッパの子どもたちに与えられた、ビタミンDを豊富に含むタラの肝油を思い出す人もいるだろう。これもタラの肝臓から、発酵によって抽出される。[333]

酢はおそらく、史上最古の殺菌剤のひとつで、虫刺されや小さな傷の治療に使われた。ヒポクラテスは前四〇〇年に、すでにその効用をほめそやしており、風邪や咳には蜂蜜を混ぜたリンゴ酢を飲むよう勧めている。酢は「瘴《しょう》気《き》［訳注❖伝染病の原因と考えられた大気中の有毒気体］をよせつけず、ペストの治療にも効果があるとされていた。聖書には感染症や傷を治療する薬として、いくどとなく酢が登場する。捻挫の湿布薬に種酢が使われることもある。さらにアステカのプルケは、乳の出をよくするため、腎臓の病気を治療するために使われていた。アルザスとポーランドでも、シュークルートの漬け汁が、小さな傷や潰瘍、腸炎を治療するための殺菌剤として使われる。インドのイドリは衰弱した子どもに力をつけるし、トウモロコシを原料にしたナイジェリアのオギも同様である。イドリは母乳の出もよくする。ギリシアのタルハナも、授乳中の母親、乳飲み子、回復期の患者の栄養になる。ヨーグルトと発酵した小麦粉を混ぜて乾燥させ、粉末にしたタルハナは、スープをつくるのに使われる。チベットのチャンは、体を強壮にし、頭痛を治すとされる。[334] ライ麦を原料にしたロシアの発酵飲料クワスは、感染症と熱にたいして効果がある。西欧では、ビールが乳の出をよくするといわれる。さらにビール製造会社は、授乳中の母親向けに特別なビールをつくっている。ビールには若返りの効果もあり、血をきれいにし、体を浄化して強壮にするとされている。[335] プリニウスによれば、ガリアの女性はセルヴォワーズの泡を使って肌の張りを保っていたという。このような使い方はルネサンスの書物にものっているし、こんにちでもアルザスのビール工場には、春になると、ニキビを治すために酵母を求める人々が訪れる。ビールは髪の美しさも保つ。現在いくつかの化粧品ブランドから、ビール入りのシャンプーが販売されている。[336]

　科学研究により、発酵食品には実際に殺菌効果のあることが明らかになっている。酸性であることから病原菌の繁殖が抑えられるいっぽう、発酵を司る細菌そのものが抗生物質をつくり出すのである。医療に使われるペニシリンのような抗生物質は、カマンベールやロックフォール、テンペのフローラを形成しているものに近い、顕微鏡サイズの糸状菌からつくられる。とくにテンペは、ボツリヌス中毒を引き起こす恐ろしい細菌や黄色ブドウ球菌にたいして強力な効き目がある。テンペのおかげで、インドネシアの住民は、衛生環境がよくないにもかかわらず健康でいられるのである。[337] タンザニアとケニアでの研究により、発酵粥を食べた赤ん坊はそうでない子どもに比べて下痢になりにくいことがわかっている。[338] ロシアやギリシア、それにバルカン諸国では、かつて、カビの生えたパンを使って傷の治療が行われた。アイルランドでは、バターをたっぷり塗ったライ麦パンにカビを生やす。パンが緑色になったら、化膿を治療する貼り薬にするのである。ロックフォール地方には、かつて羊飼いたちが壊疽になりかけた傷をチーズのカビで治したという話がある。なかにはいかさま治療師になる者もいて、闇の医療行為を行っていたという。それはアレキサンダー・フレミングがペニシリンを発見する前の話であった。

　科学は先祖伝来の発酵食品に強い関心を寄せている。マヤ人の子孫はいまでも、発酵したトウモロコシの練り粉、マサを小さな袋で保存し、少量の水に溶かして食べている。これが食料にも強壮剤にもなるエナジードリンクのポソルである。彼らにとってポソルは、熱を下げ、下痢や腸の感染症を治してくれる、魔法の食べものである。彼らはそれを、傷の化膿を防ぐ塗り薬にもしている。ポソルは多くの病気に効くので、こんにち、大手製薬会社の熱い視線を浴びている。ミネソタ大学の研究者たちは、ポソルのなかに、非常に複雑な微生物の集団を発見した。多くの発酵食品がそうであるように、それらの微生物が病原菌の増殖を抑えているのである。[339] ある研究機関はアメリカで特許をとった。伝統的医薬品にたいする特許と「権利」の問題は、こんにちきわめて重要になっている。三〇〇〇年以上前から食べものや薬としてポソル

青カビによって熟成させるナチュラル・チーズ。

を使っているマヤの人々のように、恵まれない人々からその生物学的財産を奪ってよいのだろうか。

漢方薬でも同じことが起こっている。発酵した赤い米、つまり紅麹は（米が赤くなるのは発酵の影響である）、前八〇〇年から食品の発酵に使われている。これに下痢を治す特性があり、消化と血液の循環をよくすることが知られている。明代に書かれた漢方の本草書、『本草綱目』には、米を発酵させて薬用成分のある紅麹をつくる方法が記されている。[340]近年の研究で、これが血液や脾臓によい影響を与え、コレステロール値の上昇を抑えることがわかった。紅麹に含まれるモナコリンKは、血中コレステロール値を下げるのに使われる合成薬のスタチンと、化学的に同じものである。[341]

中国では一九八〇年代に、北京大学の教授が紅麹を原料とする医薬品を開発した。アジアの多くの国、ノルウェーやイタリアでも使われているこの薬は、アメリカで短期間のうちに商品化され、よく効くうえに、同じ効能の合成薬に比べてはるかに値段が安いため、非常に人気が出た。だが、合成薬を販売している製薬会社は、競争相手があらわれたことを快く思わなかった。こんにちでは司法の決定により、紅麹はサプリメントとして認可されている、というより黙認された状態がつづいているが、医薬品としては販売が禁止されている。中国の研究機関の研究は、確かな方法論に欠けるために信用できないが、二〇〇八年から二〇一〇年にかけてアメリカ、ノルウェー、イタリアで行われた研究では、この製品に効果のあることが確かめられている。[342]

モンゴルの馬乳酒アイラグは、熱と赤痢の治療に使われている。ビタミンCが多く含まれ、疲れたり体が弱ったりしたときに与えられる。歯ブラシが登場する以前は、非常に固いチーズ、アーロールで歯茎をこすっていた。子どもたちは定期的に水で体を洗ったあと、ヒツジの脂肪で体をこすられ、抵抗力の強化と食欲増進のためにアイラグが塗られる。若い娘は、健康のしるしである、すべすべした白い肌を保つためにアイラグを塗る。一三世紀の文書から、虫刺されや傷の治療にアイラグが使われていたことがわかっている。[343] ヘビに咬まれたときにもこれが効くとされている。さらに殺菌効果もあり、テントで回し飲みされるとき細菌が感染するのを防いでいる。ボルガンやウランバートルのサナトリウムでは、結核の感染を防ぐために使われている。[344]

　中央アジアのラクダの発酵乳、チャルないしはシュバトも健康食品として人気が高い。カフカスではケフィアも、腸炎や感染性の下痢の治療に使われている。この地方に百歳を超える長寿者が多いのは、伝統的にケフィアが飲まれているからだとされている。こんにちでもロシアでは、ケフィアは長寿食であるとみなされている。[345] 病院やサナトリウムでは、病人にケフィアが勧められている。ケフィアは胃潰瘍と、あらゆる種類の慢性的な腸の炎症を治療する。それは腸内環境を整えるだけでなく、動脈硬化症、喘息、気管支の病気、アレルギーを改善する。エイズ患者が強い疲労感に襲われたときも役に立つ。サルモネラ菌にたいする殺菌作用があることもわかっており、実験室では、腫瘍にたいする効果もあった。[346] ヨーグルトも腸内フローラによい影響を与えるとされており、乳幼児の下痢を治し、肌の色つやをよくする。農産物食品産業は民間薬の能書きを取り入れ、発酵乳を原料とした新製品を発売するとき、しばしば、いかに健康によいかを売り文句にしている。たとえば、ダノンブランドの「アクティメル」や「アクティヴァ」は、消化器系や免疫系によく、肌がきれいになると紹介されている。ノルマンディー地方では、炎症や火傷を鎮めるためにバターが使われている。二〇世紀初めまで、新生児の洗面にも使われた。インドのダヒ（ヨーグルトの一種）は腸のあらゆる不調を治す。日本の梅干し、つまり乳酸発酵した小さなプラムは、喉の渇きを抑え、消化を助け、下痢や胃の病気を治す。納豆はきわめて栄養価が高く、腸内フローラにたいして非常によい影響を与える。納豆に含まれるバチルス・スブティリス（*Bacillus subtilis*）が「ナットウキナーゼ」という酵素を分泌し、それが血液をさらさらにして、動脈をきれいにするのである。納豆から、血栓を防ぐ脳卒中治療薬がつくられている。[347]「ナットウキナーゼ」はアルツハイマー病にも効果があると見られている。

こうした食べもののなかでも味噌は、発酵食品がその国の文化においてきわめて大きな価値を与えられていることをよく示している。味噌はこれまで述べた食品と同様の評価を得ている。つまりそれは長寿食であり、日常生活のちょっとした不調を治す民間薬として使われている。味噌は毎日少量ずつ食べられ、感染症や病気に負けない体質をつくる。消化をよくし、有害物質を取り除き、活力を与えるとともに、ミネラル、消化酵素、腸内フローラを整えるプロバイオティックス、必須アミノ酸、ビタミンB_{12}、消化吸収のよいタンパク質をもたらす。味噌は食物アレルギーの改善にも役立つ。カロリーと脂質が少なく、悪玉コレステロールを低下させ、タバコの害や汚染の影響を弱め、二日酔いの薬にもなる。[348]

だが、もっとも驚くべきは、味噌に放射線障害を防ぐ効果があると信じられていることである。一九四五年八月九日に長崎に原爆が投下されたとき、爆心地付近に二軒の病院があった。長崎大学病院では、三〇〇〇名以上の患者と医療関係者が、放射線障害、白血病、重度の火傷で死んだり苦しんだりした。そこからほど近い、秋月辰一郎博士が医長だった浦上第一病院（現在の聖フランシスコ病院）では、多くの者が生き延びた。これはまったく理屈に合わないことだった。秋月博士とその医療チームは廃墟になった病院で無傷のまま、被爆者の治療をつづけることができた。だが、すべては破壊され、医薬品も不足していた。秋月博士はあることに気づいた。大学病院では患者にたいし、白米、砂糖、白い小麦粉、精選された食材を使った洋風の食事が出されていた。彼の病院で毎日患者に出される食事は、玄米、味噌汁、醤油で味つけした野菜、ヨードを豊富に含む乾燥ワカメが基本であった。砂糖の使用は禁じられていた。原爆投下後、生鮮野菜の備蓄は失われ、残っていたのはカボチャだけだった。要するに、生存者たちはカボチャ、玄米、味噌、梅干し、醤油だけで命をつないでいた。医薬品がなかったので、重度の火傷は味噌を塗って治療し、被爆者たちは放射線障害に苦しみながらも生き延びた。

秋月辰一郎は、当時知られていなかった放射線障害にかんする記録を初めて残した。二〇〇〇年代になっても、秋月博士が治療した患者のうち三〇人ほどがまだ生存していた。博士自身は二〇〇五年に死去している。それらの生存者は、被爆当時、味噌などの伝統食品を食べていた。[349] 味噌を基本にした食生活が、いわゆる「奇跡」を起こしたのだと、博士は結論づけている。一九六四年に『体質と食物』を出版したとき、彼はすでにこう考えていた。

> 味噌汁こそ人間のもっとも重要な食べものだと思う。［……］一部の例外を除いて、味噌汁を飲む習慣のある家族はほとんど病気にならないことがわかっている。毎日味噌汁を飲んでいると、体質は徐々に改善され、病気に負けない体になる。味噌は最上の薬であると、私は考える。最上の薬とは病気の予防に役立ち、つづけて使えば体が強くなる薬のことである。[350]

味噌蔵の樽。

チェルノブイリ事故後のロシア、そして日本とカリフォルニアで行われた研究でも、放射能にたいする味噌の有効性が示されている。[351] 最近日本で行われたマウスを使った実験でも、そのことが裏づけられた。[352] 日本の国立がんセンターは、一日に二杯の味噌汁を飲むと乳ガンのリスクが五〇パーセント低下すると述べている。[353] 長期醗酵した味噌と醤油を規則的に摂ることは、大腸ガンと胃ガンの予防に役立つという。[354] 化学療法を行っていたり、エイズにかかったりして、腸に重大な障害があってなかなか栄養が摂れないとき、味噌はうってつけの食品なのである。

ただ信じられているだけでなく、いくつもの科学研究により、発酵食品は腎臓結石や歯周病を予防し、[355] 肝硬変にかかった患者の容態を改善し、[356] 血圧とコレステロール値を下げ、[357] 不安をやわらげ、[358] 骨粗鬆症とガンのリスクを低下させることが明らかになっている。[359] 人工ミルクを飲んでいる乳児にたいして、[360] また肝臓移植や大腸の手術を受けて腸内細菌の数が減少している人にたいして、[361] 発酵食品の細菌がよい影響を与える、という研究もある。[362] それによって抗生物質による治療を減らし、入院期間を短縮できる。[363] あるいは日常生活においても、病気をせずに冬を過ごすことができる。[364] プロバイオティックスを摂ることも、胃腸の病気の予防と治療に有効である。[365] それでアレルギー、とくに湿疹が緩和されることもある。[366] また、子どもの虫歯を減らし、[367] 冬の呼吸器系の疾患を低下させ、[368] 膣と泌尿器の感染症を緩和し、[369] またエイズにかかった子どもでは、CD４細胞の数を増加させる(ＨＩＶに感染するとこの細胞の数が徐々に減少する)。[370]

ここですべての効果を挙げることはできない。関心のある読者は、サンダー・エリックス・キャッツとキース・スタインクラウスの引用する文献を参照していただくよう、お勧めする。[371]

大プリニウスにとってガルムは薬であった。ハワイ島民は発酵したタロイモの練り粉のポイ、日本人は醤油と味噌と漬け物の効果を自慢し、アルザス人はシュークルート、ドイツ人はビール、メキシコ人はポソル、モンゴル人はクミスの効能を説き、中国人は醤と発酵豆腐がいかに健康によいか、とうとうと語るだろう。科学の文献を読むまでもなく、すべてはそのとおりなのだろう。実際にそうであろうと、そう思われているだけであろうと、魔術的な考えから出ていようと、科学的な考えから出ていようと、発酵食品が体によい、あるいは奇跡のような効能をもつと主張するのは、それらがさまざまな社会においてつねに特別な地位にあることを示している。

一五九六年に成立した漢方の医薬書『本草綱目』は、一五〇〇年に醤について書かれた文書を引用している。「醤は将軍のようだ。食べものの毒を除き、退治する。それはちょうど、将軍が民のなかの悪者を退治するのと同じである」[372]この隠喩は多くを語っており、まさしくそのとおりである。発酵食品の微生物は病原菌をコントロールし、それが増殖して支配権を握るのを防いでいるのである。

第十三章　世界を席巻する殺菌

過去数千年にわたり人間にとってあれほど重要だった発酵は、どこへ行こうとしているのだろうか。発酵について専門的に論じた本はわずかしかなく、それを除けば、食にかんする記事や食の歴史、技術、レシピの本には一見して、発酵への言及や詳しい説明、ほのめかしさえもまったく見当たらない。発酵は共通の話題にのぼらなくなったかのようである。発酵は私たちの生活から消えようとしているのだろうか。

発酵の婉曲化

民族学者たちは、いくつかの民族が生のものを食べていること、狩った獲物の肉を野営地にもち帰って食べていること、旧石器時代最後の狩猟採集民と新石器時代最初の村落定住民が食べものを貯蔵していたことについては語るが、狩猟後少なくとも一週間たって食べる肉は発酵させたり熟成させたりした肉であるとは、だれも一言も語らない。殺したばかりの動物の肉を食べる狩猟者はいない。現在でも精肉店の肉は、程度の差はあれ、販売される前に冷蔵倉庫でしばらく「ねかせて」おいたものである。新石器時代から第二次世界大戦まで、甕に漬けた野菜や根菜、塩漬けや燻製、干し肉が食料として貯蔵されていたが、それらが発酵させた保存食であったことは知られていないようだ。自明のことだから、あえて説明しないのだろうか。そうとは思えない。

イヌイットがおもに生のアザラシや魚を食べていると専門家が語るのを、何度、聞いたり読んだりしただろう。あたかも、火を通していないものはすべて生のもので、反対に生のものでないものはすべて火を通したものであるかのようだ。生のものでも火を通したものでもない、発酵という状態は、意図的か否かはともかく、知られていないかのようである。同様にして、サラミや「生」ハムやソーセージが発酵した肉であることも、黙殺されている。「加熱」ハムや塩漬けベーコンでも同じことだ。粥やクレープ生地、クラフティ［訳注❖サクランボの上にクレープ生地を流してつくる焼菓子］、ポリッジ、ケーキ、いまはやりの鮨が、もとは発酵食品であったと、どこに書かれているだろう。バターもそうであると、いったいどこに書いてあるだろう。この疑問は、生クリーム、マリネや燻製にしたサーモン、キャビア、燻製ニシン、アンチョビ

新潟県村上市の塩引き鮭。

にもあてはまる。それらが発酵食品であると、だれも気づいていないのではないか。

塩が過去数千年にわたって非常に重要であり、課税や密売の対象になっていたのは、食べものに塩味をつけるためというより、おもに食べものを発酵させるためであった。▼373 このように説明してくれる歴史家は、ごくわずかしかいない。もちろん、食べものの保存についての言及はあるが、それは決して、発酵という側面においてではない。塩漬け加工では塩が微生物の増殖を妨げ、それによって食品を保存できるようになると、よく書かれているが、これは誤りである。塩はある程度、微生物の増殖を防ぐが、発酵を担う微生物の活動を助けるのである。食品を確実に保存できるようにしているのはそれら微生物であり、塩そのものではない。

したがって発酵を見つけるには、わずかな情報をかき集めては深く掘り下げ、行間を読まなければならない。なぜなら発酵は、いまでは、見せかけの言葉の下に隠れているからだ。そうした言葉は、発酵を見つける鍵になる。本から離れ、私たちの毎日の生活を見てみよう。もはやun viande est faisandée(肉が熟成した)とは言わない。maturée(成熟した/熟成した)とか、rassise(熟れた)などと言う。fermenté(発酵した)やfaisandé(熟成した)はputréfié(腐敗した)を意味すると、誤って信じられているからだ。肉はよく「マリネ」される。香草とともにワインや酢に漬ければ発酵しなくなると思っているのだ。しかしそうではなく、逆に、安全により長く発酵させることで、腐敗するのを防いでいるのである。生地は発酵させるのではなく、休ませると言うようになった。アングロ＝サクソン諸国や東欧諸国のサワークリームは、たんなる発酵したクリームだとは決して言わない。普通のクリームにレモン汁を少々加えれば、サワークリームに似た味になると教えられている。発酵ソーセージとは言わず、乾燥ソーセージと言う。状況によって、いろいろなものが熟し、成熟し、漬かり、熟《な》れ、ねかされ、塩漬けになり、乾燥し、燻製になり、干され、燻され、熟成し、酸敗するが、それらはもはや発酵(fermenter)しない。あたかも私たちの社会では、発酵は恐ろしいものであるかのようだ。そのために、人はそれを隠蔽するのである。発酵ははぐらかされ、カムフラージュされている。婉曲化されている。

発酵にかんする第一の隠蔽は、おそらく、ケーキの生地をふくらませる粉をさす「化学的酵母」というフランス語の名称にある。英語ではよりストレートに「ベーキングパウダー(ふくらし粉)」と呼ばれているし、ドイツ語でもベーキングパウダーを意味する「バックプルファー」である。ベーキングパウダーは一九世紀末にユストゥス・フォン・リービヒとアメリカ人の弟子ベンジャミン・ラムフォードによって、進歩と時間の節約の名のもとに、パン用の酵母に代わるものとして開発された。「化学的酵母」とはまさしくマーケティングの撞着語法である。酵母は生きもの、生物学的なものであり、化学でつくり出すことはできない。穀物を原料にしてふくらませる生地の一部は、この化学的酵母が生物学的酵母に取って代わった。それは基本的に、重曹と酒石酸を混ぜ合わせたものからできており、水分と熱が加わると、化学反応により炭酸ガスが発生する。天然酵母も炭酸ガスを発生させて生地をふくらませるが、それは生物学的プロセスによるのであって、それと同時に、香りのもとになるさまざまな物質を生成し、食べものの栄養成分を変化させる。生物学的酵母(生イースト)で一般に四時間、天然酵母であればときに一二時間もかかってつくられるパンの代わりに、化学的酵母なら二〇分で「ソーダブレッド」をつくれる。見た目はパンのようだが、味の点では、パンとはほど遠い。

ふくらし粉の登場は、食品の工業化、大量生産、作業のスピードアップ、食べものの画一化、発酵食品に固有の複雑な風味の放棄へといたる、大きな第一歩のひとつであった。フランス語では、ただ似ているというだけで「酵母」の名を拝借し、ふくらし粉もそのように呼ばれるようになった。それは商業的な理由によるのであり、「化学的」という語と釣り合いをとるためである。二〇世紀初めにふくらし粉が登場したとき、「化学的」という語は警戒心を抱かせる恐れがあった。主婦の習慣を変えようとしているのに、その感情を害するようなことがあってはならない。「化学的酵母」なら、「酵母」だけが耳に残る。その言葉の意味は理解できる。というより、その使い方はと言うべきか。

現在ふくらし粉が使われている製品で、かつては発酵していたものは数多い。フランスのカトルカール［訳注❖パンケーキ］やクラフティだけでなく、モロッコの「千の穴」のクレープ、インドのイドリやドーサ、イギリスのパンケーキもそうである。昔の味が忘れられている状態は世界中に広がっている。生地に重曹をひとつまみ入れることで、発酵時間は短縮できたが、食べものの味は変わってしまった……そして料理人の習慣も。化学的酵母が発明される以前、菓子はどのようにしてつくられていたのだろうか。繊細なビスケットをつくるときは、泡立てた卵白が使われた。それ以外はすべて、発酵させていた。つまり、時間がかかったということだ。いまでもときおりレシピに、「休ませる、ねかせる」と書かれているのは、そのためである。けれどもふくらし粉を使うなら、この工程は不要となる。この場合はたしかに、調理・加工の背後に昔の発酵が隠れていると言える。

ふくらし粉の発明者であるユストゥス・フォン・リービヒが、農地の収量を上げるために使われていた堆肥や厩肥を化学肥料に替えようとしていたことも▼374、指摘しておこう。この問題は本書のテーマから少しずれるが、それでも、テーマの本質とその影響にかかわると言うことができよう。実のところ、腐植土、堆肥、厩肥は、微生物が分解した有機物が発酵したものである。堆肥はあらゆる発酵の最終目標である。腐ることはすべての有機物の運命だが、実際には、永遠にめぐるサイクルによって、腐敗は生命を養っている。生きているものはすべて死に、分解され、やがてその物質が新たな生きものに食べものを提供する。なにひとつ失われないし、なにひとつ新たにつくられない。厩肥や植物を埋めればミネラルによって土壌は肥沃になり、のちに植物の根がその栄養を吸い上げることになる。

ユストゥス・フォン・リービヒは、植物が腐植土ではなく、地中に溶けたミネラル分を栄養にしていること、腐植土は根に吸収されるのではなく、土壌を柔らかくし、ミネラル分を吸収しやすくするのに役立つだけだということを示そうとした。ミネラル塩は、骨粉や鳥の糞《グアノ》のような自然の成分からとれるが、リービヒは、それらの原料は急激に枯渇すると予想していた。化学肥料による施肥が成功をおさめるにつれ、彼から始まった化学肥料産業は急速に発展した。収穫高は四〇〇パーセント増加し、化学肥料は実際に、ヨーロッパが必要とする量の食べものを急速に生み出すようになった▼375……。いっぽう、堆肥や腐植土はあまり効果がないという理論は、リービヒの善意から出たものであったが、いまでは誤りであることが明らかになっている。こんにち、化学肥料の集中的な使用は限界を示しており、土壌と生産者、消費者をともに汚染しつつある。有機農業と自然農法は分解した厩肥と土壌の微生物にふたたび活躍の場を与えているが、集約的農業はまだ、人類に食料を供給するためにもっとも広く行われている。産業革命とその当然の結果である農産物加工業の誕生は、人間だけでなく土地からも、その発酵した食べものを奪ったのである。

微生物への恐怖

発酵の婉曲化は、微生物が発見されると同時にあらわれた微生物への恐怖と軌を一にしている。微生物が発酵で重要な役割を果たしていることを明らかにしたルイ・パストゥールは、伝記風に紹介すれば、自己犠牲と科学的厳密さ、知性、勇気、善意のモデル、つまり近代医学の「父」にして人類に多大な貢献をした人物である。実証主義が勝利し、西欧において宗教が衰退したときにあらわれた、世俗の神のような存在である。パストゥール以前に、人が死ぬと、その死や病気は、あるときは神の意志、あるときは悪魔の仕業とされた。運命や無知、不運、あるいは神の掟に違反した罰であると説明された。パストゥール以後は微生物が、人類の病気や不幸の唯一の原因となった。神の法に違反した者ではなく、衛生主義の法を無視した貧者にたいして、罰が下されるようになった。それは、顕微鏡サイズの生きものが人間に害を与える確たる証拠なのだった。

ルイ・パストゥールが微生物を観察したとき、この微小な生きものがうようよいる世界は彼を夢中にさせるとともに、激しい恐怖に突き落とした。彼の偏執的行動にかんする証言がいくつもある。彼は伝染を恐れ、知らない人間と握手をするのを避けていた。アルボワの自宅を訪れた人々は、ほこりや微生物の巣となる絨毯をすべて、大量の水で簡単に洗えるリノリウムに取り替えたことを知った。彼は食事のときも、皿のへりで、できるだけ細かくパンを砕き、当時よく見られた小麦粉につく虫の抜け殻を取り除こうとした。人類の敵はもはや悪魔ではなく、微生物であった。この新たな信仰は古い信仰に取って代わった。いまや科学は倒すべき敵の正体を知ったのだから、ついに、病気と……死にたいして決定的な勝利を収めることができる。新たなプロメテウスの神話が生まれようとしていた。そして、新しい宗教といってよい新たなイデオロギーである科学主義と、その当然の結果である衛生主義も。ルイ・パストゥールはその神であり、微生物にたいする勝者であった。微生物はあまりに強力なので、H・G・ウェルズは一八九八年に発表した『宇宙戦争』の締めくくりに、微生物について一言述べている。人間がどんな技術をもってしてもかなわない宇宙人でさえ……細菌には勝てないだろうというのである。

一九世紀末から二〇世紀前半にかけて、社会を動かす人々と医者たちによる衛生教育キャンペーンが、西欧諸国のすべての人々に浸透した。そのメッセージはごくシンプルな公理にもとづいていた。「細菌は重大な伝染病の原因である。清潔さ、通気、明るさが細菌を追い払う」[376]空気中、ものの表面、土や水のなかと、微生物はいたるところにいる。酸素は細菌を死滅させるが、暗くてじめじめした、風通しの悪い場所で細菌は増殖すると、パストゥールは考えていた。地中からわき出る純粋な水は安全だが、セーヌ川の水のように、流れたりよどんだりする水は、汚染されている。統計が示すように、富裕な地区や農村より、都市の非衛生的な貧しい地区のほうが、感染症が頻繁に発生する。要するに微生物と戦うには、不潔で暗い住宅、風通しが悪く、まったく掃除されない台所、下水のない便所、窓を閉めきっていたり地面に唾を吐いたりする有害な行動を一掃する必要があった。冬でも窓を開けて寝ることが奨励された。目に見えるほこりは、目に見えない微生物がそこらじゅうにいることを示している。住まいの空気を入れ換え、太陽を十分に取り込み、身の回りを清潔にすることが、健康になる秘訣なのである。

> 衛生のため、私たちの家を完全に清潔な状態に保ち、健康に害を与えるほこりや細菌を一掃しなければならない。毎日家の手入れをするには、根気と手際のよさが必要である。家庭の主婦は早起きして一日の仕事の予定を立て、段取りをつけるようにしよう。

一九三三年の家庭科の教科書にこう書かれている。[377] このような行動原理は日常生活全体におよび、恐ろしい病気をいくつも根絶するのに貢献した。それからまもなくペニシリンの発見が、人類に大きな恩恵をもたらすものとして大歓迎を受けた。細菌はついに、決定的な敗北を喫することになったのだ。

一九世紀末の衛生学者のイデオロギーは、製薬産業の発展と時を同じくして生まれたものである。微生物、病気、薬というわけで、これほどシンプルかつ実利的な話はない。宗教が地獄と悪魔を退ける野心を抱いたように、人間はついに病気を根絶やしにし、おそらく死を退けることができそうだった。

微生物の存在が明らかになってから、それを追い払うための熾烈な競争が始まった。微生物との競争は百年たっても終わりそうにない。結核は勢いを盛り返しつつあるし、院内感染症への対策はまだ見つかっていない。インフルエンザウイルスはいつまでも進化しつづけ、それに対応するワクチンを毎年接種しなければならない。奇妙なことに、衛生学者のプロパガンダのメッセージは、手洗いなどといった、パストゥールの時代と変わらない方法を推奨している。これはまさに無力さの告白である……。百年にわたる熾烈な戦いは「ダナイデスの甕さながらである［訳注❖ダナオス王の娘たちはダナイデス夫殺しの罪で地獄に堕とされ、穴のあいた容器で水を汲むよう命じられた。いくらやっても甲斐のない仕事のたとえ］」。微生物はこの世界のどこにでもいる、流動的で、絶えず変化する大集団を形成している。それはちょっと攻撃したぐらいではすぐに復活し、完全に追い払うのは不可能である。消毒剤をいくらまいても、大海のジャベル水［訳注❖一八世紀末から使われている消毒液］一滴と同じくらい効き目がない。ひとつの変異が消滅すると、別の変異が出現する。終わりのない戦いの行きつく先として、数十年前から、病院以外にはなかった新しい物質が登場した。それは携帯に便利なミニボトル入りの消毒液で、どこにいようと、水がなくても、手をきれいにできる。トリクロサンのような新しい化学物質も、家庭用品や衛生用品に入った。それらは製薬産業が開発した殺菌効果のある成分で、不幸なことに、人の役に立つ微生物や無害な微生物を根絶やしにするいっぽう、黄色ブドウ球菌(*Staphylcoccus aureus*)、大腸菌(*Escherichia coli*)、サルモネラ菌(*Salmonella enterica*)のような病原菌は、自然選択によってさらなる耐性を獲得している。▼[378]

「パストゥール主義」の未来が示したのは、微生物を徹底的に排除しても不幸な事態や病気をなくすことはできなかったということだ。ましてや死を退けることなどできはしない。たとえ百年前から平均寿命が延びていても、である。清潔にしようと、どんなに厳しい対策を講じても、ウイルスや他の細菌が生き延び、これまでに知られる殺菌剤すべてに耐性をもつようになるのを防ぐことはできなかった。エイズのような自己免疫不全症候群を含む新たな病気の出現は、病気と戦うために微生物を根絶やしにしようとしても、それだけでは十分でないことを示している。喘息やアレルギーのようないくつかの病気、そしてガンも、農村や第三世界諸国より、先進国の都市の滅菌された環境で多く発生している。つまり、初期の衛生学者たちが目の敵にした細菌だらけの場所よりも多い、ということだ。

過度の殺菌は殺菌の効果を損なうこと、機械的に抗生物質に頼ることはもうできないことを、こんにち人々は理解した。それは衛生教育キャンペーンのテーマになっている。これもまた、無力さの告白である……。百年前に唱えられた衛生の規則は、国民の健康を改善するのにおおいに貢献したとはいえ、耐性菌の再発生にたいしては十分ではない。病気と戦う手段として、日光、水、石鹸について、イオン療法、放射線療法、殺菌が勧められた。さらに研究機関は、殺菌液をあらゆるところで使用するよう求めている。私たちの環境にも、私たち自身にも、私たちが摂取する食べものにも。もちろん筆者は、衛生が悪いと言うつもりはないし、不潔さを賛美しようとも思わない。こうした衛生主義の行きすぎが困るのだ。それは現実の脅威に比べて著しくバランスを欠いており、ついには危険なものとなった。「健康」寿命はこれまで、工業国では一貫して伸びていたが、アメリカでは数十年前から後退している。アメリカはもっとも衛生主義的な国にして、工場製食品をもっとも消費している国のひとつである。[379]

しかしながら、パストゥールのライバルのなかには、アントワーヌ・ベシャンやクロード・ベルナールのように、病気の発症に抵抗力が重要な役割を果たしていると主張する人々がいたのである。かつて人類は、ペストやコレラのような、人を死にいたらしめる疫病と対峙してきた。それでも人間たちは生き延びた。おそらく彼らは、発酵食品をだれよりも多く摂っていて、それが免疫システムによい影響を与えたのだろう。体が強いか弱いかによって、病気は重くなることもあれば、軽くてすむ場合もある。衛生主義者の理論では、微生物は完全な悪者であり、あらゆる病気の元凶である。そのため、免疫システムの唯一の機能は微生物を殺すことであると考えられた。

免疫システムとまわりを取り巻く微生物フローラとのあいだに協力関係が存在するといった、こんにち認識されるようになったことを予見するのは、衛生主義の信奉者たちには不可能だった。多くの場合、病原菌が人体と接触しても、常在する微生物がそれを排除してしまい、個体はそもそも健康であれば、感染したことに気づくことすらない。病気を引き起こすには、大量の病原菌が侵入して組織にコロニーを形成し、まず微生物フローラ、つぎに免疫システムの細胞にたいして優勢とならなければならない。[380] 微生物フローラだけで防ぎきれなくなると、免疫システムの出番となる。さらに、病原菌がすでに知られたものであれば、免疫システムは脳のように経験にもとづいて行動する。免疫システムが侵入者に出会ったことがなくても、まったく作動しないということはない。微生物フローラが効かなかったり、過度の影響を及ぼしたりすると、アレルギーや自己免疫不全症候群のような別の病気になる。この問題にかんする研究はまだ始まったばかりである。

微生物にたいする恐怖は、人間の微生物相を研究する科学者たちのあいだで後退しつつある。研究者たちは、私たちの健康にとって微生物相が多様であることと活発であることが不可欠であるのに気づき、腸内フローラを移植するとか、帝王切開で生まれた赤ん坊に母親の膣のフローラや糞便のフローラまで接種することを考えるようになっている。[381] パストゥール主義の時代にはおよそ考えられなかったことだ。しかしこの知識はまだ専門家のあいだにとどまっており、一般の人々への情報はまだ微々たるものである。

殺菌とピューリタニズム

衛生主義は不潔さ、とくに住居と身体の不潔さを徹底的に攻撃した。ほこりと汚れこそ、私たちに害をおよぼす微生物のすみかである。だから家を掃除するように、体のなかを掃除し、微生物から清潔で純粋な食べものを取りもどさなければならない。発酵食品には多くの微生物がおり、味やにおいの強いものが多い。魚醬や発酵した魚、チーズもそうである。そしてチーズは、衛生主義と徹底した殺菌によってもっとも打撃を受けた食品のひとつである。純粋な白いミルクが母性だけでなく、あたかも女性らしさのシンボルであるかのようにみなされ、無垢な赤ん坊に飲ませるミルクは、他のどんな食べものにもまして、非の打ちどころもなく純粋なものでなければならなかった。

フランスのチーズ、マンステール、マロワール、カマンベールは動物性のにおいがあり、それが通を魅了しているのだが、においに敏感な人々には不快に感じられる。そのにおいは体臭に似ているのである。俗に「足のにおい」とか「汚れた靴下のにおい」、「だらしの

表面が白カビで覆われたカマンベールチーズ。

ない女の子のにおい」などと言われるものだ。しかし体臭にたとえたのは、なかなか目のつけどころがよい。人の体の汗を芳香性の化合物に変える微生物と、ポン・レヴェックやエポワスの香りをつくり出す微生物は、同じなのである。麝香のような動物臭は、それが体から出るものであろうとチーズのにおいであろうと、現代社会では敬遠され、香水やローション、化粧石鹸、シャワージェル［訳注❖ゲル状の石鹸］といった一連の化粧品によって駆逐されている。それらの化粧品はバクテリアを根絶やしにするため、しだいに効き目を強めているのである。一八八八年にアメリカで、発汗のいやなにおいを抑える新製品が発明された。汗のにおいは微生物によって汗が分解されて生じると、考えられていた。その傾向は二〇世紀末のヨーロッパでも強まっている。しかしながら、それ以前から、デオドラントを使おうとする者がいなかったわけではない。[382]

　体が「におう」のは人に不快感を与える。野蛮とまでは言わないが、不潔さと不作法のしるしである。それは、私たちだれもが秘めている動物的な部分を思い起こさせる。カマンベールやマンステールを鉄道の車両にもち込む者は、その代償を払うことになる。旅行仲間はすぐさま、こいつはめったに風呂に入らないやつだと思うだろう。体臭は親密なにおいであり、動物的なものを連想させるだけでなく、多少やましさをともないながら、快楽への思いをかきたてる。

その肌に香りただよう
香炉よりにおうがごとし
夕暮れのようなその魔力
闇に沈む熱きニンフよ[383]

ボードレールは『悪の華』にこう書いていた。料理の香りは肌の香りと同じく、喜びを予想させる。チーズのにおいは食べる喜びの欠くべからざる一部である。外皮の色やビロードのような感触、中身――肌――の柔らかさや締り具合、なめらかさと舌触りのよさ、ミルクや草や動物の風味とまったく同じである。ワインやビール、コーヒー、シュールストレミング、酵母パン、チョコレート、茶を愛好する人々も、快楽と感覚的な喜びを求めるように、好みの飲食物の香りと味を結びつけるだろう。

もっとも衛生主義的な国が、ピューリタニズムから生まれたプロテスタントの国であるのは、偶然だろうか。ピューリタンの感性から、快楽は除外されている。人が食べるのは義務だからであり、生命を維持するためである。しかし、そこからなんらかの喜びを引き出すのは問題外である。おそらくそれが、アメリカのジャンクフードの始まりなのだろう。つまり、自分がなにを食べようと気にしない。身体的義務を果たしているだけで、そうであるなら、質より量のほうが重要である。この国では、一日に二度テーブルを囲むという社会的慣習はすたれてしまった。食べたくなったら食べるし、食べたくなる前でも食べる。食べものは、伝統的文明において保持していた、コード化された儀礼的側面を失ったのである。

ピューリタンの精神は、とりわけ、発酵の工程の一部になっている種つけという考えを不快に思うようだ。性と発酵のアナロジーは原型的なものである。発酵種つまり微生物がミルク（これ自体が受胎後に分泌される体液である）や、パン屋がこねるパン生地（妊婦の腹のようにふくらむ）、魚肉と出会うことで、生きた食べものがつくられるだけでなく、それを食べる者に喜びをもたらす。性と快楽を抑制しようとすれば、そのような食べものを不快に思わないはずがない。「道徳的秩序がベッドから追い出され、皿にもどってきた」と、ピエール・ボワザールは嘆いている。[384]微生物がつくった食べものを食べることで得られる喜びは、いかがわしいものに違いない。悪臭を放つ発酵食品は、身体や快楽、そこから当然予想される獣性の側に位置づけられるのであり、衛生の欠如がそうであるのと同じである。貧しい人々が衛生も道徳もなく、「獣のように」詰め込まれている、ほこりだらけでかび臭い、うす暗いねぐらと似たようなものだ。そのような場所は、ほうきと聖書と消毒で一掃しなければならないのである。

おかしなことに、食品の発酵は人類史において基本的かつ、すぐれて文化的な行為であるにもかかわらず、発酵食品は野蛮できたならしく、胸のむかつくようなものとされ、さらに微生物が知られ、その正体が明らかになってからは、危険なものとされている。そうした食品を受け入れるための唯一の方法は、それを規制したのち殺菌することである。それをよく示すものとして、ピエール・ボワザールはカマンベールを例に挙げる。[385]カマンベールの生産者たちは何年もかけて、チーズの皮を、こんにち知られているような真っ白にしたのである。もともとカマンベールの皮は、青と灰色と緑が入り混じった微妙な色合いをしており、赤褐色の斑点が入っていた。カマンベールがパリの市場に登場したのは、ようやく、一九〇〇年代頃のことである。その頃パリではより白いチーズが好まれるようになっていた。チーズ生産者にとって、チーズがどんな色になるかは自然な熟成によって決まるものだった。ミルクをあらかじめ、二四時間から四八時間、屋外の涼しい場所でねかせると、野生の細菌の影響を受けて酸化する。それから凝乳酵素を加え、手作業で型詰めする。主力となるカビの種類によって、チーズの外皮はさまざまな色になるが、どれほど白いフローラができるかは、職人頭の腕の見せどころである。すべては、赤カビができたあとに、ペニシリウム・カメンベルティ(*Penicillium camemberti*)ないしはペニシリウム・アルブム(*P.album*)と呼ばれるカビが発生するかどうかにかかっている。こちらのカビは、最初は白いが、青みがかった灰色に変わる。赤カビが青カビの発生を妨げることを、チーズ職人は経験的に知っている。このような経験に頼ったやり方は、科学者には我慢のならないものだった。ブリーとカマンベールの現象を研究したパストゥールの弟子たちは、微小な糸状菌によってチーズの色が決まること、それら自然発生するカビが、空気、建物、すのこといった環境に由来することを明らかにした。科学の名と、無知と迷信にたいする戦いの名において、そういったものすべてを合理的なものにする必要があった。褐色や灰色の斑点は、あたかも欠陥やよごれ、草深い田舎でつくられたしるし、原始的な技術や不合理な迷信の証拠であるかのようだった。パリの顧客を喜ばせるために、色を悪くするカビは一掃され、ペニシリウム・カンディダム(*Penicillium candidum*)という別のカビに取って代わられた。パストゥール研究所の試験管のなかで培養されたカビである。

これは荒療治となった。チーズ製造室の表面全体に殺菌剤を塗ってから、純粋培養されたよいカビをつけるよう勧められた。チーズ生産者の抵抗がなかったわけではない。新しいカビはチーズの熟成を早め、白い胞子が密生した、石膏のように堅く分厚い外皮でチーズをおおった。カマンベールの新しい外観が受け入れられるまでに数十年かかった。二〇世紀に入ってしばらくは、かつてのような青いカマンベールがまだつくられていた。だが一九五〇年、青カビの病気がノルマンディーの生産者を震撼させ、彼らはふたたび科学に救いを求めた。私たちが食べているカマンベールが本来のチーズとまったく別物であることは、疑う余地がない。種つけはもはや、かつてのように自然に行われるのではない。ペニシリウム・カンディダムが製造所に浸透しただけでなく、適合する胞子を培養して凝乳に噴霧しているからだ。色の変更は最終的に実現したが……それは六〇年代になってからだった。それ以来、ミルクの熟成は省かれ、もっとひどいことに、カマンベールはもはやペニシリウム・カメンベルティで発酵させていない。この象徴的チーズがパストゥール研究所により、言葉のあらゆる意味において「漂白」されたとは、もはやだれも思うまい。

こうした出来事は低温殺菌《パストゥリザシオン》の普及と軌を一にしている。二〇世紀初めにはすでに、飲用のミルクにたいして低温殺菌が行われていた。それは五〇年代に、チーズを製造するためのミルクに広まった。アメリカは一九〇七年に初めて、チーズの殺菌にかんする調査を実施した。一九四九年には、すべての乳製品を低温殺菌することを義務づけた法律が議会で可決され、六〇日以内で熟成されるチーズもそのなかに含まれていた。現在も効力のあるこの法律により、カマンベールとロックフォールはアメリカで認められていない。衛生の名において、チーズ製造用のミルクも殺菌されるなら、野生の酵母や微生物より健康的で、非の打ちどころもなく「清潔」であるとされる培養微生物を使わなければならない。野生の酵母や微生物は、白衣の男たちの試験管を通過していないのだ。白はカマンベールの皮と同じ色。悔悛者の魂の色とされるのも白である。

工業化のまやかし

市場の要望に合わせるため、とりわけ生産を合理化するためのカマンベールの白化は、微生物学が誕生した当初から、科学と食品産業の結びつきが存在したことを示している。パストゥール自身はつねに、自分の発見が産業界で使われることを切望していた。彼がビールとワインを研究したのも、ノール県のビール製造業者とアルボワのワイン製造業者のためだった。ブドウ液を加熱し、ふたたび酵母を添加することで、彼はリスクのない生産を可能にした。低温殺菌されたビールはついに生産地以外での流通が可能となり、その市場を著しく拡大させた。彼につづいて、エミール・デュクロやピエール・マゼといった弟子たちが、チーズの製法を研究し、一九二〇年代からパストゥール研究所と国立農業研究所との協力関係が強化された。[386] 一九世紀末からチーズやビール、ワインの製造現場に科学が入ったことにより、のちの工場生産の条件がつくられた。数千年間、経験に頼って行われたのち、発酵はついに……いやほとんど、人の手で制御できるようになった。

農産物加工業は製薬産業とともに飛躍的発展を遂げた。それは産業革命と同じ時期に、加熱殺菌、低温殺菌、冷凍といった技術革新から生まれた。以上三つの保存方法――最初のふたつは微生物を殺し、三つ目は微生物を眠らせる――によって、一万年以上その真価を発揮してきた発酵は、数十年にわたり必要とされなくなった。加熱殺菌と冷凍につづいて、超高温殺菌、食品照射、製薬産業がつくる保存料の添加など、発酵に代わる別の技術が登場した。現在、そうした添加物がすべて無害とかぎらないことが判明している。都市に住もうと農村に住もうと、こんにちではだれもが冷凍庫をもち、キッチンの戸棚には加熱殺菌した缶詰、冷蔵庫のなかには真空パック入りの調理済み食品が入っている。西欧では、農村であっても、自家製のシュークルートや乳酸発酵したインゲンマメの保存食、ピクルス、パン、チーズやヨーグルト、ビール、リンゴ酒やワインをまだつくっている人はほとんどいない。しかし百年前に、そのような食品を家庭でつくるのは普通だった。塩漬けやチーズを手づくりする数多くの小さな製造所が二〇世紀後半に消滅の一途をたどり、いまでも毎日、姿を消しつつある。微生物が発見されてたった百年で、数千年来の食品の伝統が薄れ、そして消えていった。

食品メーカーはたしかに発酵食品もつくっている。だがその多くは、本来の食品とはほど遠い代用品である。ときには、自宅でヨーグルトやケフィアをつくれる「種」まで売っている。けれども、そうした人工的な菌株では、ミルクにいつまでも種をつけることはできない。すぐに死んでしまい、培養をつづけたければ微生物の粉末をあらためて買わなければならない。そうしなければ企業が儲からないからだ。使っているうちに増殖し、まわりの人に分けなければならない天然のケフィアグレインとは大違いである。

食品メーカーは化学的酵母(ベーキングパウダー)と添加物でパンをつくっている。そのような添加物を使うと、パンはふっくらとふくらむが……うま味がない。イーストでパンがより白く、ふっくらと、スピーディーにつくれるように、高速でこねる技術が開発された。その結果、伝統的な酵母パンは固くならずに一週間もつのに、工場製のバゲットは数時間で固くなる。同様にして、流れ作業でつくられる菓子パンは、とりわけ発酵不足をとりつくろうために、添加物がたくさん使われている。工場製のチーズは殺菌されるので、発酵菌は死んでしまい、熟成期間は最小限に抑えられる。「低温保持殺菌」乳を原料にしたチーズもある。ただの低温殺菌より低い温度で行われるが、完成品の嗜好・食感的な質に不可欠な微生物もけっこう殺してしまう。低価格の工場製バター用のクリームは、ミルクから分離して自然に上がってくるのを待つこともなく、バターをつくる前に二四時間から四八時間ねかせることもない。そのあいだにクリームのなかの菌が増殖し、バターによい風味をつける乳酸とジアセチルがつくられるのである。しかしクリームは殺菌されるので、研究室で増やした菌を加えなければならない。そのクリームはもう自然に熟成することはないからだ。高級バターの場合は、この作業は省かれる。かつては攪拌機で二時間かけてつくっていたが、こんにちではバター製造器で数秒のうちに、連続してつくることができる。だが、できるバターは味がない。もっともましなケースでは、工程の最後にふたたび乳酸菌が添加されるが、最悪の場合、香りづけの添加物やジアセチルが加えられる。これはフランスで禁止されている。かつてバターは、夏と冬とで、またウシのエサによって、味が違っていた。工場製品では考えられないことである。工場製品はすべて、一年中どこでも、同じ味でなければならない。ハムもソーセージも、パンもチーズも、あらゆるものが短時間でつくられ、発酵が不十分なまま、ただちに販売される。大量生産の大量消費というわけだ。

アジアでも、先祖伝来の発酵の伝統が急速な工業化にみまわれている。ラオスのソンムー、ベトナムでネムチュ

ア と呼ばれている食品は、モチ米、ニンニク、トウガラシとともに豚肉を発酵させたものである。かつてはバナナの葉——現在はピンク色の紙——に包まれ、家庭で日常的につくられていた。衛生への配慮から、工場製の加工品が小袋に入れて売られるようになった。袋のなかには、粉末のスパイスと化学調味料を混ぜたものが入っており、好ましからざる細菌の侵入を防ぐとともに、家庭でより安全に調理できるようになっている。はたしてこれはまだ発酵といえるだろうか。

低級品の工場製醬油は、当然のことながら、もう三年から四年かけて発酵させることなく、数時間で加工されている。そのやり方はあまり食欲をそそられるものではない。ダイズや米、ないしは小麦のタンパク質から、塩酸を使った化学的な加水分解で、アミノ酸が抽出される。その溶液を炭酸ナトリウムで中和してから、濾過し、グルタミン酸塩、カラメル色素、デンプンでとろみをつけたグルコースのシロップを加える。完成品はもはや伝統的な醬油とはまったく別物で、低価格のこの製品が広まるにつれ、何百年も受け継がれたノウハウは消滅していった。よい醬油の嗜好・食感的な質についてほとんど知らないヨーロッパの消費者は、代用品であることを知らずにこれを買っている。高級品の醬油はいまでも発酵させているが、品質を安定させるために、販売前に殺菌されている。したがって、生きている麹菌は全滅する。

ソーセージ、ハム、塩水漬けの魚、パン、菓子パンなど、他の発酵食品もすべて、伝統的な発酵とはかなり異なる方法でつくられている。さらに、食品メーカーは、かなり恣意的な賞味期限を設けている。そのアリバイは衛生的なものだが、理由は商業的なものだ。ヨーグルト、チーズ、生ハム、ソーセージは、実際には、ラベルに表示してある期限よりずっと長く保存できる。

農産物加工業は第二次世界大戦後、一九五〇年代にめざましい発展を遂げた。戦前のフランスはまだ農業と手仕事の国だった。食品の流通はおおむね小規模で、製品の大半は中小の生産者から出荷された。手が加えられていない農産物から入念につくり上げられた製品へと急激に移行したのは、戦後まもなくのことである。それは集約農業がブームになったのと同じ時期だった。一九五九年、農産物加工業の製品の消費量は、食品全体の消費量のすでに七〇パーセントを占め、一九九七年には八〇パーセントに達する。[387] フランスの農産物加工業は、現在、売上高で最大の経済部門である。それは他のすべての産業を上回っており(一九九三年以降、食品産業の付加価値は農業のそれを追い抜いた)すべての国民がその製品を食べている。経済的な問題は大きい。

ところが二一世紀初頭以降、他の工業製品に比べて、食品の消費は鈍っている。[388] それは、食品の工業化の段階が終わったことを示すものだ。[389] 企業は輸出や市場の分割(「シニア市場」、「子ども市場」など)といった、新たな成長の柱を探さなければならなくなった。それとともに、企業は、健康とテロワールというふたつの大きなテーマをめぐって、新たな販路を開拓した。いずれも、環境、自然、エコロジーという、現在非常に人気のあるテーマと方向性は一致する。食品メーカーはかくして不当にも、個性、伝統、地理的・歴史的起源といった考え方を重視するようになり、それとともに、しきりに健康を引き合いに出し、食の安全を売り文句にして、「機能性食品」をつくり上げた。私たちを健康にするとされる食品のことである。発酵食品と銘打ったものもたくさんあるが、商業的な目的でそう言っているにすぎない。なんというまやかしであろう! 工場生産の食品は伝統的でも、自然でも、テロワール特有でもなんでもない。衛生面でも、殺虫剤やその他の添加物が果物や野菜からたくさん見つかっているし、栄養的にも脂肪がたっぷり含まれ、人工甘味料が使われていることから、実際にはほとんど健康的とは言えない。いずれにしても、宣伝文句が消費者に信じさせようとしていることとは逆に、祖父母の乳酸発酵した保存食とは似て非なるものである。

発酵のない社会？

奇妙なことに、微生物が存在し、とりわけ発酵に関与していることが知られるようになったときから、人々は微生物を排除しようとするようになった。発酵食品を有毒な空気や腐敗のリスクから守るためとして、またとりわけ、衛生的にあぶないことは避けるという口実で、殺菌《パストウリザシオン》は発酵にたいして容赦のない戦いを繰り広げた。最終的に食品産業の到来を準備し、食品製造の合理化をもたらしたのは、殺菌と過激な衛生主義である。微生物の排除は、食品生産を規格化、画一化し、それによって収益が上がるようにするための口実であった。一九一三年に馬肉が牛肉として売られていたスキャンダルが示すように、こうした食品の工業化は悪影響をもたらした。この出来事をつうじて一般大衆は、食品産業がその出来合いの料理に、得体の知れない肉の「鉱石」を使っていることを知った。

もちろん、食べものにかんする不正行為は、あらゆる時代、食品産業が出現する以前にもあり、実際にそうした不正を抑止するため検査が行われていた。その点については、マドレーヌ・フェリエールが食べものの恐怖にかんする著書で語っているとおりである。[390] 現代の大量生産と地球規模のコミュニケーション手段によって、なんであれ食にかんするスキャンダルや中毒の影響がおよぶ範囲は拡大している。以前であれば、そういったことは見過ごされたであろう。だが、程度の差はあれ、食品産業がこれまで以上の安全を本当にもたらすのか、だれもが疑問に思っている。衛生主義と殺菌の影響を大きく受けて、西欧社会では発酵食が衰退したが、食中毒は減っていない。それどころか、心血管系の疾患、ガン、糖尿病、肥満といった病気は増えている。

発酵の技術は工業化するのが難しいため、食品メーカーと流通業界は、発酵にかんする知識が時の流れに埋もれてしまうことを期待している。殺菌された製品のほうが簡単につくれる、すなわち経済的によりもうかる。そうした製品はそれほど管理を要しないので、製造コストがそれほどかからず、すぐに金になる。販売するまで長期間貯蔵する必要がないからである。販売する前に数か月あるいは数年も商品をねかせておくのは、コストがかさむ。時間というのは、発酵によって香りや風味のある物質が生み出されるのに不可欠な「材料」だが、生産ラインの最適化とともに、時間をかける必要もなくなった。殺菌された製品では、こうした物質はできないので、その代わりにしばしば人工香料が使われている。それ以外にも、熟成の廃止や熟成期間の短縮によって味が変化することがある。いまでも一、二週間、肉を熟成させている、情熱あふれる職人的な食肉業者は、ごくわずかしかいない。日がたって肉が柔らかくなり、風味が増すにつれて、肉の目方は減っていくため、売り上げも減ってしまうのである。スーパー向けの食肉は、畜殺後ただちに真空パック詰めされる。そうなると、肉はもう変化しない。肉によって風味と柔らかさが異なり、値段も異なるのは、そのためである。

収益性と「一番」をめざす販売競争は、二種類の食べものをつくり出した。ひとつは貧しい人々向けの工場製の手抜き商品、もうひとつは豊かな人々向けのより手間をかけた高品質の商品である。食品の品質を高めるには時間と人手が必要で、このふたつは価格を押し上げるからだ。いっぽう、多くの発酵食品の生産に地方性は欠かせない。ロックフォールはパキスタンやリールではつくれないし、マドリードのアルタムーラのパン〔訳注❖本来はイタリア〕、モロッコのフェタチーズ〔訳注❖本来はギリシア〕も同様である。競争力に応じて生産拠点を分散させる多国籍企業の生産モデルでは、それと正反対のやり方に合わせるのは難しい。

つまり、発酵食品の生産と消費を守る意志があるかないかは、社会の選択にかかっているのである。世界的な農産物食品メーカーは、数あるメーカーの最先端に位置づけられる。一握りの多国籍企業が、世界市場の三分の二から四分の三を支配している。多国籍企業は手仕事の零細企業をひとつまたひとつと買収し、大きな経済力をバックに、進出した国で食品流通システムの支配権を徐々に手に入れた。その力は政治機構の力を上回ることさえある。[391] 多国籍企業の隆盛は、世界中で消費行動が均質化したことに支えられている。大量生産と画一化のつぎなる目標は、広告のメッセージと衛生の偽メッセージをつうじて個人の欲望と好みをフォーマット化することである。

百年にわたって殺菌された食べものを勧めるプロパガンダが行われた結果、消費者は、工場製品の均一で平板な味に馴染んでいる。食品産業が食べものの風味を変えてしまったことは間違いない。本書ではカマンベールのケースを取り上げたが、発酵食品であろうとなかろうと、多くの食品についても同様のことが言える。チーズはしだいに淡泊な、特徴のないものになっている。ピクルスは酸っぱくなくなり、タマネギからはつんとしたにおいが、ブリュッセル・シコレ（キクヂシャ）とメキャベツからは苦味が失われ、トマトは水っぽくなった。ジャガイモは気圧を下げて保存され、一年中新しいものが出回っているし、キクイモは皮をむきやすくするために、でこぼこした形をなくしてしまった。消費者はそうした食べものの味に慣れ、本来の味を忘れてしまった。酸味や苦味は好まれなくなり、甘味が優先されるようになった。風味は均一になり、やがて人々は、東京からブレスト［訳注❖フランス最西端の都市］まで、モントリオールからダカールやリオを経てシドニーまで、同じものを食べたがるようになった。こうして食品産業の夢は現実になった。食のグローバル化である。地域文化の常識をそっちのけにして、人々はいまや、何千年も乳製品を知らずにいた中国人に（工場製の）モッツァレラを、西欧人に偽の東洋風発酵ソースを食べさせようとしている。悲しいことだが、こうして、コカコーラとハンバーガーが世界を席巻する時代が到来したのである。

第十四章　発酵食品の抗しがたい復活

農産物加工業は西欧社会の食の風景のなかで優越した位置を占めている。それは一世紀前からめざましい発展をとげ、食料の供給源を変え、食だけでなく社会にも重大な結果をもたらした。だが、いくつかの徴候を見ると、私たちがある種の転換期にさしかかり、「工業的なもの」が見放されて多様な食の世界にもどりつつあるのではないかと思いたくなる。それは、数千年にわたって人類がつくり上げてきた食の姿により近いものである。この食と文化をめぐる方向転換は、まだ実際に起こったわけではないが、少なくとも始まっている。その証拠に、最初のきざしは食品産業の世界にあらわれた。実際、食品メーカーがテロワールや生産地など、どんな食べものかを示すほとんど「本質的」といってよい側面を強調するようになったのは、消費者のイメージにおいてそれが重要なことに気づいたからである。

テロワールの重要性

発酵食品の製造に関与する微生物の集合体は、完成品ではなく、それがつくられる場所に属している。微生物の多様性は、地理、気候、環境、化学反応といった自然の要素全体から生じる。人間の要素もある。社会的習慣、決まった行動、地域の製造方法がそうだ。ある産地の発酵食品は、別の場所では再現できない。その土地と風土《テロワール》に根ざしたものだ。そのため、発酵食品の製造は輸出できるものではなく、土地から切り離すこともできない。ロックフォールはアヴェロン以外で、サレールはカンタル以外で、ハモン・セラーノ［訳注❖生ハム、山のハムの意］はスペイン以外でつくることはできない。もしつくったとしても、同じ製品にならないし、そればかりか偽物とみなされる。だから食品産業はそういった製品をつくらないし、テロワールを広告のキャッチフレーズにして、それを本物だと思わせるようなことはしない。

　AOC（原産地統制名称）のシステムは二〇世紀初めにフランスで生まれ、やがて他の国にも広まったが、長いあいだワインとチーズのふたつの発酵食品のみに適用されていた。こんにち、といってもごく最近のことだが、欧州連合のレベルでAOP［訳注❖原産地保護名称、英語表記

プロヴァンスのワイン畑。ブドウが育つための環境である「場所」、「気候」、「土壌」がワインの風味や個性に反映される。

でＰＤＯ」とＩＧＰ［訳注❖地理的保護表示、英語表記でＰＧＩ］となったＡＯＣは、野菜、果物、穀物といった発酵されていない他の農作物にも拡大されている。このシステムのもとになったふたつの食品、ワインとチーズの出来は、地形や土壌の性質、気候だけでなく、ブドウや家畜の品種、製造方法、先祖伝来の技術を採用するか否かの選択に、完全に左右される。そればかりか、技術革新への意欲や、完成品の香りや味の探求にも、人の選択の自由はおよんでいる。それらすべてが重要であると認められ、保護されているのである。

古代よりワインにはそれぞれ産地の名がつけられていた。ギリシアやローマでは、アンフォラにそのワインの産出された地方が記載され、すでにブランドワインの格づけが行われていた。これまでに知られたブランドワインの最古の記録は、リヨンのサン＝ジョルジュ公園の発掘で見つかったアンフォラに記されていたものだ。壺に刻まれた文字によると、それは前一〇二年収穫の「ファレルノ［訳注❖イタリアのカンパニア地方のワイン］」であった。[392] またエジプトでは、六〇〇〇年前のアビドスの壺に、記号のついた粘土の封印がほどこされていた。それらの封印はラベルの役目を果たしていたようで、ワインの生産地を示していた。[393] つまり、現代のワインづくりの「しきたり」がすでに行われていたことになる。

テロワールの考え方は個別の狭い範囲にも適用される。ワインの名称は同じでも、ある生産者のワインはとなりのブドウ園のワインと異なるだろう。ジュラ地方ではここだけ、しかもいくつかの酒倉にだけあってよそにはない、ミコデルマ・ビニ（*Mycoderma vini*）という酵母があの個性的なワインをつくっている。薄い皮膜を形成して外気からワインを守っているこの酵母により、それらのワインは数年かけてじっくりと熟成される。ブドウ、微生物フローラ、場所が結びついたこのワインは、ミコデルマ・ビニがワインビネガーをつくるミコデルマ・アセティ（*Mycoderma aceti*）に近い仲間であるだけに、なおさら神秘的な感じがする。ある農場のチーズは、同じ原料でつくられた隣村のチーズと同じ味にならない。しかも冬と夏とでは味が違う。チーズには季節があるのだ。

ワインやチーズの風味の多様さにはまったく驚かされる。発酵のプロセスが完全に自然のもので、その場所に固有のフローラに依存しているとしても、最終的な結果において、人間に選択の余地のあることもまた事実である。そのためAOCは、その製品がテロワールと、そのテロワールの住人のノウハウによってつくられたことを保証しているのである。

AOC以前では、スイスのチーズ、シャプツィガーに、史上初のブランドマークがつけられていた。その製法は、一四六三年四月二四日の「青空会議《ランツゲマインデ》」でグラールスの市民たちが採択した法律——いまもある——によって規定された。この法律により、チーズの製法を厳格に守り、その地方のマークをつけることが、生産者に義務づけられた。発酵していない製品にこのような法律はない。世界のどんな料理のレシピにも、このようなガイドラインは設けられていない。

ピーテル・ブリューゲルの『農民の踊り』(1568年)。村の聖堂の縁日を祝い、壺に入ったランビックビールを飲む様子が描かれている。

もうひとつ、ある地域だけで行われている自然発酵の事例に、ベルギーでつくられるランビック・タイプのビールがある。これは世界に類を見ない製品で、昔と同じやり方で醸造されている唯一のビールである。たとえばベルリナー・ヴァイセやフランドルのブラウンビールやレッドビールのように、他のビールはブレンドされている。ランビックは二度、発酵させる。すなわち、発酵を促すために酵母が加えられたのち、微生物の自然な働きによって乳酸発酵させるのである。ランビックの成分は一五五九年に定められたハレ市の政令にもとづいている。「ビールは、古来の習慣にしたがい、升一六杯分の穀物、すなわち小麦六杯、ライ麦と大麦一〇杯でつくらなければならない」と定められているのである。この製法は大昔に消滅し、一五五九年にすでに「先祖の」やり方とみなされていた。ビールの自然発酵は、中世に酵母菌が培養されるようになる以前に使われていた方法だった。この方法では、ビールはほとんど泡立たず、酸味の強い独特の味になる。他のビールが丁寧に培養された菌株を使い、だれがつくっても味と品質が一定になるようにしていたのにたいして、ランビックは自然発酵にまかされ、その味はつくり手によってまちまちである。沸騰したモルトは、広くて浅い桶のなかで冷却されるあいだ、換気用の扉を開け放った醸造所の屋根の下、つまり風通しのよいところに置かれる。酵母はいっさい加えない。外気に存在する酵母菌でひと晩、種をつけたのち、ビールは樽に移され、最長で三年間発酵させる。

同時に活動するもの、異なるタイミングで活動するものを含めて、ランビックに作用する微生物や酵母は少なくとも八六種類あることがわかっている。いっぽう工場生産のビールでは、多くて二種類の酵母しか使わない。酵母はそれぞれ、酸味、粘性、アルコール度数、ガスの飽和度、香りにたいして独自の影響を与える。「野生」酵母は樽の木材や酒倉の梁、空気中に存在している。このような酵母の環境は、ゼンネ川の谷やパヨッテンラント地方にしかなく、そこを除いて世界のどこにもない。ランビックやグーズはまさに唯一無二のビールであり、テロワールと密接に結びついている。

天然酵母パンもこうした場所の唯一性の規則にしたがう。イタリアのアルタムーラのパンはイタリア半島のどのパンにも似ていない。サンフランシスコ以外でサンフランシスコ酵母パンをつくるのも不可能である。だから、こんにちアメリカ全土に販売網をもつこのパンの元祖、伝説のパン職人ブーダンは、サンフランシスコで自らの酵母を培養し、町の外にあるパン工房に毎月新しい菌株を送らなければならなかった。現場で更新された酵母には、短時間で、その場所の酵母が繁殖してしまうからだ。やがて、そのパン本来の特徴は失われ、もう同じ味が出せなくなる。イースト菌を使ったパンとは異なり、天然酵母パンは自然に発酵するため、在来種の微生物の「性質」を取り込み、そのパン独自の味や歯ざわりになる。自然発酵は、原料や道具、空気や製造場所の壁に自然に存在する微生物によって起こる。パンの場合、そうした微生物をもたらすのは、とりわけパン種の栄養となる粉である。パン種はそれぞれ唯一のもので、独自の微生物集団をもつ。パン屋の数だけパン種があると言っても過言ではない。チーズ、豚肉加工品、卵、魚などについても同様である。発酵は実際、テロワールの土台となるものである。

人間はしばしば、自分の村、自分の宗教、自分の生まれた国、子ども時代に食べた味に愛着をもつ。ごく幼い頃に、味覚と食習慣を身につけ、大人になってても長いあいだそれをもちつづけている。赤ん坊は母親の乳を吸いながら、すでに味を見つけている。母親が食事のたびに魚醤を口にし、あるいは発酵乳を飲んでいれば、子どもの食べものの好みもずっと、そちらへ向かうことになる。また、胎児も羊水のなかでそれを味わっていると言われる。

人間は住んでいるところから遠く離れると、ふるさとの発酵食品がなつかしくなるのが常である。外国に移住したフランス人を訪問するとき、なにをもってきてほしいか、そちらにないものはなにかと尋ねると、たいてい、ソーセージ、ワイン、チーズあるいはフランスパンのバゲットと答える。生まれた場所と結びついた人間の特性と、やはりその産地と結びついている発酵食品の特性は、一対のものと考えることができる。果物や野菜はすべての大陸で育つが(自然にであれ人工的にであれ)、ミュンスターやボージョレはそうではない。同じ理由から、日本人はスーツケースに醬油のミニボトルや味噌のミニパックを入れていく。発酵食品の味は、行った先になかったらどうしようと不安になるものなのだ。発酵食品ならなんでもよいというわけではない。自分の発酵食品、よく知っていて、馴染んでいる発酵食品でなければならない。旅行するドイツ人は、よそのビールが自国のビールほどおいしくないのにがっかりする。亡命したチベット人はなにを恋しく思うだろうか。それはツァンパかもしれない。ヤクの酸っぱいバター茶を注いで食べる大麦の練り粉、ツァンパは、世界のどこにも見当たらないだろう。この「テロワールの味」こそ、発酵食品をきわめて独自なものにしているだけに、発酵食品が生き残るための力にもなっているのだろう。

「うま味」はおいしさの欺瞞か?

日々の食事が単調な地域では、肉や魚、野菜を発酵させてその味をよくすることで、香辛料の不足を補っている。アジアの貧しい人々のなかには実質的に米しか食べられない人たちがおり、醬油や魚の漬け汁が穀物の味気なさを埋め合わせている。発酵が食べものになにかを加えるのであり、それはたんなる味つけ以上のものである。もっともよい例が醬油や魚醬で、それらは料理に塩味をつけるためだけに使われているのではない。それは料理の「波長」を変化させることで、接触したものの風味を変える。塩味を示すラオ語[訳注❖ラオスの公用語]は、塩で味をつけるか(kua)、魚醬で味をつけるか(khém)によって、語幹が異なっている。[394] さらにラオ語では、「味がよい」という概念は塩味と結びついており、味のよい料理はおもに魚醬でつくられている。

発酵の味と結びついた「おいしい」という概念は、日本の化学者、池田菊苗（一八六四－一九三六）が一九〇八年に「発明」した「うま味」と比較できる。西欧人は、基本的な味に塩味、甘味、酸味、苦味の四つがあると認めているが、この図式はこんにち議論の的になっている。というのも、ヴァニラ、花、コショウ、トウガラシの味のように、厳密な意味でこの枠にあてはまらない味が存在するからだ。アジア人はこれ以外の味も認識している。渋味、辛味、脂の味、無味である。日本人は、日本語で「おいしい」を意味する「うま味」という味を表現する。それは深みがあって口に長く残り、食欲をそそり、食べる喜びを感じさせる味で、酸味や苦味、塩味、甘味といった言葉では表現できないものだ。人は料理を味わい、おいしいと感じても、どうしておいしいのか説明できない。口中に唾がわき、ある種、舌がとろけるような感覚をおぼえる。

化学的にいえば、うま味は食べものに含まれるいくつかの物質、イノシン酸、グアニン酸、グルタミン酸が結合して生じる。これらの物質はいくつかの食べものに自然に存在しており、食品産業やアジアの低級な料理で味をよくするものとして使われている、グルタミン酸ナトリウム（MSG）、イノシン5′－モノリン酸、グアノシンのような食品添加物と混同してはならない。イノシン酸、グアニン酸、グルタミン酸はすべて発酵と関係がある。酵母や細菌などの微生物によって生成されるからである。

グルタミン酸は多くの発酵食品に存在する。茶、酢、古いワイン、酒、味醂、長期熟成させた中国の米酒、燻製あるいはマリネされた肉や魚、韓国のキムチからピクルス、シュークルートにいたる乳酸発酵したすべての野菜、味噌、熟成チーズ（パルメザンやロックフォールにはグルタミン酸が豊富に含まれている）、醬油、魚や穀物を原料にしたアジアのすべての発酵ソース、小エビのペーストなどである。中国の紅麴、特徴的な風味をもつ一部の生鮮食品にも含まれている。コンブ、ポロネギ、完熟トマト、タマネギやニンジン、ハクサイ、練りゴマやゴマ油、魚、カニやホタテ貝のような海産物がそうだ。肉のブイヨンやフォン〔訳注❖だし汁〕、肉のエキスにも豊富に含まれる。肉と骨を長時間煮込んでとったブイヨンは、工場製のブイヨンのキューブよりずっと味がある。グルタミン酸は煮込み料理に豊かで深みのある味をもたらす。これはブリヤ＝サヴァランにとってなにより大切な「オスマゾーム〔訳注❖肉から抽出されたスープのエキスをなすと考えられた物質〕」の考え方に近いものである。グルタミン酸は味のエッセンスのようなもので、これと結びついたものすべてに味をつける。

日本のスープのベースになる鰹節や煮干しにはイノシン酸が豊富に含まれている。いずれもワインやチーズのように、長い時間をかけてつくられる発酵食品で、強く複雑な香りを発する。最後にグアニン酸は、シイタケからトリュフやマッシュルームまで、あらゆる形態のキノコに含まれている。もちろん、顕微鏡サイズの菌類である麴もそうだ。

このように発酵食品はうま味と切り離すことができない。発酵食品がなければ、うま味は表現できない。鰹節がなかったら、日本のだしといえるだろうか。魚醬のないポーク・オ・カラメル〔訳注❖ベトナムの煮豚〕、ベーコンと、とくに赤ワインのないコック・オ・ヴァン〔訳注❖若鶏の赤ワイン煮込み〕、バターやパルメザンのないリゾット、ルブロションチーズのないタリフレット〔訳注❖ジャガイモのグラタン〕、パンやハムやバターのないハムサンド……。そして、よく発酵した生地とモッツァレラのないおいしいピザなど、考えられるだろうか。発酵食品の味はストレートに表現されるのではなく、あとからじわりと広がり、複雑で長く残る、こくのある味をもたらす。発酵食品の味は、料理全体の味にさらなる広がりを与える。あらゆる音を下から支え、メロディーに深みをもたらす通奏低音のようなものである。

遺憾ながら、東京帝国大学の化学科教授、池田博士が発見したこのうま味の考え方は、とりわけ、農産物加工業の欲求に応えるものだった。うま味が「発見」された時代背景を振り返ってみよう。池田菊苗は一八九九年にドイツに留学した。それはパストゥールとリービヒのあとにつづく時代、食品産業の揺籃期であり、あらゆることが可能になった、熱意にあふれる時代だった。一説によれば、池田博士がヨーロッパへの旅でとくに強く印象に残ったのは、ドイツ人が元気はつらつとしていることだった。彼はライプツィヒで、ユストゥス・フォン・リービヒの研究を知ることになる。リービヒは一八六五年、肉を食べられない貧しい人々の栄養不足を多少とも改善する目的で、「おいしいブイヨンをつくるための肉のエキス」を開発していた。池田博士は、日本の食の基本であるだしと西欧で対をなすこのブイヨンを食べたに違いない。これも伝説に類する話だが、彼は帰国後、妻のこしらえた汁物を味わっていて、その美味なることに突然気がつき、その味はどこからくるのだろうかと考えるようになった。それが、うま味をつくり出す化学物質の発見へとつながった。それらの物質は池田夫人の「家庭料理」にも含まれていたのである。

日本が西欧に門戸を開いた明治時代初期、国は日本国民の健康増進のために、それまで食べることを禁じられていた肉を摂ることを奨励した。ところがウシは日本に少なく、牛肉の値段も高かった。キューブ型ブイヨンの発祥地であるドイツからもどった池田博士は、そこで、肉からアミノ酸を抽出する化学の技術をダイズに応用し、日本初の工場製醤油をつくった。それは発酵しないので、価格はとても安かった。生化学とバイオテクノロジーの進歩は、西洋と東洋で同じ時期に始まり、やがて食品産業が世界を席巻して、伝統的な発酵食品に大打撃を与えることになる。池田博士がうま味を発見したという話は、実際には、食品産業が金儲けのためにすべての構想を描いていたことを潤色するためにつくられた伝説にすぎないのだろう。まさしくうま味の考え方にしたがって、食品メーカーは、生産に手間とコストのかかる自然な味に代えて、グルタミン酸ナトリウム（ＭＳＧ）のような添加物をすべての工場製食品に加えるようになった。そのおかげで、工場で製造された最悪の食べものでも、食べられるもの、つまり味のよいものになったのである。ＭＳＧの世界最大の生産国である日本と韓国の食品メーカーが、うま味の考え方を前面に出して宣伝広告しているのは、はたして偶然だろうか。

生乳チーズ論争、決定的転換

チーズには多くのうま味成分が含まれているが、ＭＳＧはまだそれに取って代わってはいない。フランスとヨーロッパの食文化を象徴するものとして、ふたたび生乳チーズを例に挙げよう。無殺菌乳チーズをめぐる近年の状況は、大企業と手づくり生産者たちが繰り広げる「鉄の壺にたいする土の壺の戦い［訳注❖最初から勝負がついていることのたとえ］」の様相を呈しているからである。そしてこの戦いは、思いがけない転換をとげることになった。

チーズのような発酵食品の製造は、経験に頼って行われ、数々のリスクを負っていることから、従来からコストがかかり、メーカーの手に負えるものではなかった。生乳の状態は予想できず、不安定で、十分な経験がないと加工するのが難しい。生乳には厳しい管理が求められる。あまり新鮮でないミルクや品質に問題のあるミルクを熟成させると、酸敗して味が悪くなる。つまり、生乳の加工には卓越した技が必要なのである。ウシの健康やストレスのない飼育から完成品の包装にいたるまで、生産ラインのあらゆる工程をしっかり管理しなければならない。そういったことすべてにコストがかかる。

それに加えて、無殺菌乳チーズの品質と味は、テロワールだけでなく、牧草の生育状況、ウシのご機嫌、搾乳日の天候、農家の技量にも左右される。日によって、農家によって、製品は異なる。年に数百万トンのチーズを販売している乳業メーカーには考えられないことである。天然酵母をあつかう手づくりパン屋も、製品がふぞろいになるのは覚悟の上である。これもメーカーには受け入れがたいことである。手づくりビールの製造にはビール職人の親方が目を光らせている。親方は日々の変化に応じてモルトの反応を観察し、水の量や温度、時間を決めている。つまり、タンクごとに中身が異なるのである。ワインや醤油、自然発酵のものはすべて同じである。何百万トンもの食品を製造・販売しているメーカーは、商品の質や形、色だけでなく、味も一定にする必要がある。発酵菌の気まぐれにはつき合っていられない。ミルクを殺菌して基準にそろえ、機械設備にしたがって管のなかに流し、つくりたいと思うものを正確につくらなければならない。あらゆるリスクは排除される。ミルクそのものの命、その味さえも奪った結果、ふたたび香料を添加せざるを得なくなった。こちらのチーズに「シェーヴル(ヤギ)」のアロマ、あちらのチーズに「ブルー・アロマ」と、製品に応じた香りをつける。ミルクは均質化され、クリームが表面に上がってくることもないし、季節やウシのエサがどうであろうと、成分はいつも同じだ。もっとも、いまどき牧草を食べているウシはめったにいないが。

ミルクにすみついている微生物を殺せば、ミルクは死ぬ。そのため、当然ながら、原料の品質にそれほどこだわらずにすむ。低温殺菌し、無菌化し、野放図な発酵を抑えることは、メーカーにとって得るところが大きい。大量生産と彼らがめざす低品質低価格とは、一対のものなのである。この商売に人道主義の精神はない。農業生産者も消費者も、そのほうがよいと思っているのだ。メーカーは添加物や保存料、着色料、粘稠《ねんちゅう》剤を加えるようになった。生産を画一化し、テロワールや季節や製品の個性を考慮しなくなった。いずれにしても、テロワールや製品の特性をなくしてしまったのだから。ミルクを殺菌することで、その性質すべてをつくっている微生物がはたらかないようにし、たとえ非常に遠い産地であろうと、さまざまな産地のミルクを混ぜて使えるようになった。入荷状況や市場の動向にしたがって、カマンベールや、ノルマンディーやポアトゥー地方でつくられる工場生産のシェーヴルチーズは、スペインやポルトガルからとどいたミルク、あるいは両者を混ぜ合わせたものでつくられるようになり、微生物の個性をまったくもたなくなった。

低温殺菌ではミルクを七〇度以下で数分間加熱する。そうすることで結核を発症させるコッホ菌(結核菌)は死滅する。二〇世紀初頭に衛生当局が低温殺菌を推奨したのは、そのためである。しかし、飲用ミルクについて考えられたことは、チーズについては無意味である。発酵によってコッホ菌は自然に死ぬ。無殺菌乳チーズであっても同様である。したがって、一九五〇年代になってもまだ使われていたこの論拠は、低温殺菌を行う本当の理由を隠蔽するための口実にすぎない。その理由とは均一化である。こんにちもなお、メーカーは衛生を理由に生乳チーズを危険であるとしており、医学の権威たちは妊婦に、殺菌していないミルクでつくったチーズを食べないよう勧めている。

この問題を調べると、ふたつの言説が存在することに気づく。ひとつは一般大衆に広まっている食品産業の言説で、無殺菌乳をすべてよくないものと決めつけ、いずれも微生物を殺す技術である低温殺菌、低温保持殺菌、マイクロフィルター殺菌を徹底的に推奨している。もういっぽうの一般に広まっていない科学の言説では、前者とは反対に、チーズ製造では無殺菌乳より低温殺菌されたミルクのほうがリスクが高いとまで断言している。無殺菌乳中で生きている微生物が、ミルクのなかに存在する病原菌や、発酵後に感染するかもしれない病原菌から、チーズを守ってくれるからである。[▼395] さらに、細菌の感染にたいするミルクの品質管理は、低温殺菌用のミルクより無殺菌乳のほうが、より高度かつ頻繁に行われている。

したがって、生乳チーズを食べて食中毒になるリスクは、やはりきわめて小さい。とくに、年間七〇万トンにもなる欧州の生産分にかんしては、フランスでも外国でも、食中毒は非常にまれである。[396] 統計によれば、低温殺菌されたミルクのチーズを食べたときのほうが、食中毒になる率が高い。[397] さらに、生乳チーズで死亡した事例は一件も報告されていない。フランス食品衛生安全局は、チーズ用のミルクを低温殺菌する必要があるとは考えていない。無殺菌乳チーズに病原菌が大量発生することは少ないからである。[398] アメリカではCDC(疾病管理センター)が、一九七三年から一九九二年までに、ミルクないしは乳製品による食中毒が三二件発生したと報告している。しかし無殺菌乳にかんするものは一件もなく、すべてが低温殺菌ミルクの事例である。[399]

さらに別の研究でも、世界的に食中毒の事例がきわめて少ないことが明らかになっている。[400] 乳製品による大規模な集団食中毒は、まさしく、低温殺菌や低温保持殺菌、マイクロフィルター殺菌されたチーズを食べたときに起こっている。一九八七年にスイスのヴァシュラン・モン・ドールによって三四人の死者を出した集団食中毒は、リステリア菌が原因であった。リステリア菌がいたのは低温保持殺菌以前のミルクでも、熟成中のチーズでもなく、チーズ工場のいくつかの区画と、チーズが保管されていた地下の熟成庫であった。ミルクはいったん殺菌されると、もはやリステリア菌を殺すような自然の防御力をもたない。スイスのヴァシュラン・モン・ドールは無殺菌乳ではなかったが、無殺菌乳であるフランス産ヴァシュランは、一度も食中毒を起こしたことがない。フランス国立農業研究所(INRA)の科学調査により、チーズの皮に自然に存在する微生物コンソーシアムは、リステリア・モノシトゲネス(*Listeria monocytogenes*)にたいして自衛することがわかった。[401]

研究の現状では、この微生物コンソーシアムを人工的に再現することはできない。工場で培養された乳酸菌でチーズに人工的に菌を植えつけるのに、これはまったく使われていない。役に立たないのである。微生物コンソーシアムは塩気のある環境で自然に増殖する。無殺菌乳の熟成チーズがまさにそうである。だが、低温殺菌乳チーズやマイクロフィルター殺菌乳チーズに、この微生物コンソーシアムはまったくない。そのようなチーズでは、微生物フローラの大半――あるいはすべて――が除去される。別の研究により、オランダ産チーズやスペインのマンチェゴのような無殺菌乳チーズが熟成しているあいだにリステリア菌が消えてしまうこともわかった。[402] 科学者たちはまた、大腸菌（*Escherichia coli*）が無殺菌乳より低温殺菌乳で増殖しやすいこと、[403] 熟成期間が長いほど病原菌が死滅することを明らかにしている。[404]

以上のような明白な証拠があるにもかかわらず、無殺菌乳チーズはメーカーの非難にたいして無害であることを証明しなければならなかった。一九九〇年から二〇〇〇年にかけて、アメリカと農産物加工業のロビー団体の圧力により、国際的レベルで食品製造の規範を定めた「国際食品規格」をめぐる論争が欧州議会をゆるがした。チーズを含むすべての乳製品に低温殺菌を義務づけるのが、その目的であった。生乳チーズ復活の明らかなしるしなのか、それとも人々の意識が変わったのか、アメリカでさえも、このやり方に反対する声が多く上がった。三万九〇〇〇人の会員を擁する世界最古にして世界最大の科学者団体、アメリカ微生物学会は、他の多くの組織とともに、数千年にわたってつくられてきたこのチーズが食べられなくなることに抗議した。アメリカにおける無殺菌乳チーズによる食中毒は、ハンバーガーのパテに比べてはるかに数が少ない。生乳チーズを殺菌することは、「名画を引き裂く、あるいはクラシックの交響曲のオリジナルスコアをずたずたにする」[405] ようなものなのである。

二〇〇一年、スローフード協会は欧州委員会にたいし、無殺菌乳チーズのためのマニフェストを提出した。そのマニフェストには二万人以上の署名が添えられた。

必要な対策をとるならば、無殺菌乳チーズは低温殺菌乳チーズほど危険ではない。こんにち乳業メーカーは、経済的な理由から、そうした対策をのがれようとしている。無殺菌乳チーズはより複雑で豊かな味を保証している。それは、テロワールとの結びつきを守ることに直接かかわる技術である。テロワールは、消費者に食べる喜びをもたらすだけでなく、小規模な加工業者や家畜生産者の存在理由にもなっている。低温殺菌乳は画一化した原料となり、微生物の個性を失った製品の横行を許している。つまり無殺菌乳は、小規模チーズ製造の維持を保証するのである。そして小規模チーズ製造こそ、雇用、バランスのとれた土地利用、環境の保全、生物多様性、動物の福祉に好ましい影響を与えるのである。[406]

無殺菌乳を無害であると認めるのは、乳業メーカーにとって都合が悪かった。画一化された方法、短い時間で製造しようとするメーカーは、経済的な理由から、必要な管理や対策を行わずにすませようとするからだ。反撃は素早かった。無殺菌乳でつくられた一部の伝統的カマンベールにたいして、いわれのない非難があびせられたのである。しかしそれらを分析したところ、いかなる病原菌にも汚染されていないことが明らかになった。[407]危機はつくられたものだった。分析結果が出たときには、その業者は自社のチーズを回収していた。誹謗中傷は消費者の心に疑念を植えつけずにおかなかった。二〇〇七年、それまでＡＯＣカマンベール・ド・ノルマンディーの生産の九〇パーセントを占めていたイズニー＝サント＝メール共同組合とラクタリス・グループが、無殺菌乳の使用を義務づけているＡＯＣの製造仕様書を、衛生を理由に低温殺菌や低温保持殺菌やマイクロフィルター殺菌したミルクを使用できるよう、変更することを求めた。これでは食品産業の思うつぼである。食品産業は、牛海綿状脳症のような危機を経て、衛生面での信用を失いつつあった。この出来事は論争を巻き起こした。カマンベールから自然な菌を奪うことは、それをカマンベールたらしめているものを取り上げることになる。こうした発酵にたいする攻撃は、欧州委員会が数年にわたってさまざまな圧力を受けた結果、起こったことである。

原産地名称全国機関（INAO）は仕様書の変更を拒んだ。そのためふたつの食品産業グループは、AOCカマンベールの生産を中止した。これは、伝統的な発酵と工場生産は両立しないことを告白したようなものではないか。この出来事は科学と産業が「袂を分かつ」始まりとなるのだろうか。

ラクタリスとイズニー＝サント＝メールがAOCの仕様書を変更できると思ったのは、おそらく、科学の背後に社会があり、科学が敵方に寝返ることがあるのを、過小評価したのだろう。農学は何十年間も工業化の同志であったが、さまざまな危機が相次いだために——ダイオキシンから抗生物質、リステリア感染症、サルモネラ感染症、牛海綿状脳症まで——衛生の考え方が変わったのである。[408]

実際に「国際食品規格」の議論では、科学者たちはメーカー側ではなく、無殺菌乳を擁護するために論争に加わった。アメリカ微生物学会は、微生物の危険性についてなにが問題になっているか承知していたので、衛生への配慮ではなく、文化的な面を強く主張した。歴史的に産業の重要なパートナーであったフランス国立農業研究所（INRA）は、その後、微生物の根絶ではなく、病原体から食べものを守っている微生物の力について、研究をすすめるようになった。[409] サン・ネクテールとコンテのチーズの皮に存在する微生物フローラの研究により、将来、チーズの嗜好・食感的な質を高め、かつ有害な微生物と戦うことのできる菌株を開発できるかもしれない。

こんにちではしだいに、チーズ工場の区画を殺菌するより、有用な微生物を増やすようになっている。同様にして、フランシュ＝コンテ、さらにエポワスやモンブリゾンといったいくつかの産地が共同で行った研究により、搾乳前に消毒液をしみ込ませたウエットティッシュでウシの乳首を殺菌するのをやめるようになった。木毛［訳注❖木材を糸状に削ったもの］で乳首をふくだけなら、家畜の皮膚に存在するフローラは守られ、チーズを熟成させる役割を果たすことができる。現在進行中の別の研究は、テロワールの考え方を裏づけるものとして、土壌や敷き藁や家畜小屋の微生物フローラが生乳の菌の植えつけにどのような影響を与えるか調べている。[410] もうひとつ重要な意味をもつのは、ミルクの集荷で広く行われていた四度の冷却が、二〇一三年一月一日からコンテの無殺菌乳チーズの仕様書で禁止されたことである。集荷されたミルクはそれ以来、一二度で冷却されているが、この温度であれば、自然の微生物フローラは守られるため、衛生の質に重大な影響を与えることなくチーズの質を高めることができる。[411] そのいっぽうで、品質に問題のあるミルクは、かつての集荷人並みのスピードで検知されている。集荷人たちは道ばたに置かれた牛乳のブリキ缶を集めて回ったが、外気温によって缶のなかのミルクが熟し始めることがあった。一部の缶のミルクが変質していれば、集荷人はすぐさまそれを見破ったのである。

以上の事例は、科学の言説が徹底した殺菌の時代から変化したことをよく示している。そうした変化が一般大衆の耳にほとんど届かないのは、見識をもって昔ながらのやり方にもどることが常態となったことに、大企業がまったく関心をもたないからである。メーカーは相変わらず、微生物への恐怖をかき立てるメッセージを流しつづけている。

画一化されたユニバーサル・モデルの挫折

発酵食品はその出現以来、人類の歴史とともに歩んできた。現在の食習慣が出来上がるまでに数万年を要している。発酵がなければ、美食の偉大な文化は存在しなかっただろう。たとえば、ワイン、チーズ、クリーム、バター、パンといったフランス料理を特徴づける発酵食品がまったくないフランス料理、中国料理のサインともなっている数え切れないほどの発酵ソースのない中国料理を想像していただきたい。日本料理、韓国料理、マグレブ料理、ロシア料理についても、同じことが言えるだろう。

グリーンランドでは六〇年代から八〇年代にかけて、伝統的な熟成させた食べものが見捨てられた状態にあった。現在は、昔の人々が好んでいたそうした食べものへの若者の関心がもどってきたのが認められる。家族のお祝いでは本土のデンマークと同じように、茶と菓子がテーブルに並ぶが、屋外の中庭では、熟成させたアザラシ肉が食べられている。[412] ノルウェーでは、かつて時代遅れの農民の食べものとされていた発酵したマス、ラクフィスクが、三〇年代にスポーツフィッシングの愛好家たちに再発見された。七〇年以降は都市のエリートお気に入りの料理となっている。

このように発酵食への関心の回復は存在する。それは自然、手つかずの壮大な風景、荒々しい川の流れへの思いをかき立てる。またエコロジーの感情とともに、ある土地、ある集団に所属しているというナショナリスティックな感情とも結びついている。[413] 食材としてもっとも人気が高いのは、自分で釣って自分で調理する魚である。ルートフィスクの伝統もいったんすたれたが、八〇年代にノルウェーのメディアのおかげもあって復活をとげた。この料理はこんにち、年末や復活祭のようなお祝いのテーブルに出されている。それ以外にも、数年前から再発見されている食品がある。南フランスのカラスミ、イタリアのコラトゥーラ［訳注❖カタクチイワシの魚醤］がそうだ。カンタル県サレールの伝統的なチーズづくりは、製造に特別な制約があるために、ほとんど消滅していた。この品種のウシはすばらしいミルクを出すが、他の品種より量が少なく、そばに子ウシがいないと搾乳できない。生産を工業化しようとしても、簡単ではないのである。ところがこんにち、カンタルチーズの生産は勢いを盛り返しつつある。

実際に二〇年ほど前から、西ヨーロッパのエリートに、地域の自然食品や生物学的文化、先祖伝来の発酵食品への関心の復活が認められる。酵母パン、自然発酵ビール、山岳地方の塩漬け食品、天然酵母をつかった有機ワインなどである。エリートはかつて、工業製品を真っ先に手に入れていた。当時はそれが新しく、近代的だったからだ。しかし現在では工業製品から離れ、地域の手づくり生産者や希少な製品を求めている。そうした製品の嗜好・食感的な質は工業製品よりはるかによく、価格は問題ではないのである。

それと同時期の一九八六年、カルロ・ペトリーニが食品産業のファストフードに対抗して、スローフード協会を設立した。当協会の哲学は、「おいしい、きれい、正しい」の三つの基準に合った食べものを推進することである。

おいしいとは、食べものの嗜好・食感的な質がよいだけでなく、その食べものに愛着を抱くことによって生じる感情や記憶、一体感により、食べる喜びが得られるものであること。きれいとは、生態系と環境に配慮した製品であること。正しいとは、生産と消費の場にかんする社会的公正の考え方に適合していることである。[414]

当協会は、めったに食べられなくなった食品、「ニッチ」でしか飼育・栽培されなくなった家畜や穀物、野菜、果物の品種だけでなく、テロワールと結びつき伝統的な製法でつくられるチーズ、ワイン、豚肉加工品を保護するための「味の箱船」を設けている。それは食の遺産と農業における生物多様性を守ることである。こうした保護は伝統的な発酵食品をつうじて行われる。それが時代の空気となった。

残念ながら恵まれない人々は、こうした考えや傾向を共有していても、低価格の工業製品を消費するしか選択の余地がない。そして食品メーカーは、風向きが変わったのを理解し、一般受けする製品をつくらざるを得なくなった。たとえばファストフードのマクドナルドは、その「レシピ」を世界各地の文化に合わせるようになった。アメリカ発のグローバル化を象徴し、もうひとつのシンボルであるコカコーラとともに、地球上のすべての人々がまったく同じものを食べ、同じものを飲むようになると豪語していた企業も、文化圏それぞれの伝統とやり方に合わせなければならなくなった。その最たるものは、地域に合わせて発酵食品を取り入れたことである。最初にビールを販売したマクドナルドはドイツの店だった。イタリアでは、モッツァレラを使ったカプレーゼのサラダやパニーニが売られた。トルコでは、材料はハンバーガーと同じだがトルコのパンをつかった「マックトルコ」なるメニューが登場した。インドではパニールというチーズとカレーソースが加えられ、日本ではハンバーガーにテリヤキソースが使われ、ウーロン茶が飲めるようになった。それが頂点に達したのがフランスで、二〇〇〇年以降、ボーフォール、ルブロション、トム・ド・サヴォワといったＡＯＰチーズを使ったハンバーガーが登場した。その後、サン・ネクテール、ＡＯＰカンタル、フルム・ダンベール、そして二〇一三年二月にカマンベールとラクレットが加わった。さらに二〇一二年からは、ハンバーガーのバンズに代わって、バゲットを使ったサンドウィッチが登場した。二〇一三年一月にはとうとう、バゲット、ハム、チーズという三種の発酵食品からなる「カスクルート（軽食）」が発売された。プレス向けの公式発表にこうある。「フランスのチーズはまさに、テロワールとフランスの知恵が見事に融合して生み出された定番の食べものです。［……］チーズが神聖なものである国で、マクドナルドは、フランス文化になくてはならないこの食品を使わずにすませることはできません」[415]食品メーカーのほうから、食べものを画一化するという基本的前提が崩れたことを認めたのである。

　この突然の方向転換を喜ぶのはまだ早い。企業はやはり企業なのであり、変わったのは製品の味であって、製品そのものではない。マクドナルドの製品にかんするフランス競争・消費・防止総局（DGCCRF）の調書により、ソースに使われたチーズのうちトム・ド・サヴォワとルブロションはごくわずかにすぎないことが判明した。ボーフォールのスライスにボーフォールは五一パーセントしか含まれておらず、残りはチェダー少々と、水と添加物で、全体をまとめていた。[416]二〇一一年、マクドナルドに有罪の判決が下った。この事件はいくつか重要なことを示している。ひとつは、地球上のすべての国で同じものを食べるというユニバーサル・モデルは通用しないこと。もうひとつは、食品メーカーはこのことを理解するようになり、食文化それぞれの特性で勝負に出ようとしているが、そうした特性を表現するものとして真っ先に目をつけられたのが発酵食品だということである。

　発酵食品の復活は、逆説的に、もっとも衛生的な国々で始まっている。アメリカの消費者が突如として酸味を好むようになったことが、市場調査で明らかになっている。甘味とは正反対であることから、酸味のある食品は健康によいということになったのである。「ギリシア風」ヨーグルトや酸味の強いベルギー・ビールのマーケットシェアは、二〇〇七年から二〇一二年のあいだに一パーセントから三〇パーセントへと大幅に上昇した。[417]最近ウォールストリート・ジャーナルに、発酵食品の味がアメリカ人に受けているという記事がのった。[418]料理人や工場製料理の製造業者、大手流通業者によると、酸味や苦味にたいする需要はしだいに伸びているというが、前回の調査期間にアメリカ料理の味を席巻していたのは、甘味と辛味であった。

最初に行動をおこしたのは食品メーカーだった。出来合いの料理に「発酵食品の味」をつけようとしたのである。人工香料を製造している企業は、この需要に合わせて、発酵食品そのものを加えずに発酵食品の味を出すための研究を行った。たとえば、「バルサミコ酢フレーバー」のケチャップや、タイ産の発酵トウガラシソース「シラチャ」の味がするチップスが、市場に投入されたのである。人工香料の専門家たちは、キムチやタバスコの複雑な香りを研究してそれと似た人工香料を開発し、工場製の料理やホットドッグにかけるソースに味をつけた。本物の発酵食品の代わりに合成香料を使うことで、強すぎる味もまろやかになる。発酵食品はよいが、アメリカ人の味覚に合わせて味を和らげる必要があるのだ。当然ながら、そのようなつくられた味は、本来の食品の複雑な味とはほど遠く、そのように香りをつけられた料理は、低コストでつくられる代用品にすぎない。食品メーカーはインタヴューに答えて、パッケージに「発酵」という文言を入れるつもりはないとつけ加えている。そのような言葉はアメリカの消費者に不快感を与えるというのである。衛生主義やピューリタンの感覚では、「発酵」は相変わらず、「食用に適さない」と同義なのだ。

つまり、こういったことはすべて、依然としてまやかしの段階にあるのだが、それはおそらく、より大きなうねりを反映しているのだろう。アメリカ最大のピクルス・ブランドは、発酵の風味をより強調した新製品を市場に出すようになっている。一部のはやりのレストランでは、発酵野菜を使った料理も登場している。インターネットサイト、全国で開かれている実演会や講座をつうじて、乳酸発酵の保存食を自宅でつくる方法を学ぶことができる。自ら発酵の「復興者」を名乗るサンダー・エリックス・キャッツは、この問題にかんする学識豊かな著書を何冊も書き、教育的に大きな仕事をしているが、アメリカ全土の大学やさまざまな催しで、実演を行ったり、講座を開いたりしている。彼はこの状況を以下の言葉で要約している。

発酵はここアメリカで確実に復興期にあると言ってよいだろう。それはたしかに小さな動きだが、しだいに充実したものとなってきた。発酵にたいする関心の回復は、より大きな復興と軌を一にしている。食べものがどこから来たのか知りたい、地元の食材を食べたいと思うようになり、生産者から直接買いたいと考えるようになったのである。そうした新たな関心の高まりによって、若い人たちが、農業やビールの醸造、チーズ、パン、チョコレートなどの製造に挑むようになった。若者がこのように好奇心をもっていることで（私の世代とは大違いだ。私の知り合いで農業生産者になると言った者、なんであれ食品の製造者になると言った者はいなかった）、私は楽観的になっている。しかし同時に、どんな社会的飛躍であろうと、マーケティングというデマゴギーによってねじ曲げられる可能性のあることも、私たちは知っている。だから、私の仕事は、自宅で安心して発酵を行うための知識や情報を伝えることで、人々が自主的に行動できるようにすることだが、食品メーカーのほうでも発酵の人気の回復を受けて、さっそくそれに合わせた製品をつくろうとしている。

アメリカでも、生乳チーズのリバイバルが起きている。食品メーカーが押しつけようとする無菌化された食品が、自分たちの食べるものに侵入してくることにたいして、消費者は反発するようになったのである。いまではアメリカでも、生乳チーズの生産者がしだいに増えている。アメリカのテロワールから生まれた、そうした農場製チーズの生産量は、二〇年間で一〇〇〇倍になった。こんにちではフランスより多いくらいである。フランスでは——不思議なことに——無殺菌乳チーズの生産が減少の一途をたどっている。[419]

アメリカのチーズ生産者は研修でフランスを訪れ、発酵の技術や先祖伝来のやり方を学んでいる。アメリカの岩山に掘ったばかりの熟成庫で、ヨーロッパタイプだがアメリカのテロワールに合ったチーズをつくっている。全米チーズ協会は毎年コンクールを開いている。一九八九年に参加した生産者は一五〇人にすぎなかったが、二〇一〇年には一五〇〇人を超えた。それでも、いまだにめぼしい成果は上がっていない。巨大食品メーカーも、みるみるうちに大きくなったこの宝の山を狙っている。彼らのやり方は、ラクタリスがフランスでやったように、雨後のたけのこのように増えていく小規模なチーズ製造所を買収することだ。これではゴリアテを相手にダビデが戦うようなものである。

それとは別に、発酵のリバイバルは意外な展開を見せている。ピューリタンの伝統をもつ別の国でも、それが起こっているのだ。それはスカンジナビア諸国である。

デンマークのレストラン、ノーマのシェフ、レネ・レゼピや、スウェーデンのマグヌス・ニルソンのような、革新的料理の最先端をいくシェフたちは、発酵とそれがつくり出す多彩な味に関心をもっている。それ以前から、ミシェル・ブラやレジス・マルコンのような何人かのフランス人シェフ、スペインではアンドーニ・ルイス・アドゥリッツが、発酵に興味を示していた。そのようなシェフにとって、発酵は開拓すべき新天地、越えるべきニューフロンティアである。たとえばレゼピは、五週間熟成させた牛肉をメニューに加え、乳酸発酵させたプラムとバラの花びらを調理し、大麦とグリンピースの「味噌」、天然酵母を使用したケーキやソースをつくっている。それは実験的で創意にあふれる、きわめて前衛的な料理だが、数千年来の方法を用いながらも、独自のやり方でそれを発展させている。おそらくこれならば、食品産業の地獄の粉砕機でつぶされることもないだろう。

大学研究者と共同で二〇〇八年に立ち上げた「ノルディック・フード・ラボ」において、レネ・レゼピのチームは、塩水漬け、塩漬け、乾燥、発酵といった昔ながらの技術をふたたび取り上げ、異文化融合の精神をもって世界各地の技術を検証し、さまざまな微生物の使用を試みている。この学際的な研究所は営利目的の組織ではなく、研究結果を公開し、情報を共有できるようにしている。シェフや一般の人々だけでなく科学者やメーカーも、それにアクセスできるのである。

　このチームに参加しているジョシュ・エヴァンズは、食べものと人間と環境とのあいだで微生物が相互にどのように作用しているかに関心がある。[420] 当研究所の研究テーマのひとつに、食べものの「おいしさ」に「うま味」がどうかかわっているかという問題にかんするものがある。これはいわば発酵の問題である。北欧の味とテロワールの特性について考えるうちに、料理研究家たちはたとえば、北極地方の果実と漿果を魅力あるものにしている酸味が、乳酸発酵によって、果実が熟したのちも残っていることに気づいた。レネ・レゼピとラース・ウィリアムズは古くからある技術を用い、misoにちなんでpea-soと名づけられた新製品をつくり上げた。これは味噌と同じ方法で発酵させるが、ダイズではなくグリンピースが使われている。また、バスク地方のアンチョビをもとに、酒づくりに使われる麴でニシンを発酵させた。燻した豚肉を日本の鰹節のやり方で加工し、こちこちに固くなった豚肉を削って、日本のだしのようなブイヨンをつくった。レネ・レゼピとラース・ウィリアムズは驚いたことに、イナゴの「ガルム」もつくっている。

　こうした研究が日常の食材として利用されるようになるかもしれない。たとえば豚肉を発酵させたのは、去勢されていない動物の肉から出る「種豚臭」をある種のカビで除去できるのではないかと考えたからである（EUでは二〇一八年に子ブタの去勢が禁止される）。これらの研究が、利用可能な成果、とりわけ一般の人々に受け入れられる成果につながるかどうか判明するには、もう少し時間がかかるだろう。再発見された知識は、毎年開かれるMADフー

ド・シンポジウムで、世界中のシェフや食品業界の関係者と共有されている。▼421

未来を先取りした新しい味の探求において、「ノルディック・フード・ラボ」とその影響を受けたスカンジナビアのシェフたちは、やがて先祖伝来のやり方を用いるようになった。彼らが考えたことは、おそらく五〇〇〇年から六〇〇〇年前に革袋の凝固したミルク、泡立つ果汁、カビの生えた穀粒、酸っぱくなった粥を前にして人間たちが抱いた疑問と同じである。「どうやったらこれができるのか?……別の果物でやってみたら……サンザシや蜂蜜、発芽した大麦を混ぜたらどうなるだろう?」旧石器時代にも、チーズやパンや塩漬けを最初につくった人々が同時代の人々から疑いの目で見られたときがあったに違いない。結局、やり方は同じ、それは未知のものを探求することなのだ。うしろを振り返りながら前を見るのである。時代の最先端を目指す料理が、数千年の過去からインスピレーションを得ているのは、非常に意味深いことだ。前衛主義が先史時代の疑問、やり方、技術とつながっている。おそらくひとめぐりして、もとにもどったのだろう。発酵の未来は明るい。

結びにかえて……

二一世紀の人間たちは、はるか昔に野生の状態を放棄している。しかしながら、こんにち「自然」は、人々の大きな関心事になっている。グローバリゼーションつまり経済のグローバル化や急激な工業化に直面して、新たな懸念が生じているのだ。こんにちほど人々が環境とその保護を気にかけたことは、これまで一度もなかった。食の分野では、有機農業を推進しようとしているし、工場生産の加工された食べものではなく、「手を加えていない」、「自然な」食べもの、「純粋」な「つくりものでない」味の食べものを口にしたいと思うようになった。とりわけ、自分の食べているものがどこでつくられ、どのように栽培・飼育されているか、知りたいと思うようになった。発酵の復活は、環境保護と経済性と健康に気を遣う社会の潮流と密接に結びついている。こうした社会の潮流にたいし、健康的で金のかからない食品の保存方法があることを、発酵は示しているのである。工業が発展させた保存方法は、冷凍にしろ加熱殺菌にしろ、設備を必要とし、エネルギーをくう。保存食品を加熱殺菌するには、滅菌装置とともにガスや電気のような熱源が必要である。缶詰の加熱殺菌では、さらに、缶の蓋を接合するための機械を備えなければならない。冷凍食品をつくるには、あるいはたんに保存するだけでも、極地に住んでいるのでなければ、冷蔵庫は絶対に必要だし、冷蔵庫を動かすには電気がなければならない。それにたいして、乳酸発酵の野菜や魚、肉をつくるには、容器、重石と板、それに塩が少々あればよい。エネルギーはまったく必要なく、石油も、ガスも、電気もいらない。人々が現在強い関心を抱いているのは、完全にエコで経済的な方法である。

生物多様性が危機にさらされていると言われる。森林や海洋の生物多様性、動植物の種の多様性、地形や気候で複雑に変化する生態系の多様性が、消滅しようとしているのである。だが、救うべき生物多様性は他にもある。同じくらい重要で、われわれの生存に不可欠なもの。ごく小さな生きものでありながら、地球上の生命を維持している微生物の多様性である。食の多様性を守ること、とくに伝統的な発酵食品を守ることは、微生物の生物多様性を救うことにつながる。豊かで種々雑多な、生きている発酵菌は、驚くほど多様な形、色、味を食べものにもたらす。それと正反対なのが、いつでもどこでも同じものが食べられる世界をつくろうとする多国籍企業が勧める工場製食品である。それは安価で滅菌された、死んだ食べもの。カロリーはあっても風味と栄養に乏しく、画一的な方法でつくられ、添加物で味をつけただけの食べものである。

こんにち、いくつかの統計によれば、実際に腐らないうちに多くの食べものが捨てられている。パッケージに恣意的につけられた賞味期限がそれに一役買っているが、それればかりではない。知識が失われているのだ。カットしたチーズに生えるカビが無害であることを、もはやだれも知らない。怪しいと思ったら、捨ててしまうほうがよいのだ。ソーセージは数年間保存できるようにつくられており、いずれにせよ、賞味期限をすぎても数か月もつこと。東欧や韓国や日本のような、発酵の伝統がまだ残っているいくつかの国を除いて、水と塩だけでどんな食べものも長期保存できることを、もはやだれも知らない。余った野菜を塩水に漬け、買いすぎた肉を塩漬けにしようとは、もはやだれも考えない。「独身男のジャム」をつくろうとする者は、もはやだれもいない。果物を半年間、砂糖に漬けておくだけで、果物は自然に発酵して保存できるようになる。食中毒になる恐れはまったくない。

これと同じような食品の加工は、先祖伝来の知識がまだ存在する、たとえば韓国のような国では、いまでも行われている。実際に西欧以外の文化は、衛生のイデオロギーや衛生教育の影響をそれほど受けていない。アフリカではいまも昔と同じように、魚やイモ類、伝統的なビールを発酵させている。工業化が進み生活水準も高いが、西欧の文化圏に属していない、世界の一部の地域では、工業化の影響を受けながらも、発酵食品を食べたり自家製の発酵食品をつくったりする伝統がまだ根強く残っている。たとえば日本では、漬け物の盛り合わせのない食事は考えられない。出来合いの漬け物を売る店はたくさんあるが、プラスチックや陶器、ガラス製の漬け物容器が商店で簡単に見つかる。容器の蓋にはスプリングの圧縮装置がついており、自宅で漬け物を漬けられるようになっている。漬け物をつくるのは必ずしも長期保存が目的ではなく、食べものの風味に変化をつけ、酸味や辛味、渋味のある食べものにするために漬けるのである。フランスでは、シュークルートを発酵させるためのジャーを売っているのはいくつかの専門店だけで、そのような店を探して手に入れなければならない。

パストゥール以降の西欧の感覚ではまだ、わずかなカビでも不安になる。発酵したものは腐っているのであり、汚染された有害な食べものと同じなのである。最悪の食中毒事故は、加熱殺菌の不完全な保存食品や冷凍のトラブル、すなわち食品メーカーの用いる保存方法で起こっているが、そういったことはすぐに忘れられる。食品メーカーのやり方だけを盲信するのは奇妙なことだ。いっぽう、食料品を広口瓶に入れて発酵させるのはじつに簡単で、なんの危険もない。それはかつて物不足の時代に、つまりしばしば、食べものを無駄にしないために行われていたことである。農村では、あらゆる種類の植物性や動物性の保存食がつくられ、いまではすっかり姿を消してしまった食糧貯蔵室に貯蔵された。そして都市には、保存食品を売る店が無数にあった。

食の工業化が進んで発酵が衰退するのと時を同じくして、発酵にかんする家庭の知識が西欧社会から消えていった。そうした古い知識をこんにちよみがえらせるには、一世紀前から教え込まれてきた多くのことを忘れる必要がある。

発酵食品は企業のつくる製品ほど健康的でないと、食品メーカーは信じ込ませようとしている。生乳チーズやシュールストレミング、殺菌する必要のないものすべてに疑いの目を向けさせようとしている。実際には発酵によって、とくに恵まれない人々にかなりの栄養効果がもたらされる。なぜなら、発酵は食べものを保存するだけでなく、栄養価も高めるからである。そのため国連食糧農業機関（FAO）は発酵食品を評価するレポートを多数発表し、世界でもっとも貧しい人々の栄養を改善して子どもの死亡率を下げるために、アフリカや南アメリカの伝統的な発酵粥を活用するよう勧めている。世界の飢えと貧困を撲滅する必要に迫られているこんにち、発酵という方法にかんする知識はもっと見直されてしかるべきだろう。

食品メーカーは製品の均質化を容易にするため、食べものを無菌化しようとしている。ごく最近まで、科学はそれにお墨つきを与えていた。こんにち、状況は変わり始めている。メーカーは発酵を根絶やしにしようと躍起になっていたが、それがかなわないとなると、こんどはそれを模倣しようとしている。これはまぎれもなくひとつのサインである。発酵食は人々の心の奥底にしっかりと根をはっており、草の種がとんで、わずかなアスファルトの割れ目からまた小さな芽を出すように、食品産業のおおいの下からふたたび姿をあらわしたのである。

伝統的な発酵食品が消えてしまったら、私たちは貴重な遺産を失うことになる。発酵食品とともに、食の文化的側面がそっくりそのまま、無関心の闇に完全に埋もれてしまうだろう。食の文化的側面がなければ、食べることはたんに身体的欲求を満たすだけとなり、食べる喜びや食べものを分かち合うという概念は、そこから消されてしまうだろう。数千年来の知識と技術は失われ、それとともに、伝統や伝説、民間伝承、意味、記憶も失われる。健康によいこともすべて失われてしまったら、大変な損失になる。そうなれば、化学的に合成された医薬品で代用せざるを得なくなる。しかもそれは無害というわけではまったくないのだ。産業界はまず無毒化された製品を売り、つぎに私たちを守ってくれる自然の細菌がいなくなったことを埋め合わせるために医薬品を売ることで、全面的な勝利をおさめるのだ。そして私たちは魂と身体も失う。私たちが食べものをないがしろにして、成分も出所も定かでないものを食べるようになれば、私たちは病気や肥満になる恐れがある。

ようやく人々は意識するようになったのだから、そのことをはっきり主張していけば、そのような事態にいたる恐れはなくなるはずだ。インターネットのおかげで、そうした知識は人々の記憶からふたたび立ちあらわれ、フォーラムやブログで共有されて、だれもがそれを利用できるようになった。すべての大陸の都市住民が、パンやヨーグルト、乳酸発酵した保存食をつくり始めた。もっとシンプルにいえば、彼らはもっと上手に食べものを選ぶことを学んだのだ。けれども、人々が意識するようになれば、社会のより大きな選択が必要になる。地球上の農業と全人類の食糧供給を完全にコントロールしている多国籍企業が支配する世界を、人々は望んでいるのだろうか、それともまだ、自分の食べるものは自分でコントロールしたい、それがどのようにつくられているか知りたいと思っているだろうか。買い物に行くことは選択することである。大型スーパーに行くか近くの市場に行くかは、どのシステムを好ましいと思うかによる。殺菌されたチーズを選ぶか、無殺菌乳のチーズを選ぶか。工場製のパンを選ぶか、パン屋のバゲットを選ぶか。得体の知れない肉が入った出来合いの料理を買うか、それとも、値段は高いがなんの肉だかはっきりわかる肉を自宅で調理するかも、やはり選択の問題である。

農産物加工業がこの世に存在するようになって、たかだか一〇〇年にすぎない。人間は数千年前から、微生物というものがいるとは知らずに、それを飼い慣らしてきた。発酵した食べもののおかげで、食料を手に入れることも健康を維持することも困難な状況、ときにはなにも手に入らない状況であっても、人間はなんとか生き延びることができた。進化の過程で、発酵食品を食べていた者はそうでない者より病気にならず、長く生きられた。食料品を長期間保存できるようになり、手元にある食べものの種類が豊富になると、栄養の質とともに嗜好・食感的な質、つまり味や香り、歯ざわりが変化した。あらゆる時代において、いくつかの食品は芸術品、人間がつくったもののなかで、もっとも価値のあるものとなった。事情を知らないままに、同じやり方が繰り返された。だから、先史時代から受け継がれた伝統的な製法はこんにちまで生き残り、やがて、ほとんど人類学的な広がりを獲得するにいたったのである。

私たちは、チーズや漬け魚、肉や発酵キャベツでいっぱいの樽であらゆるリスクを生き延びた人々の子孫である。私たちを人間たらしめているのは、食べものに火を通すだけでなく、とりわけ、はるか昔より、食べものを発酵させてきたことによるのである。発酵食品はそれ以外の食品と同じではない。発酵は食べものに、象徴的な価値を与える。私たちを別の次元へ導く、ある種の垂直の方向性をもたらす。食べものはもはや、身体に栄養を与えるだけでなく、ひとつの意味を獲得し、人間関係、個人と集団の記憶、歴史、社会集団のアイデンティティー、さらに聖性や精神性の次元へといたる。生のものと火を通したもののあいだで、発酵したものは、それが存在した当初から人間とともにあった。地球上に人間がいるかぎり、発酵したものが消えてなくなることはないだろう。

謝辞

本書は数年にわたる調査と考察の成果である。言葉と食材のやりとりをつうじ、比喩としても言葉の本来の意味においても、私の調査と考察に栄養を与えてくださったすべてのかたがたに、謝意を表する。とくに以下のみなさんに、心よりお礼を申し上げる。韓国のルナ・キュンは私にキムチとコチュジャンを食べさせ、韓国語と日本語の文献を翻訳してくださった。発酵食品についてもっと知りたいという気もちになったのも、彼女のおかげである。シンガポールのクリストファー・タンは、アジアの食文化にかんする思い出と知識を語ってくださった。アメリカのサンダー・エリックス・キャッツは私の質問に答えていただき、発酵の「リバイバル」を物語る新聞や雑誌の記事を送ってくださった。また、ペリゴールのブドウ生産者ヴィヴィアーヌは自然発酵できわめて味のよいワインができることを、ブルターニュのレジス・ポンダヴァンは発酵したソバ粉のクレープについて、教えてくださった。ラオスのおばあさまのレシピと思い出を語ってくれたスーネット・ファビレボンには、心より感謝申し上げる。そしてもちろん、私のブログにコメントを寄せてそれぞれの歴史と思い出を語り、発酵と文化にかんする私の知識を豊かなものにしてくださった、すべての大陸の見知らぬかたがたにも。わが家のキッチンに泡立つ広口瓶、ジャー、ボトルが数え切れないほど並ぶのを受け入れてくれたピエールには、感謝の言葉もない。彼が原稿を読み返してあれこれ指摘し、ふたりで議論を重ねたからこそ、私はさらに先へ進むことができたのである。本書の企画を信頼し、構成のしっかりした一貫性のある本をつくる手助けをしてくださったカトリーヌ・アルガンにも、謝意を表する。最後に、毎日私を生かしてくれている無数の細菌と酵母にも礼を言おう。

一万年前以降の推定される伝播経路

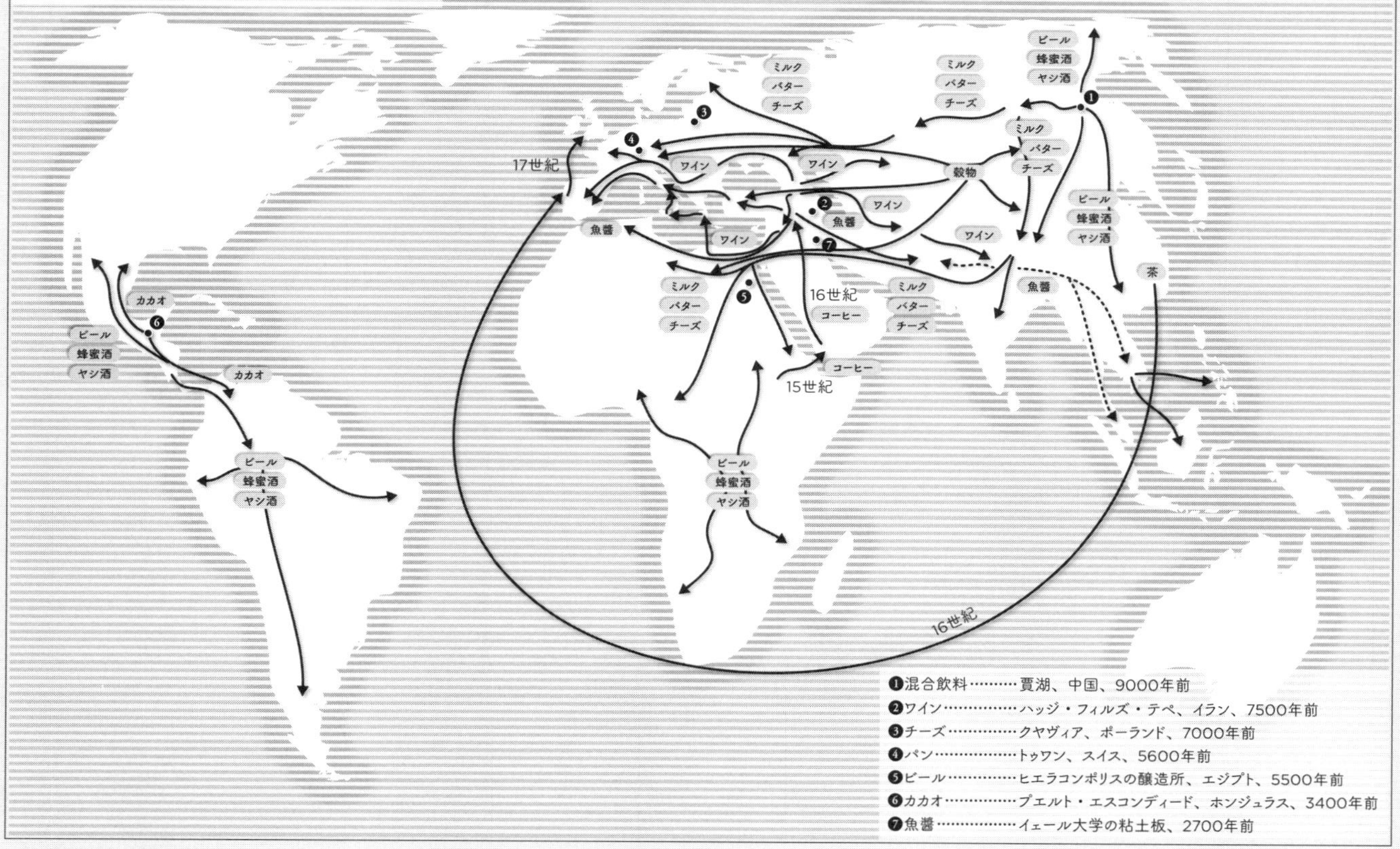

おもな土着の発酵食品

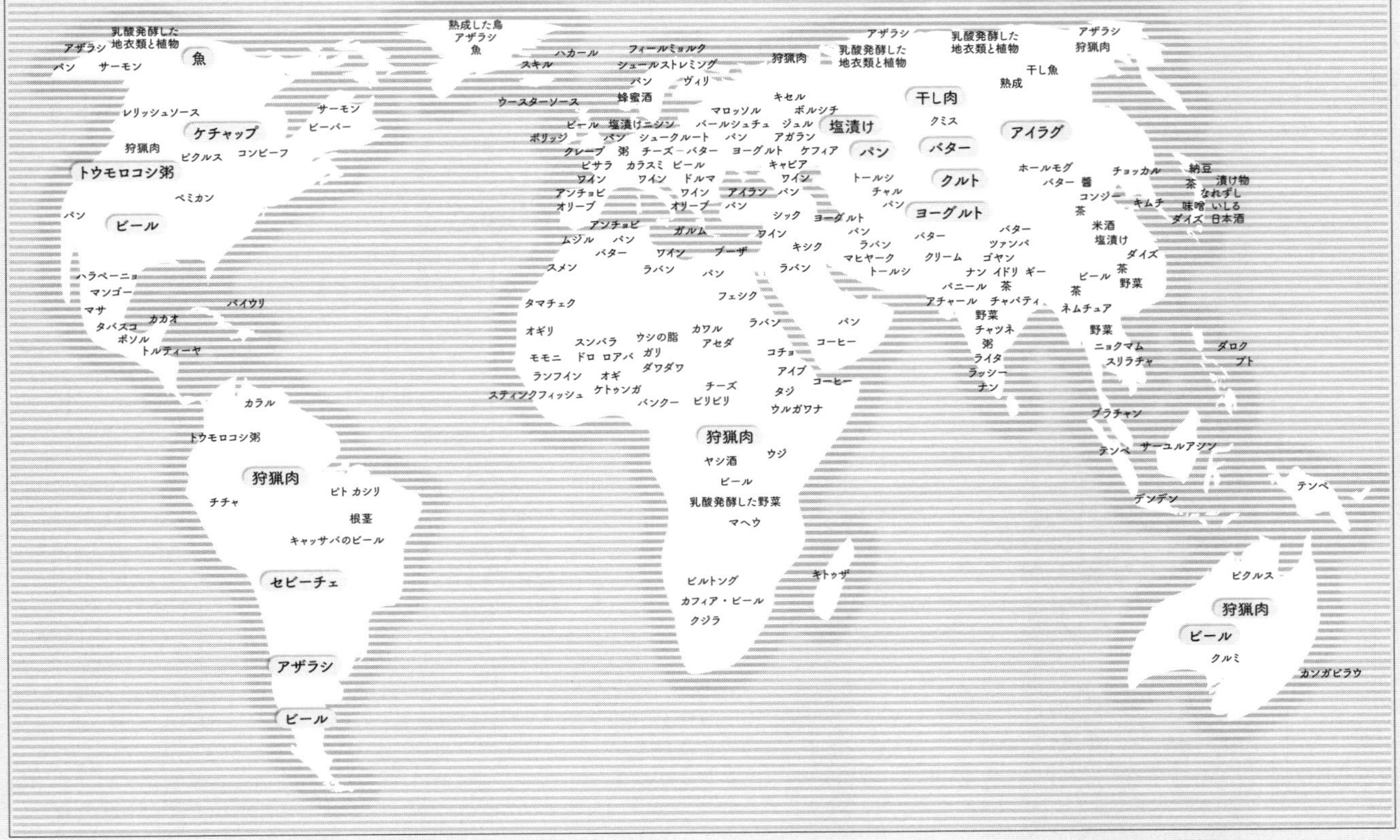

乳酸発酵した地衣類と植物
アザラシ
パン
サーモン
魚
レリッシュソース
ケチャップ
狩猟肉
ピクルス
コンビーフ
サーモン
ビーバー
トウモロコシ粥
ペミカン
パン
ビール
ハラペーニョ
マンゴー
マサ
タバスコ
カカオ
ポソル
トルティーヤ
パイウリ
カラル
トウモロコシ粥
狩猟肉
チチャ
ピト カシリ
根茎
キャッサバのビール
セビーチェ
アザラシ
ビール
熟成した鳥
アザラシ
魚
ハカール
スキル
フィールミョルク
シュールストレミング
パン
ヴィリ
ウースターソース
蜂蜜酒
ポリッジ
ビール
塩漬けニシン
パン
シュークルート
クレープ
粥
チーズ
バター
ピサラ
カラスミ
ビール
ワイン
ドルマ
アンチョビ
ワイン
ワイン
オリーブ
オリーブ
アンチョビ
ガルム
ムジル
パン
バター
ワイン
ブーザ
スメン
ラバン
パン
タマチェク
フェシク
オギリ
スンバラ
ウシの脂
カワル
アセダ
ラバン
モモニ
ドロ
ロアバ
ガリ
ダワダワ
ランフイン
オギ
スティンクフィッシュ
ケトゥンガ
バンクー
チーズ
ピリピリ
狩猟肉
ヤシ酒
ビール
乳酸発酵した野菜
マヘウ
ウジ
ビルトング
カフィア・ビール
クジラ
キトゥザ
狩猟肉
キセル
ボルシチ
マロッソル
パールシュチュ
ジュル
パン
アガラン
ヨーグルト
ケフィア
キャビア
ワイン
アイラン
パン
パン
シック
ヨーグルト
ワイン
キシク
ラバン
コチョ
アイブ
タジ
ウルガワナ
コーヒー
パン
コーヒー
アザラシ
乳酸発酵した地衣類と植物
干し肉
クミス
塩漬け
パン
バター
トールシ
チャル
パン
クルト
ヨーグルト
パン
ラバン
マヒヤーク
トールシ
バター
クリーム
ナン
イドリ
ギー
パニール
茶
アチャール
チャパティ
野菜
チャツネ
粥
ライタ
ラッシー
ナン
バター
ツァンパ
ゴヤン
乳酸発酵した地衣類と植物
アザラシ
狩猟肉
干し魚
熟成
アイラグ
ホールモグ
バター
醤
コンジー
茶
チョッカル
キムチ
米酒
塩漬け
ダイズ
ビール
茶
野菜
茶
ネムチュア
野菜
ニョクマム
スリラチャ
納豆
茶
漬け物
なれずし
味噌
いしる
ダイズ
日本酒
ダロク
プト
プラチャン
テンペ
サーユルアシン
デンデン
テンペ
ピクルス
狩猟肉
ビール
クルミ
カンガビラウ

参考文献

◎ **Abratt, V. R. et Reid, S. J.**, « Oxalate-degrading bacteria of the human gut as probiotics in the management of kidney stone disease », *Advances in Applied Microbiology*, 2010, p. 63-87.

◎ **Académie des inscriptions et belles lettres**, « Article "Idea febris petechialis" », *Journal des scavans*, n° 15, 1687, p. 21.

◎ **AFP**, « Camemberts AOC : pas de bactéries », lefigaro.fr, 17 octobre 2008, www.lefigaro.fr/flashactu/2008/10/17/01011-20081017FILWWW00731-camemberts-aoc-pas-de-bacteries.php (accès le 28 juin 2013).

◎ —, « Health supplements from smelly herring », *The Local. Sweden's news in english*, 2 septembre 2009, www.thelocal.se/21826/20090902/#.UZEkOIJjEWQ.

◎ —, «Sweden in plea to save stinky fermented herring », *The Local. Sweden's news in english*, 23 juin 2010, www.thelocal.se/27396/20100623/#.UZEcE4JjEWR.

◎ **Afssa**, « Avis de l'Agence française de sécurité sanitaire des aliments relatif aux critères microbiologiques exigibles pour le lait cru de bovin livré en l'état et destiné à la consommation humaine », saisine n° 2007-SA -0149, Agence française de sécurité sanitaire des aliments, République française, 2008.

◎ **Agence de la santé publique au Canada**, « Deux éclosions de botulisme associées au caviar de saumon fermenté en Colombie-Britannique. Août 2001 », **RMTC. Relevé des maladies transmissibles au Canada**, 28, n° 6, mars 2002. Ahola, A. J., Yli-Knuuttila, H., Suomalainen, T., Poussa, T., Ahlström,

◎ **A., Meurman, J. H. et Korpela, R.**, « Short-term consumption of probioticcontaining cheese and its effect on dental caries risk factors », *Archives of Oral Biology*, 2002, p. 799-804.

◎ **Akizuki, T.**, *Body Condition and Food. The Way to Health*, Tokyo, Crea Publisher, 1975.（秋月辰一郎『体質と食物』クリエー出版、2010）

◎ **Al Kanz**, « Adieu Coca, Fanta, Sprite et autres boissons alcoolisées », *Al Kanz*, 14 juillet 2007, www.al-kanz.org/2007/07/14/halal-coca.

◎ **Alaya, Gregoire.** *Lyon, les bateaux de SaintGeorges. Une histoire sauvée des eaux.* Lyon, Inrap, 2009.

◎ **Allen, D.**, *Irish Traditionnal Cooking*, Kyle Books (éd.), Londres, 2004.

◎ **Androuet, P.**, « Le Vin dans la religion », in des Aulnoyes, Fr. et Quittanson, Ch., *L'Élite des vins de France*, vol. II, Centre national de coordination, 1969, p. 137-143.

◎ **Anonyme**, traduit par Marie-Dominique Even, Rodica Pop, *Histoire secrète des Mongols. Chronique mongole du xiiie siècle*, Paris, Unesco–Gallimard, 1994.

◎ **Areshian, G. E., Gasparyan, B., Avetisyan, P. S., Pinhasi, R., Wilkinson, K., Smith, A., et Zardaryan, D.**, «The chalcolithic of the Near East and South-Eastern Europe: discoveries and new perspectives from the cave complex Areni-1 », *Armenia. Antiquity*, 2012, p. 115-130.

◎ **Aslan, A. et Homayouni, A.** « Bacterial-degradation of pesticides residue in vegetables during fermentation », *Asian Journal of Chemistry*, 2009, p. 6255-6264.

◎ **Aubail-Sallenave, Fr.**, « Les préparations fermentées dans les cultures arabo-musulmanes », in **Béranger, C., Bonnemaire, J. et Montel, M.-C.**,

Les Fermentations au service des produits de terroir, Paris, INRA, 2005, p. 57-63.

◎ **Aubert, Cl.**, *Les Aliments fermentés traditionnels*, Paris, Terre Vivante, 1985.

◎ **Aubert, Cl. et Garreau, J.-J.**, *Des aliments aux mille vertus. Cuisiner les aliments fermentés*, Paris, Terre vivante, 2011.

◎ **Baffie, J.**, « Bières en Thaïlande et aux Philippines », in Coll., *Ferments en folie*, Vevey, Fondation Alimentarium, 1999.

◎ **Balasse, M., Bocherens, H., Tresset, A., et al.**, « Émergence de la production laitière au néolithique ? Contribution de l'analyse isotopique d'ossements de bovins archéologiques », *ComptesRendus de l'Académie des sciences, Series IIA-Earth and Planetary Science*, 1997, p. 1005-1010.

◎ **Barnard, H., Dooley, A. N., Areshian, G., Gasparyan, B., et Faull, K. F.** « Chemical evidence for wine production around 4.000 BCE in the Late Chalcolithic Near Eastern highlands », *Journal of Archaeological Science*, 2011, p. 977-984.

◎ **Bassus, C.**, *Geoponiques*, livre XX.

◎ **Bates, D.**, « Is this the real thing? Site claims to have uncovered Coca-Cola's top secret formula », *Daily Mail*, février 2011.

◎ **Battcock, M. et Azam-Ali, S.**, « Fermented fruits and vegetables, a global perspective » *FAO Agricultural Service Bulletin*, 1998.

◎ **Baudelaire, Ch.**, *Les Fleurs du mal*, Paris, Garnier, 1954.（ボードレール『悪の華』鈴木信太郎訳、岩波文庫、1961、他）

◎ **BBC**, *Human Planet*, émission de télévision produit par BBC, 2011.

◎ **Belon, P.**, *Les Observations de plusieurs singularitez et choses mémorables trouvées en Grèce, Asie, Judée, Égypte, Arabie et autres pays estranges, rédigées en trois livres*, G. Corrozet, 1553.

◎ **Benoit, F.**, *La Provence et le Comtat Venaissin. Arts et traditions populaires*, Avignon, Aubanel, 1992.

◎ **Bérard, L. et Marchenay, Ph.**, « Les dimensions culturelles de la fermentation », in **Montel, M.-C., Béranger, C. et coord. Bonnemaire, J.**, *La Fermentation au service des produits de terroir*, Paris, INRA, 2005.

◎ **Bianquis, I.**, *Les Alcools de lait en Mongolie. Rites, croyances et lien social*, Observatoire des habitudes alimentaires de l'interprofession laitière, 2004, www.lemangeur-ocha.com.

◎ **Boisard, P.**, *Le Camembert. Mythe français*, Paris, Odile Jacob, 2007.

◎ **Bolens-Halimi, L.**, « Le garum en al-Andalus, un feu trouvé au fond des mers », *Gerión. Revista de historia antigua*, 1991, p. 355.

◎ **Bottéro, J.**, *La Plus Vieille Cuisine du monde*, Louis Audibert, 2002.（ジャン・ボテロ『最古の料理』松島英子訳、法政大学出版局、2003）

◎ **Boyer, R. et Lot-Falck, É.**, *Les Religions de l'Europe du Nord*, Paris, Fayard–Denoël, 1974.

◎ **Braidwood, R. J. et al.**, « Symposium: did man once live by beer alone? », octobre 1954.

◎ **Bruce, J.**, *Travels to Discover the Source of the Nile*, vol. VII, Edinburgh, A. Constable & Co., 1805.

◎ **Byron, E.**, « Mmm, the flavors of fermentation », *Wall Street Journal*, avril 2013.

◎ **Cano, R. J. et Borucki, M. K.**, « Revival and identification of bacterial spores in 25- to 40-millionyear-old Dominican amber », *Science*, n° 19, mai 1995, p. 1060-1064.

◎ **Capelle, G.**, « La guerre des fromages qui puent », documentaire télévision, produit par GalaxiePresse, 2011.

◎ **Caton, M. P.**, *De re rustica. Les Agronomes Latins, Caton, Varron, Columelle, Palladius*, avec la traduction en français, publiés sous la direction de Nisard, M., traduit par Wolf, M., Paris, Dubochet, 1844.

◎ **Chambre de cassation**, « Fraude et falsification », *Bulletin des arrêts des chambres criminelles* (*Journal Officiel de la République française*), 6 juin 2009, p. 589-603.

◎ **Chapman, M.**, « America's taste for sour flavor feeds food industry », Marketplace.org, American Public Media, www.marketplace.org/topics/business/ americas-taste-sour-flavor-feeds-food-industry.

◎ **Chi-Tang-Ho, Qun-Yi-Zheng**, « Quality management of nutraceuticals », *ACS symposium series, Quality management of nutraceuticals*, 2002.

◎ **Chukwu, Fr.-U.**, « Le boire en pays igbo : le vin parle pour eux », *Journal des africanistes*, 2001, p. 33-47.

◎ **Cimons, M.**, « Food safety concerns drive fda review of fine cheeses », *ASM news*, février 2001.

◎ **Clancy, J.**, *The Earliest Welsh poetry*, Macmillan, 1970

◎ **Cobbi, J.**, « De la prune aigre-douce au puant », in Coll., *Ferments en folie, Vevey*, Fondation Alimentarium, 1999, p. 95-99.

◎ **Cochrane, J. D.**, *Narrative of a pedestrian journey through Russia and Siberian Tartary, from the Frontiers of China to the Frosen Sea and Kamtchatka*, traduit par Pirart, F. et Maury, P., John Murray, 1824, Ginko, 2007.

◎ **Coiffier, Ch.**, « Le sagou fermenté dans la région de Sépik (Papouasie) », in Coll., *Ferments en folie*, Vevey, Fondation Alimentarium, 1999.

◎ **Comité interprofessionnel du gruyère de Comté**, « Lait rafraîchi : un passage progressif et réussi », *Les Nouvelles du Comté*, Hiver 2013, p. 9.

◎ —, « Une recherche au long cours », *Les Nouvelles d u Comté*, Printemps 2013, p. 4. *Le Coran*, traduit par Malek Chebel, Paris, Fayard, 2009.(『コーラン』井筒俊彦訳, 岩波文庫, 1958)

◎ **de Vrese, M., Winkler, P., Rautenbergb, P., Harder, T., Noahb, C., Lauea, C. et Schrezenmeir, J.**, « Effect of Lactobacillus casseri PA 16/8, Bifidobacterium longum SP 07/3, ß. bifidum MF 20/5 on common cold episodes: A double blind, randomized, controlled trial », *Clinical nutrition*, 2005, p. 481-491.

◎ **Diderot, D. et le Rond D'Alembert, J.**, *Encyclopédie, ou Dictionnaire raisonné des sciences, des arts et des métiers*, 1772, p. 403.

◎ **Dillon, M.**, *The Cycle of the kings*, Oxford, Oxford University Press, 1946.

◎ **Dixon, P.**, « European systems for the safe production of raw milk cheese. A report presented to the Vermont Cheese Council », 2000.

◎ **Donnelly, C.**, « Factors associated with hygienic control and quality of cheeses prepared from raw milk. A review », *Bulletin of the International Dairy Federation*, 2001, p. 16-27.

◎ **Drioux, G.**, « Coutumes funéraires en Macédoine », *Bulletin de la société préhistorique française*, 1918, p. 271-274.

◎ **Dudley, R.**, « Ethanol, fruit ripening, and the historical origins of human alcoholism in primate frugivory », *Integrative and Comparative Biology*, avril 2004, p. 315-323.

◎ **Dumas, J.-L.**, « Liebig et son empreinte sur l'agronomie moderne », *Revue d'histoire des sciences et de leurs applications*, 1965, p. 73-108.

◎ **Dumézil, G.**, *Loki*, Paris, Flammarion, 1986.

◎ **Dunoyer de Segonzac, G.**, *Les Chemins du sel*, Paris, Gallimard, 1991.

◎ **Stephens, D. et Dudley, R.**, « The drunken monkey hypothesis: the study of fruit eating animals could lead to an evolutionary understanding of human alcohol abuse », *Natural History Magazine*, décembre 2004.

◎ **Duteurtre, G.**, « Normes exogènes et traditions locales : la problématique de la qualité dans les filières laitières africaines », *Cahiers agricultures*, janvier-février 2004.

◎ **Lane, E. W.**, *An Account of the Manners and Customs of Modern Egyptians*, Londres, John Murray, 1860.

◎ **Eliade, M.**, *Histoire des croyances et des idées religieuses*, vol. I, « De l'âge de la pierre aux mystères d'Eleusis », Paris, Payot, 1976.（ミルチア・エリアーデ『世界宗教史1、2』「石器時代からエレウシスの密儀まで」中村恭子訳、ちくま学芸文庫、2005）

◎ **Ellis, J.**, *Historical Account of Coffee*, Londres, 1774.

◎ **Enright, M. J.**, *Lady with a Mead Cup. Ritual, prophecy, and Lordship in the European Warband from LaTene to the Viking Age*, Dublin, Four Courts, 1996.

◎ **Estival, J.-P.**, « La musique instrumentale dans un rituel Arara de la saison sèche (Para, Brésil) », *Journal de la Société des américanistes*, 1991, p. 125- 156.

◎ **Etienne, R.**, « À propos du garum sociorum », *Latomus*, 1970, p. 297-313.

◎ **Evans, J.**, « Non-Trivial pursuit. New approaches to Nordic deliciousness », *Anthropology of Food*, 2012.

◎ **Fabbroni, A.**, *Dell' arte di fare il vino. Ragionamento*, Florence, G. Tofani, 1787.

◎ **Fabre-Vassas, Cl.**, « L'azyme juif et l'hostie des chrétiens », in **d'Onofrio, S. et Fournier, D.**, *Le Ferment divin*, Paris, Éd. de la Maison des sciences de l'homme, 1991, p. 189-206.

◎ **Fabricius, J. Chr.**, *Voyage en Norvège*, Paris, Levrault, 1802.

◎ **Farnworth, E. R.**, « Kefir. From folklore to regulatory approval », *Journal of Nutraceuticals, Functional & Medical Foods*, 1999, p. 57-68.

◎ **Feneau, L.**, « Fromages industriels contre fromages traditionnels : qui l'eût cru ? », *Cuisine collective*, février 2008.

◎ **Ferrières, M.**, *Histoire des peurs alimentaires. Du Moyen Âge* à l'aube du xxe siècle, Paris, La Martinière, 2010.

◎ **Ficquet, É.**, « Le rituel du café, contribution musulmane à l'identité nationale éthiopienne », O Islão na *África Subsariana, actas do colóquio internacional*, Porto, Centro de estudos africanos da universidade do Porto, 2004, p. 159-165.

◎ **Fleming, D. W., Cochi, S. L., MacDonald, K. L., Brondum, J., Hayes, P. S., Plikaytis, B. D. et Reingold, A. L.**, « Pasteurized milk as a vehicle of infection in an outbreak of listeriosis », *New England Journal of Medicine*, 1985, p. 404-407.

◎ **Fournier, D.**, « Ces ferments qui ouvrent à la vie », in **Béranger, Cl., Bonnemaire, J., coord. Montel, M.-Chr.**, *Les Fermentations au service des produits de terroir*, Paris, INRA, 2005.

◎ —, « L'art d'accomoder les quatre-cents lapins », in **Coll.**, *Ferments en folie*, Vevey, Fondation Alimentarium, 1999.

◎ **Froc, J.**, « Nomadisme et sédentarisation, de l'airag au soja natto, du sapsago au vin jaune », in **Béranger, Cl., Bonnemaire, J., coord. Montel, M.- Chr.**, *Les Fermentations au service des produits de terroir*, Paris, INRA, 2005, p. 39 sq.

◎ **Frontisi-Ducroux, Fr.**, « Qu'est ce qui fait courir les ménades ? », in **d'Onofrio, S. et Fournier, D.**, *Le Ferment divin*, Paris, Éd. de la Maison des sciences de l'homme, 1991.

◎ **Gauthier, J.-G.**, « Chez les Fali du Cameroun : *dora an djo bolo*, viens boire la bière », in Coll., *Ferments en folie*, Vevey, Fondation Alimentarium, 1999, p. 45-49.

◎ **Geller, J.**, « Recent excavations at Hierakonpolis and their relevance to predynastic production and settlement », Cahier de recherches de l'Institut de papyrologie et d'égyptologie de Lille, 1989, p. 41-52.

◎ **de Saulieu, G. et Testart, A.**, « Naissance de l'agriculture, de nouveaux scénarios », *L'Histoire*, n° 387, mai 2013, p. 68-73.

◎ **Gesner, C.**, *Historiæ animalium*, Livre IIII, « Qui est de Piscium & aquatilium animantium natura », 1558.

◎ **Gessain, M.**, « Le sorgho chez les Tenda et les Peuls au Sénégal oriental », in **Cousin, F. et BatailleBenguigui, M.-C**, *Cuisines. Reflets des sociétés*, Paris,

Sépia–Musée de l'Homme, 1996.

◎ **Girard, J.-P.**, « L'agroalimentaire : un marché intérieur arrivé à maturité », *Insee première*, février 2010.

◎ **Glassner, J.-J.**, « Les dieux et les hommes », in **d'Onofrio, S. et Fournier, D.**, *Le Ferment divin*, Paris, Éd. de la Maison des sciences de l'homme, 1991.

◎ **Goddard, Dr.**, « A proposal for making wine », in Sprat, Th., *The History of the Royal Society of London. For the improving of natural knowledge*, 1702, p. 196.

◎ **Godefroy, Fr.**, *Dictionnaire de l'ancienne langue française et de tous ses dialectes du ixe au xve siècle*, vol. V, 1881.

◎ **Gouin, Ph.**, « Bovins et laitages en Mésopotamie méridionale au iiie millénaire. Quelques commentaires sur la "Frise à la laiterie" de el-'Obeid », *Iraq*, 1993, p. 135-145.

◎ **Grüss, Dr J.**, « Zwei Trinkhörner der Altgermanen », *Præhistorische Zeitschrift*, 1931.

◎ **Green, J.**, *Joey Green's Incredible Country Store. Potions, Notions, and Elixirs of the Past and How to Make Them Today*, Rodale Press, 2004.

◎ **Grenand, F.**, « Cachiri, l'art de la bière de manioc chez les Wayapi de Guyane », in **Cousin, F. et Bataille-Benguigui, M.-C**, *Cuisines. Reflets des sociétés*, Paris, Sépia–Musée de l'Homme, 1996.

◎ **Halleux, R.**, « Sur le prétendu vinaigre employé par Hannibal dans les Alpes », *Comptes-Rendus des séances de l'Académie des inscriptions et belleslettres*, 2007, p. 529-534.

◎ **Hamilton-Miller, J. M. T.**, « Probiotics and prebiotics in the elderly », *Postgraduate Medical Journal*, 2004, p. 447-451.

◎ **Harrison, J. E.**, *Prolegomena to the Study of Greek Religion*, Cambridge, The University Press, 1903.

◎ **Heber, D., Yip, I., Ashley, J. M., Elashoff, D. A., Elashoff, R. M. et Go, V. L. W.**, « Cholesterollowering effects of a proprietary Chinese red-yeastrice dietary supplement », *The American Journal of Clinical Nutrition*, 1999, p. 231-236.

◎ The American Journal of *Clinical Nutrition*, « La force de la bière », in **d'Onofrio, S. et Fournier, D.**, *Le Ferment divin*, Paris, Éd. de la Maison des sciences de l'homme, 1991.

◎ —, *L'homme et la Bière*, Bischwiller, EC éditions, 1991.

◎ —, « Le cycle de l'orge/bière », *Revue des sciences sociales de la France de l'Est*, 1981, p. 141-147.

◎ —, « Pour une approche ethnologique de la bière en Alsace », *Revue des sciences sociales de la France de l'Est*, 1980, p. 278-285.

◎ **Heller, G.**, « Propreté, air, lumière : la chasse aux microbes », in Coll., *Ferments en folie*, Vevey, Fondation Alimentarium, 1999, p. 141-145.

◎ **Henderson, J. S., Joyce, R. A., Hall, G. R., Hurst, W. J. et McGovern, P. E.**, « Chemical and archaeological evidence for the earliest cacao beverages », *Proceedings of the National Academy of Sciences*, 2007, p. 18937-18940.

◎ **Hiroko, F.**, « Dietary practice of Hiroshima/ Nagasaki atomic bomb survivors », *Yufundation.org*, fondation George-W.-Yu, http://yufoundation.org/ furo.pdf.

◎ **Hojsak, I., Snovak, N., Abdovic, S., Szajewska, H., Misak, Z. et Kolacek, S.**, « Lactobacillus GG in the prevention of gastrointestinal and respiratory tract infections in children who attend day care centers: a randomized, double-blind, placebo-controlled trial », *Clinical Nutrition*, 2010, p. 312-316.

◎ **Homère**, « Hymne à Déméter », traduit par Leconte de Lisle, in *L'Odyssée. Hymnes homériques, Épigrammes et La Batrakhomyomakhie*, Paris, A. Lemerre, 1893,

p. 441-456.（『四つのギリシア神話——ホメーロス讃歌より』逸見喜一郎、片山英男訳、岩波文庫、1985、他）

◎—, *Illiade*, traduit par Leconte de Lisle, Paris, A. Lemerre, 1866.（ホメロス『イリアス』松平千秋訳、岩波文庫、1992）

◎**Hornsey, I. S.**, *A History of Bear and Brewing*, Londres, Royan Society of Chemistry, 2003.

◎**Jung, J.**, *Bulletin des sciences agricoles et économiques, quatrième section du Bulletin universel des sciences et de l'industrie*, vol. XIV, Paris, 1830.

◎**Burckhardt, J. L.**, *Travels in Nubia*, Londres, John Murray, 1819.

◎**Jacques, J.**, *Berthelot. Autopsie d'un mythe*, Paris, Belin, 1987.

◎**Jacquet, M.**, « La fermentation du café », in **Larpent, J. P. et Bourgeois, C. M.** (éd.), *Microbiologie alimentaire*, tome II : « Aliments fermentés et fermentations alimentaires », Paris, 1996, p. 287-298.

◎**Vigne, J. –D. et Helmer, D.**, « Was milk a "secondary product" in the Old World Neolithisation process? Its role in the domestication of cattle, sheep and goats », *Anthropozoologica*, 2007.

◎**Kalliomaki, M., Salminen, S., Arvilommi, H., Kero, P., Koskinen, P. et Isolauri, E.**, « Probiotics in primary prevention of atopic disease: a randomised placebo-controlled trial », *Lancet*, 2001, p. 1076-1079.

◎**Kamei, H., Koide, T., Hashimoto, Y., Kojima, T., Umeda, T. et Hasegawa, M.**, « Tumor cell growthinhibiting effect of melanoidins extracted from miso and soy sauce », *Cancer Biotherapy & Radiopharmaceticals*, décembre 1997, p. 405-409.

◎**Katz, S. E.**, *The Art of Fermentation*, Chelsea Green Publishing, 2012.（Sandor Ellix Katz『発酵の技法』水原文訳、オライリー・ジャパン、2016）

◎—, *Wild Fermentation*, White River Junction, 2003.（サンダー・E・キャッツ『天然発酵の世界』きはらちあき訳、築地書館、2015）

◎**Kayler, Fr. et André, M.**, *Cuisine amérindienne*, Montréal, Éditions de l'Homme, 1996.

◎**Kereny, K., Dionysos**, *Urbild des unzerstörbaren Lebens*, Langen Müller.

◎**Khayyâm, O.**, *Rubayat*, traduit par Omar Ali-Shah, Paris, Albin Michel, 2005.（オマル・ハイヤーム『ルバイヤート』小川亮作訳、岩波文庫、1949）

◎**Kiessling, G., Schneider, J. et Jahreisl, G.**, « Longterm consumption of fermented dairy products over 6 months increases HDL cholesterol », *European Journal of Clinical Nutrition*, 2002, p. 843-849.

◎European Journal of *Clinical Nutrition*,, « Chinese food science and culinary history: A new study », *Journal of the American Oriental Society*, octobre-décembre 2002, p. 767-772.

◎**Koehler, M.**, « Tarichos ou recherches sur l'histoire et les antiquités des pêcheries de la Russie méridionale », *Mémoires de l'Académie impériale des sciences de Saint-Pétersbourg*, 1832, p. 431.

◎**Koizumi, T.**, « Traditional japanese food and the mystery of fermentation », *Bulletin Food Culture*, 2002, p. 20-22.

◎**Komitéen for MAD symposium**, *MAD*, www. madfood.co.

◎**Kora, S.**, « Lait et fromage au Bénin », mémoire, faculté des sciences agronomiques, Bénin, 2005.

◎**Krapf, M.**, « Eisenzeitliche (Käse-)Reiben in Gräbern, Heiligtümern und Siedlungen », *Archäologisches Korrespondenzblatt*, 2009, p. 509- 526.

◎**Laburthe-Tolra, Ph.**, *Vers la lumière ? ou le désir d'Ariel. À propos des Beti du Cameroun. Sociologie de la conversion*, vol III, Khartala, 1999.

◎**Lacaze, G.**, *Mongolie*, Olizane, 2009.

◎**Léger, L.**, *Chronique dite de Nestor*, Paris, 1884.

◎**Lenoir-Wijnkoop, I., Sanders, M. E., Cabana, M. D., Caglar, E.**,

Corthier, G., Rayes, N. et Wolvers, D. A., « Probiotic and prebiotic influence beyond the intestinal tract », *Nutrition Reviews*, 2007, p. 469-489.

◎ **Leroi-Gourhan, A.**, *Dictionnaire de la préhistoire*, Paris, Presses universitaires de France, 1997.

◎ **Le Roux, P.**, « Bières traditionnelles d'Asie du SudEst », in Coll., *Ferments en folie*, Vevey, Fondation Alimentarium, 1999.

◎ **Leslie, D. et Gardiner, K. H. J.**, « The Roman Empire in Cinese sources », 1996.

◎ **Lévi-Strauss, Cl.**, *Origine des manières de table*, Paris, 1968.（クロード・レヴィ＝ストロース『神話論理III——食卓作法の起源』渡辺公三、榎木譲、福田素子、小林真紀子訳、みすず書房、2007）

◎ **Li, Ch.**, **Zhu, Y.**, Wang, Y., et al., « Monascus purpureus fermented rice（red yeast rice）: A natural food product that lowers blood cholesterol in animal models of hypercholesterolemia », *Nutrition Research*, 1998, p. 71-81.

◎ **Lissarague, Fr.**, « Le vin piège divin », in **d'Onofrio, S. et Fournier, D.**, *Le Ferment divin*, Paris, Éd. de la Maison des sciences de l'homme, 1991.

◎ **Longo, O.**, « Le liquide qui ne fermente pas », in **d'Onofrio, S. et Fournier, D.**, *Le Ferment divin*, Paris, Éd. de la Maison des sciences de l'homme, 1991.

◎ **Lye, H. S., Kuan, C. Y., Ewe, J. A., Fung, W. Y. et Liong, M. T.**, « The improvement of hypertension by probiotics: effects on cholesterol, diabetes, renin, and phytoestrogens », *International Journal of Molecular Sciences*, 2009, p. 3755-3775.

◎ **Magendie, M.**, « Considérations et expériences à propos des maladies contagieuses, *Recueil de médecine vétérinaire pratique. Journal consacré à la médecine et à la chirurgie vétérinaires, à l'hygiène, au commerce des animaux domestiques, et à l'analyse des ouvrages et journaux traitant de l'art vétérinaire* », École nationale vétérinaire d'Alfort, 1852, p. 330.

◎ **Malamoud, Ch.**, « Le soma et sa contrepartie. Remarques sur les stupéfiants et les spiritueux dans les rites de l'Inde ancienne », in **d'Onofrio, S. et Fournier, D.**, *Le Ferment divin*, Paris, Éd. de la Maison des sciences de l'homme, 1991.

◎ **Mangeot, C.**, « L'orge au Ladakh, transformation et traitement culinaire », in **Cousin, F. et Bataille-Benguigui, M.-C**, *Cuisines. Reflets des sociétés*, Paris, Sépia–Musée de l'Homme, 1996.

◎ **Manilius**, *Astronomie*, livre V.

◎ **Martin, M. et Kouhei, M.**, « Natto and its active ingredient nattokinase: a potent and safe thrombolytic agent », *Alternative and Complementary Therapies*, 2002, p. 157.

◎ **McDonald's**, « Communiqué de presse "Grandes envies de Fromage" », 2013.

◎ **McGovern, P. E.**, *Uncorking the Past. The Quest for Wine, Beer, and Alcoholic Beverages*, Berkeley, University of California Press, 2009.（パトリック・E・マクガヴァン『酒の起源』藤原多伽夫訳、白揚社、2018）

◎ **Meininger, H.**, « Les préparations culinaires à base de maïs à Cotacachi », in **Cousin, F. et BatailleBenguigui, M.-C**, *Cuisines. Reflets des sociétés*, Paris, Sépia–Musée de l'Homme, 1996.

◎ **Mesnil, M. et Assia P.**, « L'offrande céréalière dans les rituels funéraires du sud-est européen », *Civilisations*, 2002, p. 101-117.

◎ **Métailié, G.**, « Fermentation en Chine au vie siècle, d'après le Qumin yaoshu », in Coll., *Ferments en folie*, Vevey, Fondation Alimentarium, 1999.

◎ **Bakar Diop, M., Destain, J., Tine, E. et Thonart, Ph.**, « Les produits de la mer au Sénégal et le potentiel des bactéries lactiques et des bactériocines pour la conservation », *Biotechnologie, Agronomie, Société et Environnement*, 2010.

◎ **Mimino, A. M.**, *Deaths. Preliminary Data for 2008*, Diane Publishing, 2011.

- **Monah, D.**, « Découvertes de pains et de restes d'aliments céréaliers en Europe de l'Est et centrale. Essai de synthèse », *Civilisations*, 2002, p. 77-99.
- **Montanari, M.**, « Systèmes alimentaires et modèles de civilisation », in **Flandrin, J.-L. et Montanari, M.**, *Histoire de l'alimentation*, Paris, Fayard, 1996.（J＝L・フランドラン、M・モンタナーリ『食の歴史Ⅰ』宮原信、北原美代子監訳、藤原書店、2006）
- **Morrell, P. L. et Clegg, M. T.**, « Genetic evidence for a second domestication of barley (Hordeum vulgare) east of the Fertile Crescent », *Proceedings of the National Academy of Sciences*, 2007, p. 3289- 3294.
- **Murooka, Y. et Yamshita, M.**, « Traditional healthful fermented products of Japan », *Journal of Industrial Microbiology & Biotechnology*, 2008, p. 791-798.
- **Näse, L., Hatakka, K., Savilahti, E., Saxelin, M., Pönkä, A., Poussa, T. et Meurman, J. H.**, « Effect of long-term consumption of a probiotic bacterium, lactobacillus rhamnosus GG, in milk on dental caries and caries risk in children » *Caries Research*, 2001, p. 412-420.
- **Sabri Enattah, N., Trudeau, A., Pimenoff, V., Maiuri, L., Auricchio, S., Greco, L., Rossi, M., Lentze, M., Seo, J. K., Rahgozar, S. et al.**, « Evidence of still-ongoing convergence evolution of the lactase persistence T-13910 alleles in humans », *The American Journal of Human Genetics*, 1er septembre 2007.
- **Sabri Enattah, N., Jensen, G. K., Nielsen, M., Lewinski, R., Kuokkanen, M., Rasinpera, H., ElShanti, H., Kee Seo, J., Alifrangis, M., F. Khalil et al.**, « Independent introduction of two lactasepersistence alleles into human populations reflects different history of adaptation to milk culture », *The American Journal of Human Genetics*, 10 janvier 2008.
- **Neill, E.D.**, « Life among the Mandan and Gros ventre eighty years ago », *The American Antiquarian and Oriental Journal*, 1884.
- **Northolt, M. D. et al.**, « Listeria monocytogenes : Heat resistance, and behaviour during storage of milk and whey and making of dutch type of cheese », *Netherland Milk Dairy J*, 1988, p. 207-219.
- **Nunez, M., Rodriguez, J. L., Garcia, E., Gaya, P., et Medina, M.**, « Nhibition of listeria monocytogenes by enterocin 4 during the manufacture andripening of Manchego cheese », *Journal of applied microbiology*, 1997, p. 671-677.
- **Ohara, M., Lu, H., Shiraki, K., Ishimura, Y., Uesaka, T., Katoh, O. et Watanabe, H.**, « Radioprotective effects of miso (fermented soy bean paste) against radiation in B6C3F1 mice: increased small intestinal crypt survival, crypt lengths and prolongation of average time to death », *Hiroshima journal of medical sciences*, 2001, p. 83
- **Olivares, M., Diaz-Ropero, M. P., Gómez, N., Sierra, S., Lara-Villoslada, F., Martín, R. et Xaus, J.**, « Dietary deprivation of fermented foods causes a fall in innate immune response. Lactic acid bacteria can counteract the immunological effect of this deprivation », *Journal of dairy research*, 2006, p. 492-498.
- **Organisation des Nations unies pour l'alimentation et l'agriculture (FAO)**, *Racines, tubercules, plantains et bananes dans la nutrition humaine*, Rome, FAO, 1991.
- **Otles, S. et Cagindi, O.**, « Kefir: a probiotic dairycomposition, nutritional and therapeutic aspects », *Pakistan Journal of Nutrition*, 2003, p. 54-59.
- **Gouin, P. et Bourgeois, G.**, « Résultats d'une analyse de traces organiques fossiles dans une "faisselle" harappéenne », *Paléorient.*, 1995, p. 125-128.
- **Nonnos (de), P.**, *Dyonisiaques, traduit par le comte de Marcellus*, Paris, Firmin Didot, 1856.
- **Parham, P.**, « Le système immunitaire », 2003.

- **Pasteur, L.**, « Mémoire sur la fermentation alcoolique », *Annales de chimie et de physique*, 1860, p. 359.
- **Pathou-Mathis, M.**, *Mangeurs de viande*, Paris, Perrin, 2009.
- **Phister, T. G., O'Sullivan, D. J. et McKay, L. L.**, « Identification of bacilysin, chlorotetaine, and iturin a produced by Bacillus sp. strain CS93 isolated from pozol, a Mexican fermented maize dough », *Applied and environmental microbiology*, 2004, p. 631-634.
- **Pitchford, P.**, *Healing with whole foods. Asian traditions and modern nutrition*, Berkeley, North Atlantic Books, 2003.
- **Pline l'ancien**, *Histoire naturelle, traduit par Émile Littré*, Paris, 1848-1850. (『プリニウス博物誌』大槻真一郎編、八坂書房、1994、他)
- **Plouvier, L.**, *L'Europe se met à table*, ouvrage écrit dans le cadre du projet européen Initiative Connect lancé par la Commission européenne et le Parlement européen avec pour thèmes majeurs : la multiculturalité, l'identité européenne et les habitudes alimentaires, Bruxelles, DG Education et Culture, 2000.
- **Pollan, M.**, « Some of my best friends are germs », *New York Times*, mai 2013.
- **Quinn, B. et Moore, D.**, « Ale, brewing and fulachta fiadh », *Archaeology Ireland*, 2007, p. 8-11.
- **Rachel, N. et Carmody, G. S.**, « Energetic consequences of thermal and nonthermal food processing », *PNAS*, 7 novembre 2011, p. 19199- 19203.
- **Rao, A. V., Bested, A. C., Beaulne, T. M., Katzman, M. A., Iorio, C., Berardi, J. M. et Logan, A. C.**, « A randomized, double-blind, placebo-controlled pilot study of a probiotic in emotional symptoms of chronic fatigue syndrome », *Gut Pathogens*, 2009, p. 1-6.
- **Rastoin, J.-L.**, « Une brève histoire de l'industrie alimentaire », *Économie rurale*, 2000, p. 61-71.
- —, « Les multinationales dans le système alimentaire », *Projet*, novembre 2008, p. 61-69.
- **Reboul, J.-B.**, *La Cuisinière provençale*, Marseille, Tacussel, 1897.
- **Reddy, N. R. et Pierson, M. D.**, « Reduction in antinutritional and toxic components in plant foods by fermentation », *Food Research International*, 1994, p. 281-290.
- **Reid, G.**, « Probiotic agents to protect the urogenital tract against infection », *The American Journal of Clinical Nutrition*, 2001, p. 437s-443s.
- **Retureau, É., Callon, C., Didienne, R. et Montel, M. C.**, « Is microbial diversity an asset for inhibiting listeria monocytogenes in raw milk cheeses? », *Dairy Science & Technology*, 2010, p. 375-398.
- **Rienzi (de), Gr.-L.-D.**, *Océanie ou cinquième partie du monde. Revue géographique et ethnographique de la Malaisie, de la Micronésie, de la Polynésie et de la Mélanésie*, vol. III, Paris, 1837.
- **Riquier, E.**, « La Levure de riz rouge. Son impact sur le cholestérol et sa toxicité », thèse d'exercice de pharmacie, université de Rouen, 2012.
- **Robert-Lamblin, J.**, « Saveurs recherchées dans le Grand Nord », in Coll., *Ferments en folie*, Vevey, Fondation Alimentarium, 1999.
- **Robinson, E. L. et Thompson, W. L.**, « Effect on weight gain of the addition of lactobacillus acidophilus to the formula of newborn infants », *The Journal of Pediatrics*, 1952, p. 395.
- **Roman, A.**, « L'élevage bovin en Égypte antique », *Bulletin de la Société française d'histoire de la médecine et des sciences vétérinaires*, 2004.
- **Rops, D.**, *Histoire de l'Église. La cathédrale et la croisade*, vol. IV, Paris, Fayard, 1952.
- **Rousseau, J.**, « Dans la forêt québécoise », *Annales. Économies, sociétés, civilisations*, 1966, p. 1040-1047. Roussel, J., « La Morue et l'huile de foie de

morue », thèse, Université de Paris, École de pharmacie, 1900.

◎ **Roux, D. et Rémy, E.**, « Les apports de la sociologie de la traduction au marketing stratégique. Le cas de la guerre du camembert », *Actes des 15e journées de recherche en marketing de Bourgogne*, 2010.

◎ **Rozier, Fr.**, *Cours complet d'agriculture ou Nouveau dictionnaire d'agriculture théorique et pratique d'économie rurale et de médicine vétérinaire*, vol. XI, Paris, Pourrat frères, 1836.

◎ —, *Cours complet d'agriculture ou Nouveau dictionnaire d'agriculture théorique et pratique d'économie rurale et de médicine vétérinaires*, vol. V, Paris, Deterville, 1809.

◎ **Rubrouquis (de), G.**, *Marco Polo, Deux voyages en Asie au xiiie siècle*, Paris, Delagrave, 1888.（カルピーニ／ルブルク『中央アジア、蒙古旅行記』護雅夫訳、講談社学術文庫、2016）

◎ **Sahagún (de), B.**, *Histoire générale des choses de la Nouvelle Espagne*, traduit par Rémi Siméon Denis Jourdanet, Paris, Masson, 1880.（ベルナルディーノ・デ・サアグン『神々とのたたかい1』（アンソロジー新世界の挑戦9）』篠原愛人、染田秀藤訳、岩波書店、1992）

◎ **Salque, M., et al.**, « Earliest evidence for cheese making in the sixth millennium bc in northern Europe », *Nature*, 25 janvier 2013, p. 522-525.

◎ **Sarianidi, V. I.**, « Le complexe cultuel de Togolok 21 en Margiane », *Arts asiatiques*, 1986, p. 5-21.

◎ **Schoepf, D.**, « Bière de manioc et convivialité rituelle chez les Wayana d'Amazonie », in Coll., *Ferments en folie*, Vevey, Fondation Alimentarium, 1999.

◎ **Service, R. W.**, « The Man from Eldorado »,in **William Service, R.**, *Ballads of a Cheechako*, W. Briggs (éd.), Toronto, 1909.

◎ **Sherrat, A.**, « Plough and pastoralism: Aspects of the secondary products revolution », in **Isaac, G., Hammond, N. et Hodder, I.**, *Pattern of the Past: Studies in Honour of David Clarke*, Cambridge, Cambridge University Press, 1981.

◎ —, « Sacred and profane substances: The ritual use of narcotics in later Neolithic Europe », *Sacred and Profane. Proceedings of a Conference on Archaeology, Ritual and Religion, Oxford 1989*, Oxford, Oxford University Committee for Archaeology, 1991, p. 50-64.

◎ **Shimazaki, Y., Shirota, T., Uchida, K., Yonemoto, K., Kiyohara, Y., Iida, M. et Yamashita, Y.**, « Intake of dairy products and periodontal disease: The Hisayama study », *Journal of Periodontology*, 2008, p. 131-137.

◎ **Shurtleff, W. et Akiko, A.**, *The Book of Miso*, Autumn Press, 1983.

◎ **Slow Food**, « L'avenir du camembert au lait cru », *Cuisine collective*, juillet 2007.

◎ —, « Memento Slow Food 2008 », Slow Food France. 2008, www.slowfood.fr.

◎ **Stadlbauer, V., Mookerjee, R. P., Hodges, S., Wright, G. A., Davies, N. A. et Jalan, R.**, « Effect of probiotic treatment on deranged neutrophil function and cytokine responses in patients with compensated alcoholic cirrhosis », *Journal of Hepatology*, 2008, p. 945-951.

◎ **Steinkraus, K. H.**, *Handbook of Indigenous Fermented Food*, New York, Marcel Dekker Inc, 1983.

◎ **Storch (von), H. Fr.**, « Historisch-statistische Gemälde des russischen Reichs », *Riga*, 1797.

◎ **Stouff, L.**, *La Table provençale. Boire et manger en Provence à la fin du Moyen Âge*, Avignon, Alain Barthélemy, 1996.

◎ **Strigler, Fl.**, *L'Alimentation des Laotiens. Cuisine, recettes et traditions au Laos et en France*, Paris, Karthala, CCL, 2011.

◎ **Sugano, M.**, *Soy in Health and Disease Prevention*, vol. III, CRC Press, 2005.

◎ **Sullivan, Å. et Nord, C. E.**, « Probiotics and gastrointestinal diseases », *Journal of Internal Medicine*, 2005, p. 78-92.

◎ **Svanberg, B.**, « Fermentation of cereals: Traditional household technology with nutritional benefits for young children », *IDRC Currents*, 1992.

◎ **Taube, K.**, « The classic Maya maize god: A reappraisal », *Fifth Palenque round table. 1983*, San Francisco, The Pre-columbian Art Research Institute, 1985.

◎ **Tessier, A. H., Thouin, A. et Bondaroy (de), A. D. F.**, *Encyclopédie méthodique*, « Agriculture », 1796, p. 108.

◎ **Testard-Vaillant, Ph.**, « Un nectar de 7 500 ans d'âge ? » Le Journal du CNRS, septembre 2005, p. 20-29.

◎ **Thevenot, D., Delignettemuller, M. L., Christieans, S. et Vernozt-Rozand, C.**, « Fate of listeria monocytogenes in experimentally contaminated French sausages », *International Journal of Food Microbiology*, 25 mai 2005, p. 189-200.

◎ **Thierry, B.**, « Les papyrus médicaux de l'Égypte ancienne », *Pour la science*, 1996 p. 60-66.

◎ **Tolonen, M., Taipale, M., Viander, Br., Pihlava, J.-M., Korhonen, H. et Ryhänen, E.-L.**, « Plantderived biomolecules in fermented cabbage », *Journal of Agricultural and Food Chemistry*, 9 octobre 2002, p. 6798-6803.

◎ **Trois, L., Cardoso, E. M. et Miura, E.**, « Use of probiotics in HIV-infected children: a randomized double-blind controlled study », *Journal of tropical pediatrics*, 2008, p. 19-24.

◎ **Unger, R. W.**, *Beer in the Middle Ages and the Renaissance*, Philadelphie, University of pennsylvania Press, 2004.

◎ **Venel, Sl.**, « Archaeology of Thirst », *Journal of European Archaeology*, 1994, p. 229-326.

◎ **Vetta, M.**, « La culture du Symposion », in **Flandrin, J.-L. et Montanari, M.**, *Histoire de l'alimentation*, Paris, Fayard, 1996, p. 167-182.

◎ **Anihouvi, V. B., Hounhouigan, J. D. et Ayernor, G. S.**, « Production et commercialisation du "lanhouin", un condiment à base de poisson fermenté du golfe du Bénin », *Cahiers d'agriculture*, juin 2005.

◎ **Vielfaure, N.**, *Fêtes et gâteaux de l'Europe traditionnelle. De l'Atlantique à l'Oural*, Paris, Bonneton, 1993.

◎ **Liebig (von), J.**, *Chimie appliquée à la physiologie végétale et à l'agriculture*, Paris, Librairie de Fortin, Masson et Cie, 1844.

◎ **Vreeland, R. H., Rosenzweig, W. D. et Pouvoirs, D. W.**, « Isolation of a 250 million-year-old halotolerant bacterium from a primary salt crystal », *Nature*, 19 octobre 2000, p. 897-900.

◎ **Währen, M.**, « Brote und Getreidebrei von Twann aus dem 4. Jahrtausend vor Christus. (Pain et soupe de gruau à Douanne, au ive millénaire av. J.-C.)) », *Archäologie der Schweiz, Mitteilungen der Schweizerischen Gesellschaft für Ur-und Frühgeschichte Basel*, 1984.

◎ **Währen, M.**, « Pain, pâtisserie et religion en Europe pré- et protohistorique. Origines et attestations cultuelles du pain », *Civilisations*, 2002, p. 381-400.

◎ **Wang, G et al.**, « Survival and growth of escherichia coli O157:H7 in unpasteurized milk and pasteurized milk », *J Food Prot*, 1997, p. 610-613.

◎ **Wang, H. L., Ruttle, D. I. et Hesseltine, C. W.**, « Antibacterial compound from a soybean product fermented by rhizopus oligosporus », *Proceedings of the Society for Experimental Biology and Medicine*, juin 1969, p. 579-583.

◎ **Watson, F. E., Ngesa, A., Onyang'o, J., Alnwick, D. et Tomkins, A. M.**, « Fermentation-a traditional anti-diarrhoeal practice lost? The use of fermented foods in urban and rural Kenya », *International Journal of Food Sciences and Nutrition*, 1996, p. 171- 179.

◎ **Webster, P., Daniel, Perrine, M. et Ruck, C. A. P.**, « Mixing the Kykeon », Eleusis, *Journal of Psychoactive Plants & Compounds*, 2000.

◎ **Welter, H.**, *Essai sur l'histoire du café*, Paris, 1868.

- **Wemmenhove, E., Stampelou, I., van Hooijdonk, A. C. M., Zwietering, M. H. et Wells-Bennik, M. H. J.**, « Fate of listeria monocytogenes in gouda microcheese: No growth, and substantial inactivation after extended ripening times », *International Dairy Journal*, 2013.
- **Wheelock, V.**, « Raw milk and cheese production: A critical evaluation of scientific research », Verner Wheelock Associates, 1997
- **White, I.**, « Le steack siffleur », in **Kuper, J.**, *La Cuisine des ethnologues*, Paris, Berger-levrault, 1981.
- **Wilkinson, T.**, « Pathways and highways: Routes in Bronze Age Eurasia », version 4.1., *ArchAtlas*, Université de Sheffield, 2009.
- **Wilson, H.**, *Egyptian Food and Drink*, Londres, 1988.
- **Xiangchuan, Hou**, « Egg preservation in China », *Food and Nutrition Bulletin*, 1981, p. 44.
- **Yamamoto, S., Sobue, T., Kobayashi, M., Sasaki, S., Tsugane, S.**, Japan Public Health Center-Based Prospective Study on Cancer Cardiovascular Diseases Group, « Soy, isoflavones, and breast cancer risk in Japan », *Journal of the National Cancer Institute*, 18 juin 2003, p. 906-913.
- **Yazdankhah, S. P. et al.**, « Triclosan and antimicrobial resistance in bacteria: An overview », *Microbial Drug Resistance*, 2006, p. 83-90.
- **Zago, M.**, *Rites et cérémonies en milieu bouddhiste lao*, Rome, Universita Gregoriana, 1972.

原注

序章

001 Gesner, 1558, cité par Koehler, 1832, p. 399.
002 Kayler et Michel, 1996,p. 41-42.
003 Stouff, 1996.
004 Fabre-Vassas, 1991, p. 190.
005 Fabre-Vassas, 1991, p. 191-192.
006 Fabre-Vassas, 1991, p. 200.
007 Hell, L'Homme et la Bière, 1991, p. 174.
008 Hell, L'Homme et la Bière, 1991, p. 165.
009 Bianquis, Les Alcools de lait en Mongolie, rites, croyances et lien social, 2004.
010 Froc, 2005, p. 43.
011 Baffie, 1999, p. 68.
012 Baffie, 1999, p. 69.
013 Bérard et Marchenay, 2005, p. 21.
014 AFP, 2010.
015 Bérard et Marchenay, 2005, p. 19-20.
016 Robert-Lamblin, 1999, p. 83.
017 McGovern, 2009, p. 251.
018 Allen, 2004.
019 Bérard et Marchenay, 2005, p. 23.
020 Katz, The Art of Fermentation, 2012, p. 196.
021 Bates, 2011.
022 Al Kanz, 2007.
023 Goddard, 1702.
024 « Where he lived on tinned tomatoes, beef embalmed and sourdough bread, On rusty beans and bacon furred with mould », (Service, 1909).

第一章

025 Chris Organ, 2011.
026 Rachel N. Carmody, 2011.
027 Coiffier, 1999, p. 103-104.
028 Geoffroy de Saulieu, 2013.
029 Braidwood, et al., 1954.
030 Hornsey, 2003, p. 9.
031 Pline, 1848-1850, p. L 18, XXVI.
032 Hornsey, 2003, p. 10.
033 Geoffroy de Saulieu, 2013.
034 Sherrat, Material Resources, Capital, and Power. The Coevolution of Society and Culture, 2004.
035 Hornsey, 2003, p. 5.
036 Fournier, « L'art d'accomoder les quatre-cents lapins », 1999, p. 74.
037 McGovern, 2009.
038 Dillon, 1946.
039 Enright, 1996.

▼040 Chukwu, 2001.
▼041 McGovern, 2009, p. 103.
▼042 Harrison, 1903, p. 421.
▼043 Longo, 1991, p. 45. 44. Leroi-Gourhan, 1997.
▼045 Wilkinson, 2009.
▼046 Leslie et Gardiner, K. H. J., 1996.
▼047 McGovern, 2009.
▼048 もっと詳しく知るには：McGovern, 2009, chapitre 3.
▼049 Gauthier, « Chez les Fali du Cameroun : dora an djo bolo, viens boire la bière », 1999, p. 38-39.
▼050 Glassner, 1991.
▼051 McGovern, 2009.
▼052 Bottéro, 2002.
▼053 Montanari, 1996.
▼054 Montanari, 1996, p. 107.
▼055 McGovern, 2009.
▼056 Gauthier, « Chez les Fali du Cameroun : dora an djo bolo, viens boire la bière », 1999.

第二章

▼057 McGovern, 2009, p. 18-21.
▼058 McGovern, 2009, p. 3
▼059 McGovern, 2009, p. 250.
▼060 Lévi-Strauss, 1976.
▼061 Währen, 2002.
▼062 McGovern, 2009, p. 246 ; Hornsey, 2003, p. 110.
▼063 McGovern, 2009, p. 165.
▼064 Fournier, « L'art d'accomoder les quatre-cents lapins », 1999, p. 71.
▼065 McGovern, 2009, p. 221.
▼066 Taube, 1985.
▼067 Kereny.
▼068 Panopolis, 1856, chants 11 et 12.
▼069 Boyer et Lot-Falck, 1974.
▼070 Dumézil, Loki, 1986, p. 76-81.
▼071 McGovern 2009, 252.
▼072 Le Coran, 2009, sourate XLVII, 15.
▼073 Le Coran, 2009, sourate LXXXIII, 25.
▼074 Khayyâm, 2005.
▼075 Androuet, 1969.
▼076 Bottéro, 2002, p. 140.
▼077 Glassner, 1991.
▼078 Pline, 1848-1850, Livre XVIII, p. 29.
▼079 Gauthier, « Chez les Fali du Cameroun : dora an djo bolo, viens boire la bière », 1999.
▼080 Chukwu, 2001.
▼081 Strigler, 2011.
▼082 Gessain, 1996.
▼083 Le Roux, « Bières traditionnelles d'Asie du SudEst », 1999.
▼084 Cobbi, 1999.
▼085 Robert-Lamblin, 1999.
▼086 Anonyme, 1994, p. 110.
▼087 Benoît, 1992, p. 248.
▼088 Rops, 1952, p. 68.
▼089 Hell, « La force de la bière », 1991, 110.

▼090 Sarianidi, 1986.

▼091 McGovern, 2009, p. 117.

▼092 McGovern, 2009, p. 119.

▼093 Homère, Illiade, 1866, 11, p. 638-641.

▼094 Krapf 2009.

▼095 Eliade 1976, 307.

▼096 Webster, Perrine et Ruck, 2000.

▼097 Homère, Hymne à Déméter, traduit par Leconte de Lisle, 1893.

第三章

▼098 Fournier, « Ces ferments qui ouvrent à la vie », 2005.

▼099 McGovern, 2009, p. 252.

▼100 Hell, L'Homme et la Bière, 1991, p. 158.

▼101 Le Roux, « Bières traditionnelles d'Asie du SudEst », 1999, p. 57.

▼102 Zago, 1972, p. 269.

▼103 Vielfaure, 1993, p. 96-102.

▼104 Vielfaure, 1993, p. 102.

▼105 Hell, L'Homme et la Bière, 1991, p. 159-160.

▼106 Zago, 1972, p. 235.

▼107 Walid Guenouneの報告、アルジェリア。

▼108 Vielfaure, 1993, p. 123-125.

▼109 McGovern, 2009, p. 167.

▼110 McGovern, 2009, pp. 130- 135.

▼111 Le Roux, « Bières traditionnelles d'Asie du SudEst », 1999, p. 51.

▼112 Gauthier, « Chez les Fali du Cameroun : dora an djo bolo, viens boire la bière », 1999, p. 49.

▼113 McGovern, 2009, p. 251.

▼114 Hell, L'Homme et la Bière, 1991, p. 158.

▼115 Drioux, 1918.

▼116 Hell, L'Homme et la Bière, 1991, p. 158.

▼117 Vielfaure, 1993, p. 130.

▼118 Mesnil et Popova, 2002.

▼119 Währen, 2002.

▼120 Bottéro, 2002, p. 146.

▼121 Le Roux, « Bières traditionnelles d'Asie du SudEst », 1999, p. 53.

▼122 Hell, L'Homme et la Bière, 1991, p. 18-19.

▼123 Mesnil et Popova, 2002.

▼124 Hell, « Le cycle de l'orge/ bière », 1981.

▼125 Hell, « Pour une approche ethnologique de la bière en Alsace », 1980.

▼126 Le Roux, « Bières traditionnelles d'Asie du SudEst », 1999, p. 57.

▼127 Ficquet, 2004.

▼128 Hell, L'Homme et la Bière, 1991, p. 19.

▼129 Métailié, 1999, p. 85.

▼130 Métailié, 1999, p. 86.

▼131 Métailié, 1999, p. 85-88.

▼132 Hell, « Le cycle de l'orge/ bière », 1981.

▼133 Luna Kyungの報告。

第四章

▼134 Hornsey, 2003, p. 134.

▼135 McGovern, 2009, p. 248.

▼136 Hornsey, 2003, p. 134.

▼137 McGovern, 2009, p. 149.

▼138 Hell, L'Homme et la Bière, 1991, p. 155.

► 139 Hell, L'Homme et la Bière, 1991, p. 156.
► 140 « Never was made a hall so acclaimed, So mighty, so immense the slaughter. You deserved your mead, Morien, fire-brand », Clancy, 1970, p. 44.
► 141 Enright, 1996.
► 142 McGovern, 2009, p. 207.
► 143 McGovern, 2009, p. 214- 215.
► 144 McGovern, 2009, p. 48.
► 145 Le Roux, « Bières traditionnelles d'Asie du SudEst », 1999, p. 53.
► 146 Meininger, 1996.
► 147 Grenand, 1996.
► 148 Schoepf, 1999.
► 149 Ficquet, 2004.
► 150 Lacaze, 2009, p. 160.
► 151 Vetta, « La culture du Symposion », 1996.
► 152 Lissarague, 1991, p. 59-60
► 153 Frontisi-Ducroux, 1991, p. 157.
► 154 Bottéro, 2002, p. 146.
► 155 McGovern, 2009, p. 219.
► 156 Rienzi, 1837, p. 55-58.
► 157 Communication **de Luna Kyung.**
► 158 Le Roux, « Bières traditionnelles d'Asie du SudEst », 1999, p. 52-53.

第五章

► 159 Pathou-Mathis, 2009, p. 34.
► 160 Pathou-Mathis, 2009, p. 44.
► 161 Bérard et Marchenay, 2005, p. 4.
► 162 Lévi-Strauss, 1976.
► 163 White, 1981, p. 246-247.
► 164 Cochrane, 1824.
► 165 Laburthe-Tolra, 1999.
► 166 Robert-Lamblin, 1999.
► 167 BBC, 2011.
► 168 Plouvier, 2000.
► 169 Katz, The Art of Fermentation, 2012.
► 170 Magendie, 1852. 171. Rubrouquis, 1888.
► 172 Bottéro, 2002, p. 94-95.
► 173 Koehler, 1832, p. 432.
► 174 Koehler, 1832, p. 433.
► 175 Caton, 1844, p. clxii.
► 176 Aubail-Sallenave, 2005, p. 60.
► 177 Koehler, 1832, p. 432.
► 178 Xiangchuan, 1981.

第六章

► 179 Koehler, 1832, p. 366.
► 180 Storch, 1797 ; Jung, 1830, p. 365.
► 181 Koehler, 1832, p. 358.
► 182 Koehler, 1832, p. 373.
► 183 Koehler, 1832, p. 375.
► 184 Koehler, 1832, p. 411.
► 185 Belon, 1553, ケーラーによる引用。Koehler, 1832, p. 412 et 476.
► 186 Koehler, 1832, p. 413.
► 187 Reboul, 1897.

188 Bakar Diop, 2010.
189 Anihouvi, 2005.
190 Bottéro, 2002, p. 52.
191 Étienne, 1970. 192. Manilius ; Bassus.
193 Pline, 1848-1850, Livre XXXI, p. 44.
194 Caton, p. clxii.
195 Pline, 1848-1850, Livre XXXI, p. 44.
196 Bolens-Halimi, 1991.
197 ケーラーによる引用。Koehler, 1832, p. 482 ; Belon, 1553.
198 Godefroy, 1881.
199 Reboul, 1897.
200 Pline, 1848-1850, Livre XXXI, p. 43.

第七章

201 Dudley, 2004.
202 Stephens, 2004.
203 Strigler, 2011, p. 61.
204 Hornsey, 2003, p. 7-8.
205 McGovern, 2009, p. 36-39.
206 McGovern, 2009, p. 105- 128.
207 Organisation des Nations unies pour l'alimentation et l'agriculture (FAO)（国連食糧農業機関）, 1991.
208 Estival, 1991.
209 McGovern, 2009.
210 McGovern, 2009, p. 240- 250.
211 Geller, 1989.
212 McGovern, 2009, p. 245.
213 Burckhardt, 1819 ; Lane, 1860.
214 Bruce, 1805.
215 McGovern, 2009, p. 250.
216 Bérard et Marchenay, 2005.
217 Bottéro, 2002, p. 142.
218 Bottéro, 2002, p. 143.
219 McGovern, 2009, p. 139.
220 Sherrat, « Sacred and profane substances: The ritual use of narcotics in later Neolithic Europe », 1991.
221 Quinn, 2007.
222 Hell, L'Homme et la Bière, 1991, p. 16.
223 Griiss, 1931.
224 Hell, L'Homme et la Bière, 1991, p. 23.
225 Unger, 2004.
226 Hell, L'Homme et la Bière, 1991, p. 181.
227 Hell, L'Homme et la Bière, 1991, p. 65.
228 Hell, L'homme et la bière, 1991, p. 45.
229 Testard-Vaillant, 2005.
230 Barnard, 2011.
231 Areshian, 2012.
232 Caton, 1844.
233 Halleux, 2007.
234 Henderson, 2007.
235 McGovern, 2009, p. 212-214.
236 Sahagún, 1880, p. 520.
237 Sahagún, 1880, p. 734.
238 Ellis, 1774, p. 5.

►239 Welter, 1868, p. 12-16.

第八章

►240 Morrell, 2007.
►241 Braidwood et al., 1954, p. 520.
►242 Monah, 2002.
►243 Mesnil et Popova, 2002.
►244 Steinkraus, 1983, p. 148.
►245 Katz, The Art of Fermentation, 2012, p. 228.
►246 Pline, 1848-1850, Livre XVIII, p. xiv.
►247 Léger, 1884, Livre XLVII.
►248 Hornsey, 2003, p. 8.
►249 Bottéro, 2002, p. 101-102.
►250 Steinkraus, 1983, p. 133.
►251 Katz, The Art of Fermentation, 2012, p. 241.
►252 Bottéro, 2002, p. 40.
►253 Bottéro, 2002, p. 82.
►254 Wilson, 1988, p. 14.
►255 Monah, 2002.
►256 Währen, 1984.
►257 Währen, 2002.
►258 Pline, 1848-1850, Livre XVIII, p. xxvi.
►259 Pline, 1848-1850, Livre XVIII, p. xii.
►260 Pline, 1848-1850, Livre XVIII, p. xxvi.

第九章

►261 Sherrat, « Plough and pastoralism: Aspects of the secondary products revolution », 1981.
►262 Gouin, 1993.
►263 Roman, 2004.
►264 Gouin, 1995.
►265 Salque, 2013.
►266 Salque, 2013.
►267 Balasse, 1997.
►268 Jean-Denis Vigne, 2007.
►269 Sabri Enattah, 2008 etSabri Enattah, 2007.
►270 Salque, 2013.
►271 Pline, 1848-1850, Livre XI, p. 906.
►272 Venel, 1994.
►273 Lacaze, 2009, p. 159.
►274 Froc, 2005, p. 40.
►275 ファブリキウスによる引用。Fabricius, 1802, p. 248.
►276 Duteurtre, 2004.
►277 Kora, 2005.
►278 Froc, 2005, p. 43.
►279 Rousseau, 1966, p. 1044.

第十章

►280 Caton, 1844, p. clvi.
►281 Aubert, Les Aliments fermentés traditionnels, 1985, p. 27.
►282 Battcock et Azam-Ali, 1998, chap. 6-3, p. 2.
►283 Battcock et Azam-Ali, 1998, chap. 6-3, p. 1.
►284 Battcock et Azam-Ali, 1998, chap. 6-3, p. 3.
►285 Battcock et Azam-Ali, 1998, chap. 6-3, p. 4.

▼286 Battcock et Azam-Ali, 1998, chap. 6-4, p. 1.
▼287 Battcock et Azam-Ali, 1998, chap. 6-1, p. 3.
▼288 Steinkraus, 1983, p. 118. 289. Steinkraus, 1983, p. 118.
▼290 Battcock et Azam-Ali, 1998, chap. 6-1, p. 2.
▼291 Pline, 1848-1850, Livre XIV, p. xxiii.
▼292 Aubert, Les Aliments fermentés traditionnels, 1985, p. 27.
▼293 Battcock et Azam-Ali, 1998, chap. 6-2, p. 8. 294. Steinkraus, 1983, p. 128.
▼295 Battcock et Azam-Ali, 1998, chap. 7-4, p. 2.
▼296 Knechtges, 2002.
▼297 Diderot et D'Alembert, 1772. 298. Tessier, 1796.
▼299 Bolens-Halimi, 1991.

第十一章

▼300 Académie des inscriptions et belles lettres(碑文・文芸アカデミー), 1687.
▼301 Longo, 1991, p. 43.
▼302 ロンゴによる引用。Longo, 1991, p. 43
▼303 Longo, 1991, p. 41.
▼304 Bianquis, 2004.
▼305 Malamoud, 1991, p. 25.
▼306 Fabbroni, 1787.
▼307 Rozier, Cours complet d'agriculture ou Nouveau dictionnaire d'agriculture théorique et pratique d'économie rurale et de médicine vétérinaire, 1809, p. 417.
▼308 Rozier, Cours complet d'agriculture ou Nouveau dictionnaire d'agriculture théorique et pratique d'économie rurale et de médicine vétérinaire, 1809, p. 423
▼309 Rozier, Cours complet d'agriculture ou Nouveau dictionnaire d'agriculture théorique et pratique d'économie rurale et de médicine vétérinaire, 1836, p. 44.
▼310 Pasteur, 1860.
▼311 Jacques, 1987.
▼312 Vreeland, Rosenzweig et Pouvoirs, 2000.
▼313 Cano et Borucki, 1995.
▼314 Jacquet, 1996.
▼315 Bérard et Marchenay, 2005, p. 15.

第十二章

▼316 Olivares, 2006.
▼317 Aubert, Les Aliments fermentés traditionnels, 1985, p. 32.
▼318 Katz, The Art of fermentation, 2012, p. 30.
▼319 Pitchford, 2003, p. 200.
▼320 Aubert et Garreau, Des aliments aux mille vertus. Cuisiner les aliments fermentés, 2011, p. 15.
▼321 Reddy et Pierson, 1994.
▼322 Aslan Azizi, 2009.
▼323 Katz, The Art of fermentation, 2012, p. 25.
▼324 Steinkraus, 1983, p. 637- 652.
▼325 Koizumi, 2002.
▼326 Aubert et Garreau, Des aliments aux mille vertus, cuisiner les aliments fermentés, 2011, p. 51.
▼327 Thevenot, 2005.
▼328 Agence de la santé publique au Canada(カナダ公衆衛生庁), 2002.

▶329 Thierry Bardinet, 1996.
▶330 Pline, 1848-1850, Livre XXXI, p. 54.
▶331 Koehler, 1832, p. 410.
▶332 AFP, 2009.
▶333 Roussel, 1900, p. 56.
▶334 Mangeot, 1996.
▶335 Hell, L'Homme et la Bière, 1991, p. 33.
▶336 Hell, « Pour une approche ethnologique de la bière en Alsace », 1980, p. 284.
▶337 Wang, 1969.
▶338 Svanberg, 1992 ; Watson, 1996.
▶339 Phister, 2004.
▶340 Chi-Tang-Ho, 2002, p. 16.
▶341 Riquier, 2012.
▶342 Heber, 1999 ; Li, 1998.
▶343 Even et Pop, 1994, p. 103.
▶344 Bianquis, 2004.
▶345 Farnworth, 1999.
▶346 Otles, 2003.
▶347 Martin, 2002.
▶348 Shurtleff et Aoyagi, 1983, p. 26 ; Murooka, 2008.
▶349 Hiroko Furo, s.d.
▶350 « I feel that miso soup is the most essential part of a person's diet… I have found that, with very few exceptions, families, which make a practice of serving miso soup daily, are almost never sick. By enjoying miso soup each day, your constitution will gradually improve and you will develop resistance to disease. I believe that miso belongs to the highest class of medicines, those which help prevent disease and strengthen the body through continued usage », Akizuki, 1975.
▶351 Sugano, s.d., p. 271.
▶352 Ohara, 2001.
▶353 Yamamoto, 2003.
▶354 Kamei, 1997.
▶355 Abratt, 2010.
▶356 Shimazaki, 2008.
▶357 Stadlbauer, 2008.
▶358 Lye, 2009 ; Kiessling, 2002.
▶359 Rao, 2009.
▶360 Hamilton-Miller, 2004.
▶361 Tolonen et al., 2002.
▶362 Robinson, 1952.
▶363 Lenoir et Wijnkoop, 2007.
▶364 De Vrese, 2005.
▶365 Sullivan, 2005.
▶366 Kalliomaki et al., 2001.
▶367 Näse, 2001 ; Ahola, 2002.
▶368 Hojsak, 2010.
▶369 Reid, 2001.
▶370 Trois, 2008.
▶371 Katz, The Art of fermentation, 2012, p. 27 ; Steinkraus, 1983.
▶372 Katz, The Art of fermentation, 2012, p. 23.

第十三章

▶373 Segonzac, 1991, p. 55.

▼374 Von Liebig, 1844.
▼375 Dumas, 1965.
▼376 Heller, 1999.
▼377 Heller, 1999, p. 143-144.
▼378 Yazdankhah, 2006.
▼379 Minino, 2011.
▼380 Parham, 2003, p. 205.
▼381 Pollan, 2013.
▼382 Green, 2004.
▼383 Baudelaire, 1954, p. 97.
▼384 Boisard, 2007, p. 286.
▼385 Boisard, 2007, p. 99.
▼386 Boisard, 2007, p. 102.
▼387 Rastoin, Une brève histoire de l'industrie alimentaire 2000.
▼388 Girard, 2010.
▼389 Rastoin, Une brève histoire de l'industrie alimentaire 2000.
▼390 Ferrières, 2010.
▼391 Rastoin, Les multinationales dans le système alimentaire 2008.

第十九章

▼392 Alaya, 2009.
▼393 McGovern, 2009, p. 168.
▼394 Strigler, 2011, p. 118.
▼395 Fleming, 1985 ; Donnelly, 2001.
▼396 Dixon, 2000.
▼397 Feneau, 2008.
▼398 Afssa, 2008.
▼399 Donnelly, 2001.
▼400 Wheelock, 1997.
▼401 Retureau, 2010.
▼402 Northolt, 1988 ; Nunez, 1997.
▼403 Wang, 1997.
▼404 Wemmenhove, 2013.
▼405 Cimons, 2001 ; Katz, Wild Fermentation, 2003.
▼406 Slow Food, 2007.
▼407 AFP, 2008.
▼408 Roux, 2010.
▼409 Retureau, 2010.
▼410 Comité interprofessionnel du gruyère de Comté(コンテ・グリュイエール全産業委員会), 2013.
▼411 Comité interprofessionnel du gruyère de Comté, 2013.
▼412 Robert-Lamblin, 1999, p. 80.
▼413 Bérard et Marchenay, 2005, p. 20.
▼414 Slow Food, 2008.
▼415 McDonald's, 2013.
▼416 Chambre de cassation(破毀院法廷), 2009.
▼417 Chapman, s.d.
▼418 Byron, 2013.
▼419 Capelle, 2011.
▼420 Evans, 2012.
▼421 Komitéen for MAD symposium(MADシンポジウム委員会) s.d.

◇著者
マリー＝クレール・フレデリック［Marie-Claire Frédéric］
食品や料理を専門とするライター、ジャーナリスト。自家製チーズと天然乳製品やテロワール、発酵食品と健康について、また発酵食に関するレシピの著書がある

◇訳者
吉田春美［よしだ・はるみ］
上智大学文学部史学科卒業。フランス語翻訳家。訳書に『エジプトの神々事典』『お菓子の歴史』『パンの歴史』『毒殺の世界史』『バチカン・シークレット』『骨から見る生物の進化』『疑惑の科学者たち』など多数。

発《はっ》酵《こう》食《しょく》の歴《れき》史《し》

二〇一九年二月二七日　初版第一刷発行
二〇二五年六月五日　第二刷発行

著者 マリー＝クレール・フレデリック

訳者 吉《よし》田《だ》春《はる》美《み》

発行者 成瀬雅人

発行所 株式会社原書房
〒一六〇‐〇〇二二　東京都新宿区新宿一‐二五‐一三
電話・代表〇三‐三三五四‐〇六八五
http://www.harashobo.co.jp
振替・〇〇一五〇‐六‐一五一五九四

ブックデザイン 小沼宏之［Gibbon］

印刷 シナノ印刷株式会社

製本 東京美術紙工協業組合

ISBN978-4-562-05633-0　Printed in Japan